이야기의 끈　　**서사적 사고**

내러티브 총서 01

이야기의 끝 서사적 사고

지은이 / 김상환, 박진, 신정아, 윤성우, 이재환, 장태순, 최용호, 한혜원
펴낸이 / 강동권
펴낸곳 / (주)이학사

1판 1쇄 발행 / 2021년 9월 30일
1판 2쇄 발행 / 2022년 10월 20일

등록 / 1996년 2월 2일 (신고번호 제1996-000015호)
주소 / 서울시 종로구 율곡로13가길 19-5(연건동 304) 우 03081
전화 / 02-720-4572 · 팩스 / 02-720-4573
홈페이지 / ehaksa.kr
이메일 / ehaksa1996@gmail.com
페이스북 / facebook.com/ehaksa · 트위터 / twitter.com/ehaksa

ⓒ (주)크레버스, 2021, Printed in Seoul, Korea.

ISBN 978-89-6147-396-5 04100
　　　978-89-6147-395-8 04100(세트)

이 책의 저작권은 (주)크레버스가 가지고 있습니다.
저작권법에 의해 보호를 받는 저작물이므로 이 책 내용의 일부 또는 전부를 재사용하려면
(주)크레버스와 (주)이학사 양측의 동의를 얻어야 합니다.

* 책값은 뒤표지에 표시되어 있습니다.

이야기의 끈

서사적 사고

내러티브 총서 01

김상환
박진
신정아
윤성우
이재환
장태순
최용호
한혜원

이학사

내러티브 총서 발간사

　사람이 사는 곳에 집이 있다면 집이 있는 곳엔 이야기가 넘치기 마련이다. 인간이 대지에 거주하기 위해서는 도피처부터 있어야 했다. 그러나 도피처를 안식의 공간으로 지어내기 위해서는 먼저 이야기하는 능력이 필요하다. 물리적 건축술에 앞서는 것이 서사적 건축술이다. 우리 인간은 안식처가 있는 덕분에 이야기를 주고받게 된 것이 결코 아니다. 오히려 이야기를 주고받는 능력 덕분에 적절한 안식의 공간을 조성할 수 있게 되었다.

　이야기 능력은 문화 세계의 인간에게 원초적 본능에 가깝다. 인간의 문화적 성취 대부분은 목적을 설계하고 그렇게 설계된 목적을 실현할 방법을 찾는 데서 비롯되었다. 그런데 그런 설계와 계획의 능력은 이야기를 짓는 능력에 뿌리내린다. 대부분의 문화적 현상은 인간의 서사적 본능에 닿아 있다. 이야기를 짓는다는 것은 경험의 내용을 시간적 순서와 인과적 질서에 따라 정돈한다는 것이다. 그런 서사적 정돈은 분류, 상상, 창조의 조건이자 실천적 행위의 발판이다.

　그러므로 이야기 짓기는 밥 짓기, 옷 짓기, 집 짓기 등과 같은 계열을 이루는 한 가지 특수한 일로 그치지 않는다. 그것은 오히려 모든 짓기의 원천에 해당한다. 언어가 인간에게 '존재의 집'이라면, 그 집은 서사적 건축술의 산물이다. 언어는 근원적으로 서사적이고, 서사적인 한에서 비로소 존재의 집일 수 있다. 그러므로 이야기가 없다면 공동체(우리)도, 개인(나)도 있을 수 없다. 공동체는 이야기의 끈 속에 하나로 묶인다. 개인은 이야기의 자양분 안에서 성장한다. 이야기는 우리가 현재의 사물을 지각하고 과거의 사물을 기억하며 미래의 사물을 창안하는 근본 형식이다.

문화 세계의 정신적 가치는 이야기의 형식 안에서 탄생, 소멸한다. 시간 속에 현상하는 모든 것은 서사적 건축술의 통제 아래 비로소 질서와 의미를 얻는다. 역사적 현실 속에 발 디딘 모든 것은 서사적 실천에 힘입어 비로소 정체성을 획득한다. 시대의 정체성, 우리와 나의 정체성은 이야기를 통해 구축된 서사적 정체성이다. 우리의 사고와 행동이 자리하는 역사적 지평 자체부터가 과거, 현재, 미래를 상호 교차 및 정돈해가는 서사적 건축술의 산물이다. 이야기는 역사와 문화의 바탕이자 그 내용 자체다.

이런 까닭에 이야기의 본성은 문예 이론에 국한된 문제로 그치지 않는다. 심각한 존재론적 성찰에서부터 막 태어난 첨단 미디어 이론에 이르기까지 수많은 분야에서 이야기의 본성을 묻기에 이르렀다. 서사학은 다양한 학문이 만날 수 있는 광장을 열어놓았다. 그런데 그 광장에 모여드는 이질적인 담론들은 오늘날 도전적인 물음과 직면했다. 인문과학과 사회과학, 예술과 문화 산업, 심지어는 자연과학과 기술적 발명의 현장에서까지 새로운 물음이 제기되었다.

새로운 물음, 그것은 인터랙티브 스토리텔링의 점진적 일반화에서 온다.

　개인 컴퓨터는 물론 인공지능, 빅데이터, 클라우드 기술, 모바일 등이 출현함에 따라 현대의 미디어 환경은 급격히 재편되었다. 방송과 통신을 결합한 디지털 미디어 기술과 글로벌 플랫폼의 등장은 만인 서사의 시대를 열어놓았고, 문화 산업의 폭발적 팽창을 가져왔다. 메타버스 공간이 열리면서 게임의 논리는 인간 삶의 주요 영역을 흡수해갈 조짐이다. 정보 교환 방식은 물론 상거래 방식, 인간이 만나고 결속을 유지하는 방식까지 달라지고 있음을 실감한다. 그러나 충격적인 변화는 무엇보다 직업 생태계에서 일어나는 중이며, 따라서 그에 따른 교육 프로그램의 개발이 절실해졌다.

　한마디로 문화 전반이 변해가는 중인데, 우리는 그 변화의 요체를 이야기 형식의 변화로 집약할 수 있다. 오늘날 디지털 미디어 환경에서 텍스트는 고정된 구조를 지니지 않는다. 이야기는 선형적인 순서에 고정되어 있지 않다. 쌍방향 대화와 상호작용이 확산하면서 텍스트는 점점 더 다형성을 띠게 된다. 이야기는 인터랙티브 스토리텔링의 형태를 취하면서 끊임없이 새로운 문맥 속에 재구성된다. 특히 이것은 미디어 예술과 문화 산업의 영역에서 두드러진 현상이었다. 그러나 메타버스의 출현과 더불어 앞으로는 사회-문화적 삶 전반으로 확산하리라 예상된다.

　텍스트가 다형성을 띠어가고 인터랙티브 스토리텔링이 일반화되어가는 추세에서 우리는 그 어느 때보다 이야기의 본성을 처음부터 다시 물어볼 필요성과 마주친다. 이런 것이 문화 산업을 일으킬 콘텐츠의 형식 자체라는 현실적인 이유에서만이 아니다. 고전적인 서사 이론의 확장 및 수정 가능성을 검토해야 한다는 학문적인 이유에서만도 아니다. 그것은 무엇보다 대지에 거주하는 새로운 방식을 묻는 물음이자 언젠가 다가올 우주 시대를 준비하는 문제다. 인간이 역사적 시간 속에 존재하는 방식을 다시 묻고 미래를 향하여 우리 자신을 정향定向하는 문제라 할 수도 있다.

내러티브 총서는 이런 문제의식 아래 기존의 국내 서사 연구에 박차를 가하는 동시에 스토리텔링을 중심으로 철학에서 대중문화에 이르는 다양한 분야 간의 대화를 유도하여 역동적으로 변모해가는 문명적 현실에 부응하는 인문학적 담론의 길을 모색하고자 기획되었다. 이런 총서 기획의 열매가 순수 학문의 영역을 넘어 창작과 교육의 현장에서도 긴요한 도구가 되고 풍요한 상상력의 밑거름이 될 수 있기를 희망한다.

끝으로 미래에 대한 준비와 인재 양성은 언제나 깊은 철학적 성찰과 폭넓은 인문학적 상상력을 원동력으로 삼아야 한다는 평소의 신념 아래 우리에게 초학제적인 서사 연구의 판을 처음 깔아주고 물심양면으로 지원해주신 ㈜크레버스 김영화 회장님께 감사드린다.

2021년 8월 10일
내러티브 패러다임 연구단을 대신하여
김상환 씀

차례

5   내러티브 총서 발간사

11   서론   이야기의 끈 — 김상환

33   **1부   서사란 무엇인가**

35   서사와 삶: 이야기하기의 실존적 의미 — 박진
61   서사의 힘과 한계 — 김상환
93   인류세 스토리텔링 — 신정아·최용호
113   서사의 이중 논리와 (불)가능성:
           조나단 컬러, 「서사 분석에서 이야기와 담화」 리뷰 — 이재환

125   **2부   서사와 주체성**

127   서사적 주체론:
           아렌트, 리쾨르, 매킨타이어, 테일러를 중심으로 — 윤성우
153   서사적 주체와 변화의 논리 — 장태순
173   과학적 사고와 서사적 주체: 데넷을 중심으로 — 이재환
195   삶의 이야기와 '나'의 정체성:
           폴 리쾨르, 「서사적 정체성」 리뷰 — 장태순

203　**3부　서사와 창의성**

205　스토리텔링과 창의성 — 한혜원
233　글쓰기의 단계와 창의적 사고의 논리 — 김상환
267　간시대적 자아 — 최용호
289　서사는 경험을 어떻게 구성하는가:
　　　제롬 브루너, 「현실의 서사적 구성」 리뷰 — 장태순

303　**4부　서사의 응용**

305　디지털 시대와 영화 서사 — 장태순
319　법정 서사의 증거력 — 최용호
351　서사적 자아와 서사적 사고 능력: 매킨타이어와 교육 — 이재환
371　스토리텔링으로서의 경제학: 도널드 맥클로스키,
　　　「경제학에서 스토리텔링」 리뷰 — 이재환

383　미주
397　참고 문헌

서론
이야기의 끈

김상환

"책에 끈이 있다면 그 끈이 바로 이야기에 가까운 어떤 것이다. 책이 우리의 생각과 말을 모으고 묶는 형식이라면, 그 형식은 무엇보다 서사적 형식이다."

김상환은 서울대학교 철학과 교수로 현대 철학의 다양한 통찰을 바탕으로 지금의 우리 모습과 시대를 진단하는 글을 써왔으며, 현대 철학의 흐름을 체계적으로 재구성하는 연구에 매진하고 있다. 지은 책으로 『왜 칸트인가』(2019), 『근대적 세계관의 형성』(2018), 『김수영과 『논어』』(2018), 『철학과 인문적 상상력』(2012) 등이 있고, 옮긴 책으로 『차이와 반복』 등이 있다.

I

　책에는 원래 끈이 있다. 冊(책)이라는 한자가 이것을 말해준다. 그것은 죽간竹簡을 끈으로 엮은 모양에서 온 말이다. 이후에는 인쇄된 종이를 실로 묶어 책을 만들었다. 그런데 책을 엮는 끈을 물리적인 의미로만 새겨서는 안 된다. 거기에는 오히려 형이상학적인 의미가 더 많다. 제본 기술이 발달하여 실로 묶지 않은 책도 얼마든지 찾을 수 있다. 그렇지만 책의 기능이 우리의 생각과 말을 모으고 묶는다는 데 있다는 사실에는 변함이 없다. 그런 의미에서 책은 어떤 보이지 않는 끈을 가진다고 할 수 있다.
　이 책은 '내러티브 패러다임'이란 이름 아래 진행했던 첫 번째 연구 결과를 엮은 것으로 동료 학자들과 함께 이야기, 서사, 스토리텔링과 관련된 자료를 골라 읽고 토론했던 여정의 결과물이다. 이번에는 서사 관련 기초 개념과 이론들을 검토하는 데 주력했다. 앞으로 이어질 두 번째 여정에서는 스토리텔링과 주체 형성의 관련성을 축으로 연구를 심화해갈 예정이다. 그리로 마지막 세 번째 여정에서는 스토리텔링과 창의적 사고의 관련성을 축으로 연구를 마무리할 것이다.
　첫 단계의 초보적인 연구를 마무리하면서 나는 그 내용을 "이야기는 끈이다"라는 단순한 말로 요약하고 싶다. 즉 책에 끈이 있다면 그 끈이 바로 이야기에 가까운 어떤 것이다. 책이 우리의 생각과 말을 모으고 묶는 형식이라면, 그 형식은 무엇보다 서사적 형식이다. 그러나 서사적인 것은 책을 통해서만 그 모습을 드러내는 것이 결코 아니다. 책은 서사적 성분이 구현되는 한 가지 사례에 불과하다. 이야기의 끈은 책보다 훨씬 심층적인 차원에 뿌리내린 어떤 원초적 사태다. 왜 그런가?

   사실 생각과 말을 묶는 도구로는 책만 있는 것은 아니다. 영상 매체가 발달하고 정보화 기술이 일상생활 속으로 파고들면서 과거에 책이 지녔던 독점적인 역할은 빠른 속도로 축소되는 중이다. 요즘 책의 상위 개념으로 텍스트라는 말이 일반화되고 있는 것도 이 같은 사정을 반영한다. 여기에는 책이 전자 문서, 동영상, 그림, 음악, 건축 등 다양한 표현 매체 중의 일부에 불과하다는 생각이 담겨 있다. 텍스트는 책보다 넓은 범위의 의사소통 매체를 포괄하는 개념이다.

   책과 텍스트 사이에는 외연상의 차이만이 아니라 내용상의 차이도 있다. 가령 책에는 독창적인 저자가 있다고 전제된다. 이상적인 책일수록 어떤 수미일관하고 완결된 체계성을 띤다고 간주된다. 반면 텍스트라 할 때는 저자의 소유권보다는 읽고 해석하는 사람들의 권리와 역할이 더 강조된다. 닫힌 체계라기보다는 아직 생성 중인 열린 집합이라는 뜻도 강하다. 책이 자연언어 같은 어떤 동종의 언어로 기록된 것이라면, 텍스트는 다양한 종류의 기호들이 한데 얽힐 수 있다는 전제에서 나온 말이다.

   이런 차이에도 불구하고 책과 텍스트는 여전히 묶기의 형식이라는 점에서 다르지 않다. 영어 text는 직물이라는 뜻의 texture와 사촌 관계에 있다. 책에 끈이 있듯이 텍스트에는 서로 교차하는 씨줄과 날줄이 있다. 책 속에 있는 끈은 강하게 묶여 있어서 움직이지 않는 듯한 인상을 준다. 그런 정태적인 끈이 여러 가닥으로 분기하고 역동적으로 움직이면서 책은 텍스트로 모습을 바꾸게 되었다. 이는 책의 끈 자체에 해당하는 이야기의 성질이 바뀐다는 것을 의미한다.

사실 1960년대 중반 구조주의자들에 의해 서사학이 출범하기 전만 해도 서사에 관한 연구는 책 속에 담긴 이야기, 특히 소설을 주요 대상으로 했다. 이야기 분석은 문학 연구의 일부에 불과했다. 그러나 서사학의 출범과 더불어 서사 연구의 대상은 소설 이론의 틀을 벗어나 모든 종류의 언어적 행위로 확장되었다. 책 속의 이야기뿐만 아니라 책 바깥의 일상적 대화, 만화, 법정 증언, 시각예술과 무용, 신화, 민담 등 다양한 의사소통적 행위를 분석할 수 있는 설명 모델이 구축되기 시작했다. 텍스트는 이렇게 책의 안과 밖을 나누지 않고 모든 이야기를 포괄하기에 적절한 개념이다.

그렇다면 그 텍스트의 끈 운동은 어디서 오는가? 그 원초적인 끈 운동은 이야기와 어떤 관계에 있는가? 이런 물음을 위해 책이나 텍스트보다 훨씬 더 기초적인 위치에 있는 언어를 생각해보자. 사실 이야기는 언어로 이루어진다. 언어가 없다면 이야기도 있을 수 없다. 그런데 책이나 텍스트가 말을 묶는 형식이라면, 언어 역시 어떤 묶기의 형식이다. 말을 뜻하는 그리스어는 로고스logos인데, 이 단어는 모으다, 수집하다, 세다 등의 뜻을 지닌 레게인legein에서 유래한다. 이런 어원의 의미를 들여다보면 로고스란 우리의 생각을 한군데로 모아 어떤 질서 안에 보존하는 것임을 알 수 있다.

우리는 이 점에서부터 두 가지를 말할 수 있다. 하나는 책과 텍스트에서 나타나는 끈 운동이 이미 언어에서 시작되고 있다는 점이다. 다른 하나는 그 원초적인 끈 운동은 서사적 성분을 분비한다는 점이다. 사실 로고스란 아무 말을 가리키는 것이 아니다. 로고스는 조리 있게 엮이는 말의 운동을 가리킨다. 이 점은 플라톤의 로고스에 대한 정의를 보면 알 수 있다. "로고스는 이름을 짓는 것에 그치지 않는다. 그것은 동사와 명사들을 한데 묶어서 어떤 완성을 이루어낸다. 그리고 로고스는 명명命名할 뿐만 아니라 말들을 이어간다. 바로 그것이 이루어낸 짜임새plegma에 대해 우리는 로고스란 이름을 붙였다."(『소피스트』 262d)

이런 플라톤의 정의에서는 두 가지 점이 강조된다. 첫째, 로고스는 한 가지 사물에 고착되는 것이 아니라 여러 사물 사이로 움직인다. 우리의 생각을 싣는 말은 갈기를 휘날리는 말처럼 앞으로 내달린다. 말처럼 달리는 말. 우리가 거기에 올라타기 위해서는 제어와 조종의 장치로서 어떤 고삐와 끈이 있어야 한다. 둘째, 로고스는 단순히 사물을 가리키고 명명하는 데 그치지 않고 일정한 배치와 짜임새를 이룰 때 완성된다. 그러므로 로고스는 단순히 '말'로만 번역될 것이 아니다. 그것은 오히려 일정한 의미 내용을 조직한다는 뜻의 '이야기story'나 '담화discourse'로 옮겨야 할 것이다.

실제로 고전 번역자들은 플라톤의 대화편에 나오는 로고스를 이런 용어로 옮겨놓았다. 이런 결정적인 사례를 볼 때 책뿐만 아니라 텍스트의 개념도 이미 말(로고스)의 개념 속에서 예상되었음을 알 수 있다. 말은 책이나 텍스트 같은 형식에 담기기 전에 그 자체가 이미 어떤 묶기의 형식이다. 결국 책 속에 있는 끈도, 텍스트의 복잡다기한 씨줄과 날줄도 모두 말에서 자라나는 실들의 연장선상에서 파악되어야 한다. 책과 텍스트는 말의 끈들이 이어지고 교차하는 운동 속에서, 그 끈들이 이완과 수축을 거듭하면서 생겨난 결과다. 그리고 이때의 말은 이야기 성분을 머금은 말, 이야기로서 자신의 잠재력을 펼쳐가는 말이다.

이쯤에서 누군가가 손을 들어 질문할 수 있다. 왜냐하면 이야기 성분을 지니지 않는 말도 있는 것 같기 때문이다. 가령 과학적 설명이나 논리적 추론은 스토리텔링과는 너무 결이 다르지 않은가? 사실 '이야기란 무엇인가'라는 물음에 답하기 위해 전문가들은 서사적 언어와 논리적 언어를 날카롭게 대립시킨다. 즉 논리적 언어는 시간상 변하지 않는 사태를 묘사한다. 반면에 서사적 언어는 시간상 변하는 사태를 전한다. 논리적 언어는 추상적이고 일반적인 내용을 담는 데 반해 서사적 언어는 구체적이고 특수한 내용을 담는다. 서사적 언어는 개인의 주관적 체험을 반영하지만, 논리적 언어는 중립적이고 객관적인 의미를 반영한다.

이렇게 시간성과 비시간성, 구체성과 추상성, 주관성과 객관성을 나누는 이분법의 연장선을 따라 서사적 언어와 논리적 언어는 별종의 언어로 취급된다. 플라톤과 아리스토텔레스 이후 철학은 서사적 언어에 대항하면서 논리적 언어를 옹호했다. 이를 위해 로고스를 이성적이고 논리적인 언어와 동일시했다. 그리고 서사적 언어(문학적 언어)에는 뮈토스mythos란 이름을 붙였다. 그러나 원시의 로고스는 나중에 이항 대립을 이루는 로고스와 뮈토스를 모두 포함한다는 점을 잊지 말자. 원시의 로고스에는 논리적 성분과 서사적 성분이 혼재한다. 이는 마치 man의 원시적 의미(사람)가 나중에 이항 대립을 이루게 되는 man(남자)과 woman(여자)을 모두 포함하는 것과 같다.

 사실 사람이 사는 곳에 언어가 있기 마련이라면, 언어가 있는 곳에는 반드시 이야기가 있는 법이다. 반면에 언어가 있다고 해서 반드시 개념적 언어나 과학적 설명이 있는 것은 아니다. 이야기는 인간의 삶이 영위되는 모든 곳에 편재한다. 하지만 논리적 언어는 그렇지 않다. 이야기는 논리적 언어보다 발생의 순서에서 앞서고 논리적 언어보다 넓은 외연을 지닌다. 논리적이고 추상적인 언어는 언어 진화의 과정에서 파생된 어떤 것이고, 따라서 언어 일반을 대신할 수 없다. 언어는 애초에 이야기의 형식을 띠었다. 논리적 언어는 그런 서사적 언어를 모태로 해서 태어났다. 우리는 이 점을 언어 자체의 자기 분화나 자기 조절 운동으로 바라볼 수 있다.

 여기서 다시 로고스의 끈 운동으로 돌아가보자. 언어는 서사적 언어든 논리적 언어든 어떤 내용을 묶거나 풀어가는 끈 운동이다. 그래서 아리스토텔레스 이후 서양 논리학자들은 로고스 속에 들어 있는 끈을 계사繫辭copula라 불렀다. 모든 말을 "S is P"라는 형식의 문장으로 환원할 수 있다고 보고, 주어 S와 술어 P를 짝짓는 Be 동사(is)를 계사라 이름했다. 그러나 로고스는 주어와 술어만을 묶는 것이 아니다. 문장과 문장을 이어가는가 하면 또한 다시 풀어간다. 여기서 엮이고 풀리는 것은 단지 우리의 생각이나 기억 혹은 상상이나 느낌만이 아니다. 생각하거나 기억할 수 없는 것, 상상하거나 느낄 수 없는 것, 한마디로 언어의 바깥에 해당하는 것이 말의 끈 운동 속에 함께 직조되어 어떤 무늬를 만들어낸다.

 로고스에는 주어와 술어를 묶는 계사 외에도 훨씬 다양한 계사繫絲가 있다. 그런데 그 계사에는 자동차의 기어에 해당하는 제동 장치가 있다고 보면 된다. 그것은 시간성에 따라 끈 운동의 양태를 바꾸는 장치다. 즉 묶어야 할 내용이 시간성을 띨 때 로고스는 서사성의 축에 기어를 넣는다. 반면 시간성을 삭제한 내용을 묶어내야 할 때는 논리성의 축으로 기어를 바꾼다. 서사적 언어와 논리적 언어의 분화는 이렇게 문제에 따라 전략을 바꾸는 로고스 자체의 자기 조절 운동의 산물이라 할 수 있다. 두 종류의 언어가 있다기보다 단일한 언어가 시간성과 영원성의 두 축 사이를 오고 가는 변환이 있는 것이고, 두 축 사이의 기울기에 따라 서사와 논리가 뒤섞이는 여러 가지 비율이 있는 것이다.

따라서 서사적 언어와 논리적 언어, 문학적 언어와 과학적 언어는 대립적인 관점이 아니라 통합적인 관점에서 파악해야 한다. 언어는 로고스와 뮈토스가 대립되기 이전의 원시의 로고스로 돌아가서 생각해야 한다. 언어는 어디서 생겨났는가? 사람들이 서로 의사를 주고받을 필요에서 생겨났다. 언어는 메시지를 주고받는 행위의 연장선상에서 태어났다. 언어적 행위는 기본적으로 의사소통 행위이다. 비트겐슈타인 이후의 언어철학이 강조하는 것처럼 의사소통 행위는 상황과 분리되어 파악될 수 없다. 말의 의미는 그것이 지시하는 대상 못지않게 그것이 사용되는 맥락에 의해 결정된다.

이 점은 "텍스트의 바깥은 없다"라는 데리다의 명제가 말하는 점이기도 하다. 만일 텍스트의 의미(가령 참과 거짓)를 결정하는 심급이 그것이 지시하는 외부 대상에 있다고 해보자. 그런데 데리다에 따르면 그 외부 대상은 이미 해석해야 할 하나의 텍스트이고, 그래서 이 새로운 텍스트는 원래의 텍스트에 대해 컨텍스트에 해당한다. 즉 텍스트의 바깥은 여전히 (컨)텍스트이고, 따라서 텍스트의 바깥은 없다. 이런 관점에서 보면 의사소통 행위는 기본적으로 텍스트를 주고받는 행위, 텍스트를 저마다 다른 컨텍스트에 끌어들이는 행위다. 우리는 여기에 더하여 텍스트를 주고받는 행위는 이야기를 주고받는 행위라 말할 수 있다. 의사소통을 위한 언어적 교환은 원초적으로 서사적 교환이자 서사적 반복이다.

물론 논리적 언어는 상황 독립적이고 맥락 초월적인 의미를 전제한다. 그러나 그런 의미를 발견하고 체득하기 위해서는, 그리고 그런 의미를 다른 의미와 연결하고 적절하게 활용하기 위해서는 그것을 맥락화해야 한다. 특수한 문맥을 부여하지 않는다면 논리적 의미는 체득할 수도, 활용할 수도 없다. 이는 인간이 근본적으로 시간적 존재이기 때문이다. 인간은 시간적 존재인 까닭에 과거, 현재, 미래가 교차하고 엮이는 특정한 도식에 의존하여 비로소 대상을 지각하고 그 의미를 흡수한다. 그런데 여기서 중요한 점은 이것이다. 어떤 것을 특정한 시간적 도식 속에서 파악한다는 것은 그 대상을 하나의 이야기 형식 속에서 수용한다는 것과 같다. 시간 속에서 대상과 관계하는 인간에게 인지적 행위는 서사적 행위에 가깝다.

이는 전문가들이 종종 지적하는 것처럼 narrative의 어원인 gna/gnarus/narro가 암시하는 점이기도 하다. 이 용어에는 말한다는 것 못지않게 안다는 뜻이 담겨 있다. 그 어원부터가 인지적 행위와 서사적 행위가 분리되지 않음을 말한다. 행위와 언어뿐만이 아니다. 그림 같은 시각적 기호나 음악 같은 청각적 기호도 마찬가지로 어떤 이야기의 형식으로 문맥화되지 않는다면 그 의미가 포착될 수 없다. 단순한 지각에서 복잡한 텍스트 해석에 이르기까지 의미 파악은 서사적 문맥화 속에서 이루어진다. 그러므로 리오타르 같은 철학자는 근대 지식의 세계 전체를 '거대 서사(큰 이야기)'의 추구로, 탈근대성의 핵심을 '미시 서사(작은 이야기)'의 추구로 규정할 수 있었다. 이는 이야기가 인간의 모든 지적 활동의 뿌리에 있음을 말해주는 사례다.

그러나 인지적 행위가 서사적 문맥화를 전제한다면, 그 문맥화는 재맥락화에 지나지 않는다. 왜냐하면 인지 대상의 자리에 있는 의미는 이미 어떤 배후 문맥의 산물이자 그 문맥의 부분이기 때문이다. 이야기 바깥에 놓인 것 같은 사물은 그 자체가 타자와 얽히는 특정한 생성 소멸의 맥락 속에 존재한다. 그런 한에서 사물은 이미 해석을 기다리는 텍스트, 이야기를 담은 어떤 텍스트다. 시간적이고 역사적인 존재인 인간에게 모든 경험적 대상은 일정한 시공간적 관계망에 의존하여 나타나는 텍스트다. 그 텍스트에는 어떤 이야기가 숨어 있다. 무엇인가를 지각하고 느끼고 그에 따라 행동한다는 것은 그렇게 숨어 있는 이야기를 자신이 서 있는 새로운 문맥 속에 다시 풀어내는 것과 같다. 인간에게 감정, 지각, 행동, 그리고 언어의 차원에서 일어나는 모든 자극과 반응은 이야기의 교환이자 서사적 문맥화의 반복에 해당한다.

이 책에서 소개되는 이른바 강한 서사주의자들(알래스데어 매킨타이어, 찰스 테일러, 제롬 브루너, 마사 누스바움, 폴 리쾨르 같은 학자들)은 저마다 다른 방식으로 이 점을 규명한다. 이들은 실재의 현상과 의미, 그리고 그것에 관계하는 인식과 행동의 주체마저 모두 서사적 구성의 산물임을 언명한다. 실재만이 아니라 이미 자아의 정체성부터 이야기의 교환 속에서, 그리고 이야기의 형식에 따라 형성된다고 본다. 이 점에 관해서는 무엇보다 우리 연구 모임이 그동안 가장 많은 관심을 기울였고 이 책에서도 비중 있게 소개하는 리쾨르의 서사철학을 참조하기 바란다. 그가 말하는 (서사 이전 단계의) 전형상화, (서사 생산 단계의) 형상화, (서사 수용 단계의) 재형상화라는 세 가지 개념은 역사적 세계 속의 모든 의미 교환이 이야기의 교환임을 강하게 암시하고 있다.

그러나 이런 서사주의적 관점에 이의를 제기하는 반론 또한 줄곧 이어져왔다. 그것은 이야기의 끈이 만드는 질서가 관념적 구성물에 불과하다는 주장이다. 특히 이야기가 생산한 세계는 실재의 혼돈과 그것이 일으키는 현기증을 가리기 위한 가상의 장막에 불과하다는 니체의 목소리는 아직도 살아 있다. 이야기는 있는 그대로의 실재를 잊게 만드는 환각제와 같다는 주장인데, 가령 20세기 전위주의 예술과 사르트르의 문학론에서, 그리고 라캉의 정신분석에서 이런 종류의 회의주의가 강하게 대두된 바 있다. 우리는 이 책에서 이런 반反서사주의적 관점도 충분히 반영하고자 노력했다. 이야기의 힘만이 아니라 그 한계까지 파악하기 위해서는 반대의 목소리에도 귀를 기울일 필요가 있기 때문이다.

그러나 서사의 힘을 의심한다는 것은 언어의 힘 자체를, 나아가 인간의 상호주관적 질서 자체를 의심하는 것과 같다. 이미 언급한 것처럼 언어적 행위는 언제나 서사적 성분을 원동력으로 하며, 상호주관적인 질서 전체는 이야기에 기초하기 때문이다. 문화는 이야기 속에서 조형되고 보존된다. 상호주관적 질서에서 의미의 교환은 이야기의 교환이다. 확실히 우리는 서사의 한계나 그 이면에 감추어진 위험을 똑바로 바라볼 수 있어야 한다. 그러나 이것은 문화를 부정하기 위해서가 아니라 문화를 개선하기 위해서 취해야 할 태도여야 할 것이다. 서사를 해체하고 그 장막에 가려진 실재의 사태로 돌아가려는 운동은 서사의 길을 따라, 서사의 자기 변형과 갱신의 리듬을 되찾는 방식으로 펼쳐져야 한다.

이런 자각이 있었기 때문에 서사에 관한 연구는 오늘날에도 계속되고 있다. 물론 서사 연구가 한창 뜨거웠던 때는 이미 지나갔다. 서사학은 1960년대 중반 프랑스에서 구조주의 기호학자들에 의해 시작되었다. 그들은 러시아 형식주의 문학 이론에 자극받아 서사를 이론적으로 분석할 수 있는 도구적 개념과 방법론적인 모델을 개발했다. 이런 노력으로 1980년대 초에 세련된 체계가 구축되면서 서사학은 전성기를 맞이했다. 하지만 이런 고전적인 서사 이론은 구조주의 패러다임의 한계가 드러남에 따라 여러 가지 도전을 받으며 수그러드는 듯했다.

그러나 이것은 산발적인 전개를 위한 후퇴에 불과했다. 1990년대에 들어서서 후기구조주의 철학, 정신분석, 탈식민주의, 페미니즘과 젠더 연구와 같은 새로운 사상의 물결을 타고 고전적인 서사학이 다양한 방식으로 분기, 변형되었다. 서사가 학제적 연구의 주제로 부상한 것도 이 시기의 중요한 특징이다. 문학, 언어학, 철학 외에도 심리학, 교육학, 역사학, 법학, 경제학, 미디어 연구, 인지과학, 사회정책, 치료 의학 등 수많은 분야의 연구자들이 서사 연구에 뛰어들어 함께 토론하는 양상을 보였다. 이야기와 스토리텔링이 흩어져 있던 학문이 서로 만나는 교차로 역할을 떠맡게 된 것이다.

2000년대에 들어서서는 산발적으로 분기하던 서사 이론을 다시 하나로 통합하려는 움직임이 등장한다. 바로 인지과학을 토대로 한 인지 서사학이다. 그러나 오늘날 서사 연구는 새로운 도전에 직면한 것처럼 보인다. 한편으로는 매체 환경의 급속한 변화에 따라 의사소통 방식 자체가 과거와는 완전히 달라지고 있다. 정보 기술 혁신의 가속화로 스토리텔링의 매체 의존성이 폭넓게 자각되고 있다. 다른 한편으로는 대중문화가 폭발적인 영향력을 획득하면서 고급문화와 하위문화의 경계가 계속 약화되는 중이다. 이런 기술 및 문화적 환경의 변화 속에 쌍방향 대화와 인터랙티브 스토리텔링이 점진적으로 일반화되면서 다시 한번 서사 이론의 재편과 변형을 기다리고 있는 듯이 보인다.

우리가 '내러티브 패러다임'이란 제목 아래 진행하고 있는 이 연구가 국내의 여러 학문 분야에서 이미 싹트고 있는 서사 연구에 새로운 활력소가 되는 동시에 일반 독자 사이에서도 스토리텔링에 대한 이해가 확산되는 데 기여하기를 바란다.

II

이 책은 서론을 제외하고 전체 4부로 이루어졌다. 서사의 본성을 묻는 1부에 이어 서사와 주체성의 관계를 묻는 2부, 서사와 창의성의 관계를 묻는 3부, 그리고 서사의 응용 가능성을 묻는 4부가 뒤를 따른다. 각각의 부는 해당 주제와 관련된 세 편의 글과 해외의 대표적인 저작을 소개하는 한 편의 리뷰로 구성된다. 각각의 글의 내용을 순서대로 간략히 소개하면 다음과 같다.

1부 서사란 무엇인가

「서사와 삶: 이야기하기의 실존적 의미」(박진)에 따르면 서사적 존재로서 인간은 자신의 경험을 한 편의 이야기로 구성하여 이해하고자 한다. 서사적 이해에 대한 욕망은 우리 실존에 의미를 부여하는 작업이라는 점에서 인식적 차원만이 아니라 윤리적 차원과도 결부된다. 그러나 우리의 삶에는 예정된 결말이 없는 만큼 한 사람의 인생 전체를 서사화하려는 일은 언제나 좌초된다. 이때 중요한 것은 삶의 종결 불가능성을 인정하고 구성원들의 상호작용 속에서 각자의 이야기를 끊임없이 다시 쓰는 작업이다.

「서사의 힘과 한계」(김상환)에서는 서사의 본성에 대한 기본적 성찰에서 출발하여 먼저 서사주의와 반서사주의의 대결 구도를 만들며 인문학의 다양한 층위에서 개진된 주요 서사 이론들을 점검한다. 다른 한편으로는 고전적인 서사 이론을 관통하는 복수의 이분법(로고스와 뮈토스, 인문 문화와 과학 문화)을 끌어들이는 가운데 서사가 지닌 힘과 한계를 드러낼 뿐만 아니라 그런 이분법을 뛰어넘는 통합적 관점에 이르는 길을 개척한다. 그리고 마침내 철학적 관점에서 탁월한 서사의 특징과 평가 기준을 제시한다.

「인류세 스토리텔링」(신정아·최용호)은 이 세계의 운명을 결정할 만큼 인류의 힘이 비대해져버린 시대의 스토리텔링의 특성을 묻는다. 즉 그것은 기존 디스토피아 서사와 비교할 때는 종말론적인 끝을 말한다는 점에서는 같지만, 존재적 파국을 전면에 배치한다는 점에서는 다르다. 이는 세계의 물리적인 소멸이 실제로 다가왔다는 인식에서 기인한다. 이러한 인류세 스토리텔링은 에토스 측면에서는 반인간성을, 뮈토스 측면에서는 과대와 과소의 급전을 제시하면서 유토피아적 희망 서사 혹은 멸종의 윤리를 담는다.

「서사의 이중 논리와 (불)가능성: 조나단 컬러, 「서사 분석에서 이야기와 담화」리뷰」(이재환)는 서로 양립할 수 없는 서사의 두 가지 논리에 관해 다룬다. 일반적인 논리에 따르면 과거 사건(이야기)이 일관된 담화의 형식 속에서 배열될 때 서사가 만들어진다. 그러나 반대 논리에 따르면 서사의 완성을 향한 현재의 욕망이 과거의 사건에 영향을 미친다. 해체론을 대표하는 영문학자 조나단 컬러는 프로이트의 사후성 개념을 빌려 서사 내에서 이런 상반되는 두 논리의 이중적 운동이 결코 해소될 수 없으며 오히려 양자의 모순이야말로 서사가 갖는 수사적 힘의 바탕임을 말한다.

2부 서사와 주체성

「서사적 주체론: 아렌트, 리쾨르, 매킨타이어, 테일러를 중심으로」(윤성우)는 현대철학이 남긴 서사적 주체론의 흔적을 추적하면서 오늘날 서사적 자아 개념이 갖는 중요성과 그 의미를 소묘한다. 이 글에서 다루는 철학자들은 개인을 독립된 원자로 보는 관점을 거부하고 우리 자신이 누구인가에 대한 답을 서사에서 찾는다. 그들은 특히 서사의 윤리적 역량에 주목한다. 즉 이야기 속에서 자신의 정체성을 확립하는 과정에서 우리는 우리가 그 일부로 참여하는 전체의 맥락 속에서 우리 자신을 성찰하고 이를 통해 덕성을 함양한다.

「서사적 주체와 변화의 논리」(장태순)는 개인이 어떻게 거대한 역사의 변화를 일으키는 주체가 될 수 있는지를 설명한다. 이를 위해 먼저 바디우 철학의 주요 개념으로 돌아가 질서 변화의 논리적 문법을 거시적 차원에서 그려낸다. 그리고 이후 벤야민의 이야기 개념에 기대어 변화의 논리가 전개되는 구체적 과정을 미시적 차원에서 채워나간다. 즉 개인들은 이야기를 통해 행동의 지침을 획득할 수 있으며, 거시적 변화는 행동하는 개인들이 이야기를 전달하는 과정에서 자신을 스스로 변화시킴에 따라 완성된다.

「과학적 사고와 서사적 주체: 데넷을 중심으로」(이재환)는 우리 뇌의 '병렬식 복마전parallel pandemoniums 구조'에 초점을 맞추는 미국 철학자 대니얼 데넷의 주장을 소개한다. 의식은 뇌의 여러 부분이 동시다발적으로 정보를 처리하는 과정에서 형성되는 복잡다단한 네트워크다. 데넷은 이를 다중 원고 모형으로 설명한다. 즉 데카르트의 자아처럼 하나의 통합된 의식의 원고는 없다. 다만 복수의 작가가 작성 중인 여러 원고를 부단히 편집하는 과정만이 있을 뿐이다. 이런 관점에서는 과학적 사고가 내러티브 양식과 배치되지 않는다. 정보를 편집하여 지식을 만들어내는 뇌의 과정이 그 자체로 서사적이기 때문이다.

「삶의 이야기와 '나'의 정체성: 폴 리쾨르, 「서사적 정체성」 리뷰」(장태순)는 리쾨르의 서사적 정체성의 개념을 숙고한다. 서사 철학의 집대성자 리쾨르에 따르면, 기존의 주체 이론은 정체성identité 개념에 담긴 자기동일성mêmeté과 자기정체성ipséité의 이중적인 함의 때문에 어려움에 봉착했다. 특히 정체성을 시간 속에서의 항구성으로 오인하는 경우 문제가 커진다. 자아의 정체성은 서사적 기능의 매개를 통해 도달할 수 있는 정체성이다. 자기에 대한 앎은 자기에 대한 해석이며 이 해석은 삶의 경험들이 연결되는 장소, 역사적 이야기와 허구적 이야기가 융합되는 지점에서 일어난다.

3부 서사와 창의성

「스토리텔링과 창의성」(한혜원)은 디지털 시대에 이야기가 수용·변형·생성되는 방식을 다룬다. 인간은 서사적 존재이지만 이야기story를 말하는telling 방식은 시대적 환경과 함께 변화한다. 기존에는 이야기의 수용자에 불과했던 사람들이 디지털 시대에는 이야기의 창작자로 거듭나기 시작했다. 그러므로 이야기 광장은 이야기 소비의 관점보다 이야기 생성의 관점으로 바라보는 것이 훨씬 더 적합하다. 가상과 현실이 혼합된 메타버스의 공간에서 살아갈 때 우리는 원본의 이야기를 능동적으로 해석하는 창의적인 스토리텔링의 주체다.

「글쓰기의 단계와 창의적 사고의 논리」(김상환)는 네덜란드 철학자 반 퍼슨의 3단계 학습 이론, 20세기 발달심리학, 라캉의 정신분석 등에 기대어 먼저 의식의 형태 변화와 주체 형성의 단계에 병행하는 글쓰기의 기술에 대해 자유롭게 주석을 붙인다. 다른 한편으로는 동서 철학을 아우르는 관점에서 창의적 사고의 논리를 형식화할 가능성을 타진하면서 그 논리를 주체 유형론과 종합한다. 그리고 마침내 위대한 창조의 주체일수록 빠져들기 쉬운 위험과 인문학적 지혜의 필요성을 역설한다.

「간시대적 자아」(최용호)는 서사학적 관점에서 '사이-존재'라는 존재론적 개념의 의미를 탐구한다. 이 글에 따르면 현대인들은 디지털 혁명의 과도기를 살고 있다는 점에서 시공간적으로 두 영역 사이에 끼어 있는 사이-존재다. 인류학자와 식민지적 주체는 이러한 사이-존재의 대표적인 사례다. 이들은 공통적으로 탈서사화denarrativization를 수행한다는 점에서 간시대적 자아의 전형이다. 간시대적 자아가 수행하는 이러한 탈서사화는 새로운 삶의 이야기가 성립될 가능성을 보여준다는 점에서 중요한 의미를 지닌다.

「서사는 경험을 어떻게 구성하는가: 제롬 브루너, 「현실의 서사적 구성」 리뷰」(장태순)는 교육학자이자 심리학자인 제롬 브루너의 사상을 소개한다. 브루너에 따르면 인간의 지식과 기술에는 문화적 도구들을 통해서만 성장하는 특정한 영역이 있다. 인간의 선천적 능력은 문화적 상징체계의 도움 없이는 발현될 수 없다. 가장 주의를 기울여야 하는 도구는 서사다. 인간의 사고는 서사적 양식을 통해 전개되며 서사적 담화의 형태로 현실을 구성한다. 이 글에서는 브루너가 제시한 서사 혹은 서사화된 현실의 10가지 특징을 일목요연하게 정리한다.

4부 서사의 응용

「디지털 시대와 영화 서사」(장태순)는 다른 서사 매체와 구별되는 영화 서사만의 독특한 특성을 분석하고 디지털 매체의 발달에 따른 영화 담화의 변천을 짚어낸다. 이 글에 따르면 영화는 처음에는 볼거리로 시작했다. 하지만 점차 이야기를 전달하는 매체로 변화했으며, 기술 매체의 발전과 더불어 다양한 영화 양식이 발명되었다. 할리우드 고전 양식의 수목형 플롯 구조부터 디지털 매체의 쌍방향성을 활용한 다중 플롯 구조, 게임의 서사 구조와 유사한 반복형 플롯 구조 등 영화의 서사 담화는 끊임없이 진화하고 있다.

「법정 서사의 증거력」(최용호)은 법정 변론의 서사성을 세 가지 관점에서 정리한다. 첫째, 법정 공간은 참여 인물들 간의 경합이 필연적으로 존재한다는 점에서 서사적이다. 둘째, 법정 변론은 커뮤니케이션의 축, 의지의 축, 능력의 축 각각에서 논쟁agon의 성격을 지닌다는 점에서 서사적이다. 법정 서사에서는 수적으로 많을수록 강한 증거력을 가지는 사물과 증거력이 가변성과 반비례하는 말이 길항 관계에 놓인다. 셋째, 법정 서사는 법이 성립된 배경 이야기를 계속해서 참조한다는 점에서도 서사적이다.

「서사적 자아와 서사적 사고 능력: 매킨타이어와 교육」(이재환)은 서사적 자아 개념이 지닌 교육적 함의를 다룬다. 현대 덕 윤리의 대변자 매킨타이어는 자아의 정체성이 이야기 구성 과정에서 성립한다고 말한다. 그 이야기 속에는 자신뿐만이 아니라 자신과 얽힌 타인의 삶까지 포함된다. 따라서 개인은 자신이 관계하는 공동체의 맥락 위에 자신의 이야기를 위치시키는 서사적 사고 능력이 필요하다. 이런 능력을 기르는 교육은 개인의 정체성 확립을 도울 뿐 아니라 개개인의 고유한 내재적 선을 발견하고 이를 바탕으로 공동선을 추구하도록 이끌어준다.

「스토리텔링으로서의 경제학: 도널드 맥클로스키, 「경제학에서 스토리텔링」 리뷰」(이재환)는 경제학을 일종의 스토리텔링으로 바라보는 관점을 다룬다. 이 글이 소개하는 맥클로스키에 따르면, 경제학은 은유와 이야기 방식과 긴밀하게 연관되어 있다. 경제학자는 현상을 시작, 중간, 종결을 지닌 하나의 서사로 가공한다. 경제학의 법칙들은 현실을 특정한 형식 속에서 비유하여 어떤 교훈을 주는 이야기이며, 이 점에서 판타지물에 해당한다. 경제학을 일종의 스토리텔링으로 바라볼 때 경제학자는 자신이 수행하는 작업에 대해 더욱 명확한 인식을 가질 수 있게 된다.

I부 서사란 무엇인가

서사와 삶:
이야기하기의 실존적 의미

박 진

"인간의 서사적 능력 덕분에 우리 삶은 시간의 혼돈과
공허 속에서도 의미 있는 경험으로 변형될 수 있다."

박진은 고려대학교 국문과와 동 대학원을 졸업했으며, 숭실대학교 베어드교양대학 교수를 거쳐 현재 국민대학교 교양대학 교수로 있다. 『문예중앙』 기획위원, 『작가세계』 편집위원, 문화웹진 『나비』 편집위원 등으로 일했다. 지은 책으로 『문학이라는 혼종지대』(평론집, 2016), 『이야기, 트랜스포머가 되다』(공저, 2015), 『서사학과 텍스트 이론』(개정판, 2014), 『문학의 새로운 이해』(공저, 개정판, 2013), 『그래서 우리는 소설을 읽는다』(공저, 2011), 『달아나는 텍스트들』(평론집, 2008), 『장르와 탈장르의 네트워크들』(2007) 등이 있다.

서사의 개념과 층위

스토리와 담화

서사narrative는 이야기story를 전달하는 모든 매체와 형식을 포괄적으로 지칭한다. 소설이나 영화같이 잘 짜인 허구적 스토리를 담고 있는 경우부터 어제 있었던 일을 친구에게 말해주는 일상적 대화까지 서사의 범위는 매우 폭넓게 펼쳐져 있다. 서사는 또한 우리 삶과 떼려야 뗄 수 없이 긴밀하게 얽혀 있다. 우리는 영화, 드라마, 웹툰, 게임, 광고, 뮤직비디오 등 무수한 서사물을 향유하면서 서사에 촘촘히 둘러싸여 있으며, 끊임없이 이야기를 듣고 말하고 전달하면서 서사와 더불어 살아가고 있다. 이 글에서는 특히 이야기하기storytelling가 지닌 실존적 의미를 중심으로 서사가 우리 삶에서 왜 중요하고 어떤 의의를 지니는지 생각해보려고 한다.

그전에 우선 서사의 개념과 서사를 구성하는 서로 다른 층위들에 대해 간략히 정리하고, 서사에서 이야기하기의 중요성이 부각되는 과정을 살펴보는 것이 좋을 것 같다. 서사를 가장 쉽고 간결하게 정의하면 '스토리를 전달하는 모든 것'이라고 할 수 있는데, 이때 스토리는 '시간의 흐름에 따른 상황과 사건의 추이'를 가리킨다. 정교하게 구성된 사건들의 복잡한 연쇄가 아니라도 스토리가 될 수 있지만, 시간이 흐르지 않는 정지 상태는 스토리를 이룰 수 없다. 시간이 흘러가지만 아무 일도 일어나지 않거나 아무 변화도 생기지 않는 경우 역시 스토리가 될 수 없다. 이렇게 볼 때 서사는 시간성을 기본 요소로 하며, 시간에 따른 변화를 반드시 포함한다고 말할 수 있다.

스토리가 서사의 내용적 층위를 가리킨다면, 스토리를 전달하는 방식이나 양상과 관련된 또 다른 층위도 있다. 서사를 이론적으로 체계화한 구조주의 서사학narratology에서는 이 층위를 담화discourse라고 불렀다. 스토리가 '무엇을 이야기하는가?'(인물, 사건, 배경 등)에 해당한다면, 담화는 '어떻게 이야기하는가?'(시간 순서와 속도 및 빈도 등), '누가 이야기하는가?'(화자), '누구의 또는 어떤 관점으로 이야기하는가?'(초점화)라는 문제와 관련된다. 초기에 구조주의 서사학은 스토리를 전달하는 기법이나 그 미학적 효과 측면에서 담화의 이 같은 국면들에 주목했지만, 점차 서사의 이데올로기와 서술 행위narrating의 문제에 더 큰 관심을 기울이게 되었다.

특히 담화의 층위 안에 포함돼 있던 서술 행위의 영역을 서사의 또 다른 층위로 구분하여 다루게 되면서 서사의 역동성과 이야기하기의 중요성은 더욱 부각되었다. 기존의 이원론적 서사 구조론이 서사를 정적이고 완결된 체계로 바라보는 관점을 반영한다면, 서술 행위에 주목하는 새로운 관점은 스토리를 생산하는 이야기하기의 역동적 과정에 주의를 환기한다.[1] 이야기하기는 이미 존재하는 스토리를 그저 전달만 하는 수단에 머무르는 것이 아니라, 화자와 청자의 활발한 상호작용을 통해 스토리 자체를 만들어가는 능동적 행위이자 과정으로서 주목받게 된 것이다.

스토리텔링의 시대

이런 관점의 전환은 디지털 미디어의 발전과 맞물려 '스토리텔링의 시대'를 열었다. 스토리텔링은 시공간적 현장성, 상호작용적 소통성, 참여적 개방성을 띠는 담화의 양식과 이야기하기의 장field 자체를 뜻하는 개념이다.[2] 디지털 미디어에서의 쌍방향적 소통 방식이 잘 보여주듯이 스토리텔링의 청자는 스토리를 생성하고 이끌어 가는 데 직접 참여할 뿐 아니라, 생성된 이야기를 변형하고 재구성하여 다른 청자에게 다시 이야기하는 화자의 자리에 선다. 스토리텔링은 이렇게 이야기를 생성-변형-재창조하면서 향유하고 유통시키는 과정 전체를 포괄하는 용어로 화자/청자(생산자/수용자)의 구분을 해체하는 한편 권위 있는 서사의 닫힌 체계를 거부한다. 기존에 뚜렷이 분리돼 있던 화자와 청자는 스토리텔링의 역동적 과정에 참여하는 동등한 행위자가 되고, 완결된 '책'과도 같던 서사 텍스트는 무한히 다시 말하고 섞어 말하고 이어 말하는 스토리텔링의 운동 속으로 녹아들고 확산된다.

오늘날 스토리텔링이 각별히 각광받고 있는 것은 정치·경영·마케팅·문화 산업 등의 영역에서 이야기를 동원해 마음을 사로잡는 전략으로서의 가치가 상당하기 때문일 것이다. 이런 관점에서 스토리텔링은 감정 자본주의 시대의 효과적인 감성 유혹 장치이자 디지털 권력의 교묘한 대중 조작 기법이 된다. 스토리텔링의 이 같은 측면 때문에 크리스티앙 살몽Christian Salmon은 스토리텔링이 '이야기를 만들어 정신을 포맷하는 장치'라고 비판하기도 했다.[3] 하지만 다른 한편 스토리텔링은 서사의 주체(이야기할 수 있는 권한을 부여받은 자는 누구인가?)와 서사의 권력(어떤 이야기가 지배적인 이야기이며 그것은 어떤 힘을 지니는가?)에 대한 비판적 성찰을 동반하면서 서사화 행위의 실천적이고 문화정치적인 의미에 대한 사유의 가능성을 열어 주기도 한다.

장 프랑수아 리오타르는 내러티브적 지식savoir narratif이 과학적 지식을 대체하고 이질적인 작은 이야기petit récit들의 놀이가 거대 서사의 공백을 채우는 양상을 포스트모던 시대의 조건이라 보았다.[4] 그가 말한 포스트모던의 조건은 곧 스토리텔링 시대의 조건이기도 하다. 아서 프랭크에 따르면 스토리텔링의 시대는 권위적 전문가에 의해 전달되는 억압적 담론이 아니라 무수한 개인의 삶에서 상연된 이야기들이 활력을 얻고, 자기 목소리를 지니지 못했던 수많은 주체가 자신의 이야기를 말하는 능력을 되찾는 시대이다.[5] 인터넷상에서 저자와 독자가 따로 없는 집단적 발화가 생성되는 모습, 권력화된 지식을 수동적으로 학습하던 교수자 중심의 교육이 상호적이고 참여적인 학습자 중심의 교육으로 변화하는 경향, 전문 치료자에 의해 주도되던 상담 치료가 내담자와 치료자의 협력적 관계를 통해 대안적 이야기를 만들어가는 이야기 치료로 나아가는 현상 등은 모두 이런 맥락에 놓여 있다. 스토리텔링은 이 같은 변화들을 이끌어 가는 주요 동력으로 작용하고 있는 것이다.

스토리텔링은 세력과 반反세력이 공존하고 지배적 이야기와 대안적 이야기가 충돌하는 투쟁의 장이라고 말할 수 있다. 이런 양면성에 민감한 자의식을 지닐 때에야 스토리텔링의 시대에 대한 균형 있는 시각과 자신의 입장을 마련할 수 있을 것이다. 스토리텔링에 잠재된 문화정치적 참여와 의미화 실천signifying practice으로서의 의의를 확장하는 일은 우리 시대의 중요한 과제이기도 하다. 이를 위해서는 우선 서사와 삶의 관계, 그리고 이야기하기의 실존적 의미에 대한 인문학적 성찰이 선행되어야 한다.

서사와 삶

서사적 존재로서의 인간

인간은 본래 '서사적 존재'라고들 한다. 우리는 시간 속에서 태어나 시간 속을 살아가고 시간 속에서 생을 마감한다. 자신이 낳은 자식들을 모두 집어삼키는 시간의 신 크로노스처럼 시간은 태어난 모든 것을 소멸시킨다. 폴 리쾨르가 말했듯 시간은 서사적으로 엮일 때에야 '인간의 시간'이 된다. 우리의 시간 경험은 그 자체로는 혼돈스럽고 정해진 형태가 없으며 아무런 말도 하지 않는다. 서사는 이런 무정형의 시간에 형태를 제공하고 우리의 시간 경험을 다시 형상화한다.[6]

인간의 서사적 능력 덕분에 우리 삶은 시간의 혼돈과 공허 속에서도 의미 있는 경험으로 변형될 수 있다. 이야기를 만든다는 것은 이질적인 것들을 종합하여 통일성과 연속성을 창안하는 일이기도 하다. 삶에서 벌어지는 무수한 사건은 스토리가 되기 전에는 순간순간의 조각난 경험들로 흩어져 있다. 우리는 날마다 조각난 경험들의 전후 맥락을 찾아내고, 그것들 사이에 관련성을 부여하고, 개별적인 상황과 사건들을 결합하여 이야기를 만들면서 살아가고 있다. 그러지 않고서는 살아갈 수 없는 존재라는 뜻에서 인간은 누구나 서사적 존재이다.

가벼운 예를 들어보자. 한 남학생이 헤어진 여자 친구를 우연히 길에서 마주쳤다. 어색함과 반가움, 당황스러움과 애틋함이 뒤섞인 감정으로 잠시 일상적인 안부를 묻고는 각자 갈 길을 갔다. 그날 밤 침대에 누워 휴대폰을 보다가, 그는 헤어진 여자 친구의 '카카오톡 상태 메시지'가 바뀐 것을 발견했다. 바뀐 상태 메시지에는 '용기 있게 다시 시작하자'라는 말이 적혀 있었다. 그는 자연스럽게 그녀와 낮에 마주쳤던 일을 떠올리고, 그 사건을 그녀의 상태 메시지가 바뀐 사건과 연결한다. 그러고는 자기도 모르게 '그녀가 나와 다시 시작하고 싶어진 건가? 그녀가 나에게 다시 연락을 하진 않을까? 언제쯤 그녀에게서 연락이 올까? 내가 먼저 연락해볼까?'와 같은 생각들을 하게 된다.

어쩌면 두 사람이 마주친 일과 그녀의 상태 메시지가 바뀐 일은 아무런 관련이 없을지도 모른다. 그녀의 새로운 상태 메시지는 그저 지난 학기에 학점이 엉망이었거나 인턴 채용 서류 심사에서 모두 탈락했지만 힘을 내서 다시 열심히 해보자는 뜻이었을 수도 있다. 하지만 그녀가 오늘 그와 마주친 일과 상태 메시지를 바꾼 일이 전혀 무관한 별개의 사건이라면 그에게는 아무 의미도 생기지 않을 것이다. 무언가 의미가 발생하기 위해서는 사건들이 서로 연결되어야 하고, 스토리가 만들어져야만 한다. 명백한 관련성이 주어져 있지 않은 상태에서도 우리는 이렇듯 단편적인 사건들을 결합하며 이야기를 만들고, 그럼으로써 의미를 만들어가고 있는 것이다.

서사는 불확실하고 모호한 삶 속에서 존재의 연속성을 발견하고 삶의 의미를 찾으려는 우리의 노력과 결부돼 있다. 서사와 서사화 행위가 지닌 실존적 의미도 바로 여기에서 찾을 수 있다. 피터 브룩스 또한 스토리를 구성하는 서사의 논리가 삶을 구조화하는 원리이자, 경험을 조직하고 의미를 실행하기 위해 우리가 거쳐야 하는 필수 방식이라고 보았다.[7] 부단히 이야기를 만드는 인간의 서사화 행위는 혼돈스러운 세상에 질서를 부여함으로써 안정감과 안도감을 얻고자 하는 우리의 욕망과도 맞닿아 있다.

서사적 욕망

서사적 욕망은 서사적 존재인 인간의 근원적인 욕망이라 할 수 있다. 우리는 어릴 적부터 이야기를 좋아하고 이야기를 상상하며 이야기를 듣고 싶어 한다. 이야기는 그 자체로도 우리에게 즐거움을 주지만, 이야기에 대한 우리의 욕망은 기본적으로 '알고자 하는 욕망'과 결부돼 있다. 그다음에는 어떤 일이 벌어질 것인지, 그래서 결국 어떻게 될 것인지, 비밀은 무엇이고 범인은 누구인지, 이 모든 일의 궁극적 의미는 무엇인지 등에 대한 호기심 어린 갈망이 서사의 움직임을 추동한다.

타인과 세계를 이해하고자 하는 우리의 욕망 또한 서사적 논리에 의존한다. 서사적 논리는 시간적 선후 관계를 바탕으로 하여, 여기에서 비롯되거나 유추되는 인과성의 관계를 따라 형성된다. 이를테면 우리는 좋아하는 친구의 현재 모습을 더 잘 이해하기 위해 그의 어린 시절 이야기를 듣고 싶어 하기도 하고, 그 친구가 이해하기 어려운 행동을 하면 그동안 일어났던 일들을 서사적으로 연결하며 말이 되게 설명해보려고 애쓰기도 한다. 우리 사회에 이전과 다른 심각한 문제들이 나타났을 때 그 문제들이 생겨난 원인과 변화의 추이를 이해하려는 시도 또한 서사적 논리에 따라 이루어진다.

서사는 이렇듯 우리의 알고자 하는 욕망을 반영하며, 우리에게 세상을 이해하고 질서화할 수 있는 논리를 제공해준다. 그런데 여기서 기억해두어야 할 것은 서사적 논리가 이해의 가능성을 열어주는 동시에 오해와 왜곡의 가능성으로 작용하기도 한다는 점이다. 서사적 논리로 세상을 이해하려는 우리의 시도는 종종 매끄러운 이야기로 설명되지 않는 복잡한 진실을 단순화할 우려가 있다. 나아가 불가해한 혼돈을 조리 있게 정리하여 불안을 진정시키고자 하는 우리의 욕망은 서사적 논리 안으로 포섭되지 않는 미묘한 감정의 흐름이나 '말이 되지 않는' 진실을 억압하고 배제하는 결과를 낳을 수도 있다.

사랑과 이별의 이야기가 그 단적인 예일 것이다. 마음을 다해 사랑한 만큼 영원하리라고 믿었던 관계가 깨어지면 두 사람이 함께 쓴 사랑 이야기도 잔인하게 부서져버린다. 그런 서사적 잔해narrative wreckage를 딛고 계속 살아나가기 위해서는 불가해한 이별을 납득할 만하게 만들어줄 이야기가 필요하다. 간혹 어떤 사람들은 '그렇게 사랑했던 우리가 왜 헤어지게 되었나?'라는 질문에 답하는 이별 이야기를 구성하는 데 사랑했던 기간보다 더 긴 시간을 소비하기도 한다. 하지만 두 사람이 헤어진 이유나 이별의 '진실'은 서사적으로 일목요연하게 설명되지 않는 것일 수 있고, 그런 진실을 어떻게든 서사적 논리에 끼워 맞추고자 하는 우리의 욕망은 상대방에게, 어쩌면 자기 자신에게도 일종의 폭력이 될지 모른다.

우리는 서사적 논리에 따라 세상을 이해하고 불안정한 존재의 안정감을 구한다. 그런데 바로 그 서사적 논리가 도리어 오해와 왜곡을 불러올 수 있다는 사실은 서사적 존재인 인간의 딜레마라 할 것이다. 이야기를 만들지 않으면 살아갈 수 없는 우리에게는 서사의 이 같은 한계와 서사적 욕망의 아이러니에 대한 반성적 자의식이 반드시 필요할 것이다.

서사적 이해: 서사의 교육적 함의

우리가 어떤 대상을 서사적으로 이해한다는 점은 교육적으로도 중요한 함의를 지닌다. 교육학자이자 서사 심리학자인 제롬 브루너는 사고의 양식을 패러다임 양식paradigmatic mode과 내러티브 양식narrative mode으로 나누고, 오늘날 패러다임 양식에서 내러티브 양식으로 사고의 전환이 일어났다고 본다.[8] 그에 따르면 패러다임 양식은 논리적 추론과 과학적 검증을 바탕으로 하는 추상적이고 탈맥락적인 사고로서 지식을 주체 밖에 존재하는 객관적 실재로 간주한다. 이와 달리 내러티브 양식은 경험의 구체성과 개별성을 존중하는 맥락 의존적인 사고로서 경험을 조직하고 구성하는 과정을 통해 지식을 생성하는 마음의 작용에 주목한다.

물론 내러티브 양식이 이전의 패러다임 양식을 완전히 대체했다고는 말할 수 없겠지만, 제롬 브루너가 강조한 내러티브 사고는 그동안 아무런 반성 없이 받아들였던 '백과사전적' 지식 모델을 돌아볼 수 있게 해준다. 내러티브 사고의 중요성에 대한 인식은 또한 학습자의 삶과 괴리된 추상적 지식을 일방적으로 전수하던 기존의 교육 문화에 대한 비판적 대안을 모색하는 계기를 마련해준다. 우리가 학습하는 지식은 개인의 경험과 삶의 구체성 안으로 통합될 때에만 의미를 지니며, 그러기 위해서 지식은 우리 각자의 서사적 맥락 안으로 들어올 수 있어야 한다. 서사적 맥락은 메마르고 동떨어진 지식의 조각들에 '의미'와 '뉘앙스', 그리고 '적용' 가능성을 제공해주기 때문이다.[9]

마찰력에 대해 배운다고 가정해보자. 수직항력과 마찰계수의 관계에 대한 공식이나 마찰력의 종류에 대한 체계적 분류와 같은 과학적이고 추상적인 지식은 그 자체로는 우리에게 별다른 의미를 지니지 못한다. 하지만 자동차를 좋아하는 사람에게 마찰력은 브레이크를 밟으면 자동차가 멈추는 원리와 연결되고, 결빙된 도로 위나 빗길을 달릴 때 타이어가 미끄러지는 현상 등을 떠올리게 할 것이다. 한편 수영을 좋아하는 사람에게 마찰력에 대한 지식은 수영 선수들이 온몸을 감싸는 수영복을 입는 이유나, 특정 재질의 수영복을 선호하는 이유 등과 이어질 것이다. 인테리어에 관심이 있는 사람은 마찰력에 대해 배우면서 무거운 서랍장 밑에 수건을 깔고 혼자서 가구 배치를 바꾼 경험을 되살릴지도 모르고, 목공예를 배웠던 사람이라면 켜기톱으로 목재를 자르느라 끙끙대며 고생했던 기억을 떠올릴지도 모른다. 마찰력에 대한 공식이나 이론은 이렇게 개인적인 정서와 느낌을 동반한 자기 이야기 속으로 들어올 때 '살아 있는' 지식이 된다.

문학적 지식도 마찬가지다. 문학 수업에서 정전화正典化된 문학사적 지식을 암기하거나 문학 이론의 추상적 개념을 습득하는 일보다 중요한 것은 문학 읽기 과정을 통해 학생들 각자가 실제로 느끼고 경험하는 것들이라 할 수 있다. 문학 교육학자인 루이스 로젠블렛은 이를 문학 경험literary experience이라고 불렀다. 문학 읽기 과정에서 우리는 자신의 과거 경험이나 최근의 관심사, 현재의 근심과 마음 상태 등을 텍스트 안으로 가지고 들어간다. 이런 개인적 요소들은 기존의 교육관에서는 문학작품의 '객관적 의미'를 훼손시키는 부정적 요인으로 여겨졌지만, 실은 학생들이 문학 텍스트의 생생한 의미를 텍스트 바깥의 삶으로 가지고 나올 수 있게 해주는 중요한 '연결 고리' 역할을 한다.[10] 학생들은 과거 경험의 토대 위에서 자기가 읽은 텍스트를 해석하는 동시에, 읽기 과정에서 얻은 새로운 문학 경험에 비추어 이전의 자기 경험들을 다시 해석하기도 한다. 문학 수업은 이렇듯 문학 텍스트를 자기 삶의 이야기 속으로 통합하는 실존적 행위로 이어질 필요가 있다.

정리하자면 지식은 경험을 조직하고 구성하는 서사적 과정을 통해 생성되며, 우리 각자는 서로 다른 서사적 이해의 지평 위로 지식을 통합한다. 교육은 이 과정을 활성화하고, 수업 현장에서 제공되는 지식이 학생들 저마다의 경험을 담은 삶의 이야기와 만나도록 돕기 위한 방안을 모색해야 할 것이다. 앞에서도 잠시 언급한 것처럼 이 문제는 학습자가 능동적으로 참여하며 스스로 의미를 만들어가는 스토리텔링 교육의 이상과도 맞닿아 있다.

삶의 이야기와 서사의 윤리

인생을 이야기한다는 것

서사와 삶의 밀접한 관계를 다루면서 지금까지 우리는 계속 '삶의 이야기'에 대해 언급해왔다. 여기서는 더 본격적으로, 인생을 이야기한다는 것이 어떤 성격을 띠며 어떤 의미를 지니는지 이야기해보려고 한다. 인생 이야기를 구성하는 일에는 서사적 욕망과 그 한계, 서사적 이해의 가능성과 딜레마, 그리고 서사의 윤리적 차원이 충돌하고 뒤엉켜 있다.

누군가의 삶을 하나의 이야기로 만든다는 것은 불가능에 가까워 보일 만큼 어려운 일이다. 누구에게나 인생 이야기는 수수께끼와 여백으로 가득할 수밖에 없다. 우리 삶에는 이해할 수 없는 일들이 빈번히 일어나고, 설명되지 않는 모순들이 너무 많기 때문이다. 최선을 다해 열심히 일했는데도 회사에서 구조 조정을 당하기도 하고, 불의의 사고로 사랑하는 가족을 잃기도 한다. 우리 삶은 우연하고 불연속적인 사건들로 가득하고, 예기치 못한 불행과 납득하기 어려운 실패는 삶을 일관성 있는 이야기로 만드는 일을 좌절시키기 일쑤이다.

그럼에도 서사적 존재인 인간은 이야기를 통해 삶의 의미를 추구하며, 모순과 파탄을 해소하는 자기 통합을 절실히 필요로 한다. 그렇기에 우리는 인생 이야기에 일관성을 부여해줄 탄탄하고 안정된 플롯을 원한다. 롤로 메이Rollo May는 『신화를 찾는 인간』에서 이런 플롯들의 원형을 신화 속에서 찾고자 했다. 그에 따르면 우리는 정체성을 탐색하기 위해 인생 이야기의 모델을 필요로 하는데, 신화가 제공하는 모델들은 우리가 "의미 없는 세계에서 의미를 만들어내는 방법"이자 "우리 실존에 의미를 부여하는 이야기 방식"이 될 수 있다는 것이다.[11] 롤로 메이는 끝없는 성장과 성취라는 자본주의의 획일화된 신화 대신에 저마다 자기 삶의 의미를 밝혀낼 인생 이야기의 모델(자기 신화)을 발견하는 일이 중요하다고 역설했다.

이를테면 어떤 이는 자기 삶을 '권위에 도전하는 반항아'의 이야기로 구성할 수 있고, 또 다른 이는 '고뇌하는 방랑자'의 이야기로 엮어낼 수도 있다. 그런가 하면 '자유로운 모험가'의 이야기나 '예술적인 몽상가'의 이야기로 인생을 서사화할 수도 있다. 롤로 메이가 강조했듯 자기 삶에 적합한 서사적 모델 또는 자기 인생 이야기의 플롯을 찾아내는 일은 모순적인 경험들을 통합하여 서사적 일관성을 회복하고, 성취만을 지향하는 사회에서 배제된 가치들을 삶의 의미로 수용할 수 있게 돕는다.

하지만 인생 이야기의 플롯을 찾았다고 해서 문제가 다 해결되는 것은 아니다. 플롯에는 유기적인 처음, 중간, 끝(이야기가 끝나기 전에도 이미 잠재되어 있으면서 실제로 전개되기만을 기다리고 있다는 뜻에서의 결말)이 있으나, 실제의 우리 삶은 예정된 결말을 향해 그런 식으로 펼쳐지지 않는다. 여전히 삶이 계속되는 한 인생 이야기에 완결된 의미나 도전받지 않는 진실이란 존재하지 않을 것이다. 그러므로 인생을 이야기하려는 시도는 어쩔 수 없이 실수와 오독으로 얼룩져 있다. 피터 브룩스의 표현을 빌리면, 인생 이야기에는 그 어떤 마스터플롯masterplot도 없으며 '실수투성이의 플롯erroneous plots'을 읽어야 하는 것이 우리의 운명이다.[12] 그렇다면 자기 자신과 타인의 삶을 이해하고 의미화하기 위해 '우리는 어떤 노력을 할 수 있고 해야 하는가?'라는 질문이 생긴다. 이 문제는 서사와 서사화 행위의 윤리로도 이어진다.

인생 이야기의 종결 불가능성

서사적 논리에는 애초에 왜곡시키는 힘이 잠복해 있음을 기억한다면, 한 사람의 인생을 이야기로 만든다는 것은 너무도 어리석고 무모한 일처럼 느껴지기도 한다. 그렇다고 해서 삶을 이야기하기를 포기하는 것은 무책임한 일일 것이다. 이런 태도는 어차피 삶에 의미란 없으며 인생을 이해하는 일은 불가능하다는 식의 회의주의를 반영할 테니 말이다. 그렇지만 빈틈없이 완결된 단 하나의 플롯으로 우리 삶을 단정 지어버리는 것은 아무래도 성급하고 폭력적인 일일 수밖에 없다. 인생을 이야기한다는 것은 결국 이 모두를 경계하며, 실수투성이의 플롯을 통해서라도 우리 자신과 타인의 삶을 이해하려는 노력을 포기하지 않는 일을 뜻한다.

이때 무엇보다 중요한 것은 오해와 오독의 가능성을 인정하는 일일 것이다. 이 문제는 특히 타인과 그의 인생을 대하는 윤리적 태도와 직결된다. 타인의 삶에 대한 우리의 서사적 이해는 아무리 그럴듯해 보여도 어딘가 틀렸을지 모르고, 혹시라도 그렇다면 그의 이야기는 언제든 다시 쓰일 수 있어야 한다. 타인의 삶을 서사적으로 이해하는 일이 윤리적 성격을 잃지 않으려면 우리는 그의 인생을 언제든 다시 열릴 수 있는 '잠정적인 이야기'로 받아들일 필요가 있다.

이와 관련하여 미하일 바흐친은 "한 인간이 살아 있는 한 그는 자신이 종결되지 않았다는 사실 때문에, 자신이 최후의 말을 하지 않았다는 사실 때문에 살아 있는 것이다. … 인간은 결코 자기 자신과 일치하지 않는다. 사람들은 그에게 A=A라는 동일률을 적용할 수 없다"[13]고 말한 바 있다. 그의 말처럼 우리는 다른 누군가를 언제나 '아직 최후의 말을 하지 않은' 존재로 대해야 하고, 그럼으로써 타인을 '살려두어야' 한다. 타인의 삶을 이야기할 때 우리는 어떤 이야기 속에서도 진실은 다만 잠정적이며 완전하게 말해질 수 없다는 것을 잊지 말아야 할 것이다.

이는 우리가 인생 이야기에서 의미의 불확실한 동요를 기꺼이 감당할 필요가 있음을 시사한다. 피터 브룩스 또한 『플롯 찾아 읽기』라는 책에서 누군가의 인생을 서사화할 때 불확정성에서 오는 불안을 견디는 일이 중요함을 강조했다. 그는 우리가 삶을 이야기할 수 있으려면 그 이야기는 단정적인 진술로서가 아니라 의미의 확정성을 유보하는 방식('as-if'의 플롯)으로 이루어져야 한다고 생각했다. 인생을 이야기하는 일은 또한 서로 다른 이야기들의 공존 가능성을 끌어안는 방식('either/ors'의 플롯)으로 실행되어야 한다고 그는 보았다.

의미를 확정 지을 수 없으므로 이야기하기는 "거듭 반복될 것이며", 어떻게든 삶을 의미화하기 위해 "우리는 이야기하고 다시 이야기할 것이다."[14]

자기 서사화의 책임과 윤리

자신의 인생 이야기를 구성해내는 자기 서사화 행위에 대해서는 좀 더 이야기할 필요가 있다. 우리는 자기 삶에서 일어난 개별적인 사건들을 취사선택하고 배열하여 이야기를 구성함으로써 삶의 의미와 방향을 만들어간다. 같은 사건들을 겪었어도 우리가 구성하는 자기 이야기는 얼마든지 달라질 수 있다. 이때 우리가 어떤 이야기를 만드느냐에 따라 삶에 대한 자기 이해와 현재 삶에의 만족감 등도 달라질 것이다. 또한 '나는 누구이며 어디에서 왔는가?'라는 물음에 스스로 답하는 방식도 이에 따라 변화하게 될 것이다. 그래서 자기 서사화 행위는 곧 '정체성 다시 쓰기'가 된다.

자기 서사화는 폴 리쾨르가 말한 서사적 정체성 l'identité narrative 과도 관련이 깊다. 실체적이고 자기 동일적인 정체성과는 달리 서사적 정체성은 고정되고 균열 없는 실체가 아니라 끊임없이 만들어지고 해체되는 과정 가운데 있다. 따라서 이야기하는 행위를 통해 우리는 언제든 자기 삶을 이전과는 다른 이야기로, 심지어는 매우 상반되는 이야기로 엮어낼 수 있다.[15] 자기 서사화는 삶의 과정을 통해 부단하게 이루어진다. 이야기 행위를 통한 정체성 다시 쓰기는 우리가 살아가는 동안 완결되지 않는 과업이라고 말할 수 있다.

타인의 인생 이야기와 마찬가지로 우리 자신의 서사적 정체성 또한 종결 불가능하고 잠정적인 성격을 띠지만, 그렇더라도 우리는 저마다 자기 삶의 이야기에 대한 책임을 지니고 있다. 자기 삶의 이야기는 자신이 만들어가는 것이기에 그 책임을 다른 누군가에게 떠넘길 수는 없는 일이다. 누구도 자기 인생을 완벽하게 통제하지 못함에도 불구하고 우리가 자기 삶의 '주인'일 수 있다면, 그것은 우리가 누구나 '자기 삶의 화자'라는 사실 때문일 것이다. 내 의지대로만 이루어지지 않는 인생에 대해 우리가 스스로 책임을 질 수 있고 그래야 하는 이유도 바로 여기에 있다. 우리는 자기 인생 이야기의 화자로서 자신의 삶이 더 의미 있는 '좋은 이야기'가 될 수 있도록 노력해야 할 책임이 있는 것이다.

그런데 여기서 한 가지 덧붙여두어야 할 것은 '나의 이야기'가 온전히 나만의 것일 수는 없다는 점이다. 우리 각자의 이야기는 매 순간 타인들의 이야기와 얽혀 있으며, 내 삶의 여러 단면이 내 가족과 내 친구들, 내 동료들의 이야기 안에 포함돼 있다. 더욱이 내 삶의 시작(수태 혹은 출생의 순간)과 끝(죽음의 순간)은 사실상 '나'의 이야기가 아니라 오히려 다른 사람들(내 부모와, 내가 죽은 뒤에도 살아 있을 사람들)의 이야기에 속한다고 말해야 한다.[16] 내가 하는 이야기 속에는 또한 내가 의식하든 그렇지 않든 간에 타인의 목소리와 어조와 시선들이 촘촘히 새겨져 있다. 바흐친이 말한 것처럼 '나'는 언제나 어느 정도는 '자기 바깥'에 있는 것이다.[17] 오직 "나를 위한 나I-for-myself는 어떤 이야기도 말할 능력이 없다"는 바흐친의 언급 또한 그런 맥락에서 이해될 수 있다.[18]

'나의 이야기'는 나 혼자만의 공허한 독백 같은 것일 수 없다. '나의 이야기'가 더 좋은 이야기가 되도록 만드는 일 또한 단지 자기 위안이나 자기만족을 위한 행위 그 이상을 의미한다. 내 삶의 이야기가 내 주변 사람들의 이야기를 억압하거나 훼손하지는 않는지 돌아보는 한편, 다른 사람들의 삶의 이야기와 어떤 식으로 얽혀서 어떤 영향을 주고받는지를 거듭 되짚어보는 태도야말로 자기 인생을 서사화하며 살아가는 우리 각자가 감당해야 할 책임이자 윤리일 것이다. 나아가 서로서로 얽혀 있는 우리 삶의 이야기들이 어떻게 하면 더 좋은 이야기가 될 수 있을지 고민하는 일은 이야기하기의 실존적 의미를 넘어 사회 문화적 실천의 차원으로도 이어지게 된다. 이 점에 대해서는 이 글의 끝에서 다시 이야기하게 될 것이다.

이야기하기의 실재성과 치유적 힘

이야기 치료의 지향점과 진행 과정

한편 자기 서사화를 통한 정체성 다시 쓰기는 강력한 치유의 힘을 지닌다. 이 점을 잘 보여주는 것이 이야기 치료narrative therapy라는 내러티브 실천narrative practice의 한 분야이다.[19] 여기에서는 이야기 치료의 방법과 세계관 등을 통해 서사가 인간의 정체성과 실존적 삶에 미치는 막강한 영향력을 확인해보고, 우리 삶을 실제로 구성하는 이야기 행위의 실천적 의미에 대해 생각해보려고 한다.

이야기 치료를 처음 고안한 사람은 마이클 화이트Michael White

와 데이비드 엡스턴David Epston으로 이들은 각각 호주와 뉴질랜드에서 가족 치료사 및 정신보건 사회복지사로 활동하고 있었다. 두 사람이 이야기 치료를 창시하게 된 것은 이야기의 은유를 통해 인간의 심리 구조와 발달 과정을 이해하는 서사 심리학narrative psychology의 관점을 가족 치료에 도입하면서부터였다. 이렇게 생겨난 이야기 치료는 1990년대부터 전 세계로 확산되며 큰 반향을 일으켰다.

그렇다면 이야기 치료는 어떤 식으로 진행될까? 기본적으로 이야기 치료는 삶의 경험들을 다시 이야기하는re-storying 상호작용적 대화의 성격을 띤다. 이야기 치료의 과정은 '문제로 포화된problem-saturated' 내담자의 자기 이야기에서 간과되고 누락됐던 '독특한 장면들'을 구출해내고, 이를 바탕으로 삶에 관한 빈약한 서사를 풍부하게 만드는 과정으로 이루어진다.[20] 어떤 인생에서도 이야기로 만들어지는 경험들보다 그렇지 못한 경험들이 더 많으며, 우리가 겪어온 풍부한 경험들 가운데 삶의 이야기로 표현되는 것은 극히 일부에 불과하다. 이야기 치료자는 그중에서도 어둡고 절망적인 삶의 이야기와 상충하는 '반짝이는 순간들'을 발견하고 그것들에 주목할 수 있도록 하는 질문을 던지려고 노력한다.

이야기 치료의 과정은 사회의 지배적 담론과 '정상화 판단normalizing judgment'에 종속된 삶의 이야기를 내담자 자신의 가치를 담은 대안적 이야기alternative story로 다시 쓰는 과정이기도 하다. 한 사회의 지배적 담론을 그대로 내면화한 상태에서 자기 이야기를 그 틀에 끼워 맞추게 되면 자신의 삶을 병적이거나 결핍된 이야기, 또는 부정적인 정체성을 서술하는 이야기로 구성하는 경향이 있다. 이에 이야기

치료자는 삶에 대한 지배적 이야기dominant story를 해체하고, 내담자 자신의 가치와 지향에 따라 삶의 경험들을 재구성하도록 돕고자 한다.[21] 이때 모든 내담자가 자기 삶의 이야기에 대한 '전문가'임을 인정하고, 치료자 자신은 전문가가 아닌 '협력자'의 위치에 서고자 한다.[22]

삶의 대안적 이야기는 치료자와 내담자가 대화를 나누는 과정에서 두 사람 중 누구도 아직은 알지 못하는 방향으로 끊임없이 움직여간다. 대안적 이야기가 어디로 흘러갈지, 결국 어떤 이야기가 될 것인지 아무것도 정해져 있지 않지만, 이야기 치료의 '다시 쓰기' 대화는 그래서 더욱 흥미진진하고 놀라운 과정이 된다. 이야기 치료자는 이 같은 상호작용적 대화를 "사람들이 선호하는 방법으로 살아갈 수 있는 이야기를 공동 구성하는co-construct" 과정으로 이해한다.[23] 이야기 치료는 공감적 소통과 탈권위적 상호작용을 통해 역동적인 의미 생성을 가능케 하는 스토리텔링의 실천적 경향으로서도 의의를 지닌다.

'다시 쓰기' 대화의 구체적 사례

이야기 치료 현장에서 이루어지는 상호작용적 대화의 사례를 통해 이 점을 더 구체적으로 살펴보기로 하자. 여기서 소개할 사례는 마이클 화이트와 제시카가 나눈 다시 쓰기 대화의 한 장면인데,[24] 제시카는 부모에게 학대당한 경험들과 싸우며 고립된 삶을 살고 있는 40대 여성이다. 처음에 제시카가 화이트에게 들려준 자기 삶의 이야기는 극도로 어둡고 부정적이며, 자신이 가치 없고 희망 없는 인간이라는 생각을 담고 있었다. 이런 생각으로 제시카는 몇 번이나 자살을 시도했고, 죽음의 문턱까지 가는 경험을 하기도 했다.

제시카와 이야기를 나누는 동안 화이트는 이렇게 극단적인 상황에서도 그녀를 조금이나마 버티게 해준 것이 무엇이었는지 궁금해한다. 이에 대한 화이트의 질문에 제시카는 어린 시절 자신을 따뜻하게 보살펴주었던 이웃집 아주머니를 기억해낸다. 아주머니는 학대로 고통 받던 일곱 살 무렵의 그녀를 가까이에서 돌봐주고 지지해주었으며, 아주머니가 가장 좋아했던 바느질과 뜨개질도 가르쳐주었다고 한다. 이 이야기를 듣고 화이트는 제시카에게 아주머니의 눈에 비친 당신은 어떤 아이였을지, 아주머니는 부모가 보지 못한 어떤 것을 당신에게서 보았던 것일지를 묻는다. 제시카에게 이 질문들은 다정했던 아주머니의 눈으로 그 시절의 자기 자신을 바라볼 수 있는 계기를 마련해주고, 그럼으로써 자신의 정체성을 다시 쓸 수 있게 하는 출발점이 된다.

이어서 화이트는 자신의 취미를 제시카와 공유한 것이 아주머니에게는 어떤 경험이었을지, 그 경험이 아주머니의 삶에 어떤 영향을 미쳤을 거라고 생각하는지 질문한다. 상처 입은 작고 무력한 소녀가 아주머니의 삶에 뭔가 기여했을 수 있다는 생각은 그 자체로 제시카에게 '놀라운 전환'이었다. 그녀는 자신이 아주머니에게 받기만 하는 수동적이고 '짐 같은' 존재라고 여겨왔기 때문이다. 화이트와의 대화를 통해 제시카는 비로소 어릴 때의 자기 자신을 존중하는 마음을 가질 수 있었고, 자신이 모든 사람에게 '짐이 되는 사람'이라는 부정적인 생각에서 벗어날 수 있게 된다.

　　나아가 제시카는 아주머니가 그녀에게 주었던 것들을 소중히 여기고, 그 가치를 실현하기 위해 살아가는 삶으로 자신의 이야기를 다시 써낸다. 제시카는 자신이 최근에 어릴 적 학대를 경험한 다른 여성을 도와주었던 경험을 떠올리면서 자기 삶의 많은 부분이 오래전에 아주머니에게서 받았던 것들을 기리기 위한 것이었음을 이해하게 된 것이다. 이야기 치료의 상호작용적 대화와 그 과정에서 생성되는 새로운 이야기는 이렇듯 제시카의 정체성과 실제 삶을 변화시킨다. 이 과정을 제시카와 함께한 경험은 화이트의 삶에도 깊은 영향을 미쳐서, 치료자이자 한 '사람'으로서 그가 더욱 성장하는 계기가 된다.

　　경청과 협력의 관계 속에서 이야기를 함께 만들고 공유하는 이들의 모습은 무척 인상적이다. 제시카에게 미친 이웃 아주머니의 막대한 영향력에서도 알 수 있듯이 우리의 정체성은 다른 사람들과 관계를 맺고 교류하는 과정에서 형성되고 변화한다. 이야기 치료는 내면에 존재하는 본질적 자아 대신에 타인들과의 상호작용 속에서 만들어지는 '관계적 자아relational self'의 관점을 신뢰한다. 이런 관점은 이야기 치료에서 '회원 재구성 대화re-membering conversation'로 발전했다. 회원 재구성은 한 사람의 인생을 여러 명의 회원들로 이루어진 클럽club 같은 것으로 보고, 자기 정체성에 의미 있게 기여한 사람들을 '인생 클럽'의 멤버로 맞아들이는 일을 뜻한다.[25] 이야기 치료의 현장이 아니라도 우리가 서로서로의 정체성과 삶의 가치를 지지하고 격려하는 인생 클럽의 회원들로 연결될 수 있다면 우리 각자의 인생 이야기와 그 의미는 더욱 풍성해질 것이다.

이야기 행위의 실재성과 사회적 연대

이야기 치료는 우리 삶을 실제로 형성하고 변화시키는 이야기하기의 실제적 힘을 잘 보여준다. 마이클 화이트가 말한 것처럼 "인생에 대한 우리의 서술은 살아가는 그대로의 인생을 나타내거나 반영하는 것이 아니라 인생을 직접적으로 구성하는 일"[26]이다. 이런 관점은 이야기하는 행위가 곧 실재를 창조한다고 보는 구성주의constructivism의 입장을 대변해준다. 이야기 치료는 또한 사회적 실재는 문화 구성원들의 상호작용에 의해 형성되고 전승된다는 사회구성주의social constructionism적 관점을 표방한다. 이 같은 관점에 따라 이야기 치료는 내면의 본질적인 자아가 아닌, 대화를 통해 사회적으로 구성되고 이야기 속에서 지속되는 다양한 '자기들selves'의 실재성을 중시한다.[27]

이렇게 보면 우리는 모두 자기가 원하는 사람이 되기 위해 자신의 이야기를 재구성해야 할 책임을 지닐 뿐 아니라, 이야기를 엮어서 함께 짜 내려가는 서로의 자기 이야기에 대해 '공동의 책임'을 갖는다고 말할 수 있다. 우리는 자신이 속해 있는 크고 작은 이야기 공동체 안에서 상호 협력과 유대를 통해 '더 나은 이야기'를 만들고 공유하고 확산시킬 수 있다. 그렇게 하는 일은 우리 삶과 이 사회가 더 나은 방향으로 변화해나가는 데 실제적으로 기여할 수 있을 것이다. 사회적이고 문화정치적인 실천으로서 이야기 행위가 지닌 의의가 바로 여기에 있다. 이 같은 열정으로 이어진 이야기하기의 공동 연대는 이 사회의 구성원으로서 우리가 지향해야 할 실천적 가치이자 책임이라고 믿는다.

서사의 힘과 한계

김상환

"삶의 세계는 무수한 이야기의 실타래들로 끊임없이
다시 직조되는 양탄자와 같다."

김상환은 서울대학교 철학과 교수로 현대 철학의 다양한 통찰을 바탕으로 지금의 우리 모습과 시대를 진단하는 글을 써왔으며, 현대 철학의 흐름을 체계적으로 재구성하는 연구에 매진하고 있다. 지은 책으로 『왜 칸트인가』(2019), 『근대적 세계관의 형성』(2018), 『김수영과 『논어』』(2018), 『철학과 인문적 상상력』(2012) 등이 있고, 옮긴 책으로 『차이와 반복』 등이 있다.

서사의 정의

초보적인 수준에서 서사는 "사건의 재현"으로 정의된다.[1] 현실적이든 가상적이든 어떤 사건이 있고, 그것에 대해 자세히 이야기하는 것이 고전적인 의미의 서사다. 문제는 어떤 사건이냐 하는 데 있다. 서사를 정의하는 사건, 그것은 어떤 갈등agon, 사태의 급변peripeteia, 다시 말해서 어떤 곤경trouble에 의해 구조화된다. 잠재된 갈등의 부상, 인물들 간의 경쟁, 계획된 의도의 실패, 일상적 궤도의 와해 같은 것이 일어나지 않는다면 어떤 것도 이야깃거리가 되지 못한다. 서사적 사건은 어떤 모순이나 위기에 의해 중심화된 사건이다.

서사가 사건을 재현한다면, 그것은 동시에 경험의 재현이기도 하다. 서사적 재현 속에서 인물들이 어떤 위기를 통과한다면 그 통과의 여정은 상투적인 경험이 파괴되고 새로운 경험이 조직되어가는 과정이다. 그 경험의 조직 과정에서 흩어졌던 시간이 응축되고 강렬한 정념이 분비된다. 어떤 시야가 열리고 의미가 맺힌다. 인물은 새로운 인식을 얻고 과거와 다른 정체성에 도달한다. 서사를 정의하는 가장 기본적인 요소는 사건이되 그 사건은 인물의 내적 변화를 가져오는 사건이다. 그러므로 사건보다는 인물을 서사의 핵심으로 내세우는 저자들이 종종 있음을 간과하지 말아야 한다.

서사의 요소

사건인가 인물인가? 서사를 정의할 때 이런 물음 못지않게 중요한 것이 세계에 대한 물음이다. 사건과 인물은 언제나 어떤 배경 속에 등장하기 때문이다. 서사는 어떤 특정한 역사-문화적 질서에서 자양분을 얻는가 하면, 그 질서에 새로운 자양분을 부여한다. 서사는 특정한 세계관을 전제하거나 전복한다. 때로는 새로운 세계관을 창조한다. 서사적 재현이 어떤 경험의 재조직 과정을 보여준다면, 그 과정은 세계 이미지의 재조직에서 완성된다. 세계 이미지는 서사적 재현의 안정성을 보장하는 최후의 보루다. 사건과 인물 다음으로 세계가 서사를 구성하는 핵심 요소로 꼽히는 이유는 이런 데 있다.

전통적인 서사 이론에서 세계 이미지와 관련된 것이 장르 이론이다. 장르는 인물과 사건의 선택, 결합을 한정하는 울타리와 같다. 가령 신화, 서사시, 비극, 로맨스, 소설(사실주의)은 각각 신, 영웅, 왕, 기사, 부르주아를 주인공으로 한다. 낭만주의 이래의 반어적인 문학에서는 소시민이 주인공이다. 비극에서는 주인공을 사회와 고립시키려는 경향이, 반면 희극에서는 통합하려는 경향이 우세하다.[2] 장르에 따라서 인물의 전형이나 성격, 인물과 세계의 관계가 다르게 유형화된다. 그런데 사건, 인물, 세계 외에도 서사를 구성하는 중요 요소가 있다. 그것은 사상 혹은 주제라 불린다.

아리스토텔레스의 비극에서 서사의 가장 중요한 요소로 세 가지가 꼽힌다. 뮈토스mythos, 에토스ethos, 디아노이아dianoia가 그것이다.[3] 우리가 앞에서 언급한 사건은 뮈토스(플롯)에 해당한다. 인물과 배경은 에토스로 묶인다. 디아노이아는 사상 혹은 주제를 말한다. 소설과 희비극에서는 사상이 인물이나 사건에 밀린다. 그러나 산문과 서정시에서 가장 중시되어야 하는 것은 사상이다.[4] 사정이 어떠하든 서사는 어떤 세계 이미지 못지않게 세계에 대한 통찰과 지혜를 담을 때 더욱 커다란 작품성에 이른다. 특히 인문학적 담론이나 과학적 담론의 생명은 플롯이 아니라 사상에 있다.

서사의 기능

요즘에는 호모 에코노미쿠스homo economicus니 호모 루덴스homo ludens니 하는 말에 이어 호모 나란스homo narrans라는 말이 심심찮게 사용되고 있다. 그만큼 서사가 인간의 삶에서 차지하는 위상이 본질적임을 발견한 것이다. 자주 인용되는 바르트의 말처럼[5] 서사는 그 시작부터 인류의 역사와 줄곧 함께해왔다. 서사가 부재한 역사-문화적 공간은 상상하기 어렵다. 인간의 삶이 있다면 거기에는 음식이 있는 것처럼 반드시 이야기가 넘쳐흐른다. 인간은 식욕이나 성욕에 버금가는 서사적 충동의 지배를 받는다는 추론이 그래서 가능하다.

사실 삶의 세계는 무수한 이야기의 실타래들로 끊임없이 다시 직조되는 양탄자와 같다. 인간, 문화, 역사, 나아가 세계 자체마저 그런 양탄자의 무늬에 불과한지 모른다. 호모 나란스의 깃발 아래 모인 일련의 저자들은 이런 관점을 과격하게 밀고 나간다. 그들은 인간의 감정에서부터 역사적 세계에 이르기까지 시간 속에 존재하는 모든 현상을 서사적 구성체로 설명한다. 매킨타이어, 리쾨르, 누스바움 같은 철학자들이 그들이다. 또 제롬 브루너 같은 심리학자, 헤이든 화이트 같은 역사학자는 그 어떤 서사학자나 철학자보다 선명한 서사주의를 구축했다. 인간을 '스토리-텔링 애니멀'이자 '스토리-메이킹 애니멀'로 정의하는 이들의 주장 몇몇을 정리해보자.

서사적 정서

고대 사상 연구에서 출발한 여성 철학자 누스바움에 따르면 인간의 감정은 자연적으로 생기는 것이 아니다. 감정은 서사적으로 학습, 구성된다.[6] 왜 그런가? 정서는 인지적 요소를 포함하기 때문이다. 가령 분노는 어떤 부당한 피해에 대한 확신 없이 일어나지 않는다. 그 확신은 어떤 가치에 대한 확신과 이어져 있다. 특정한 가치 질서나 도식에 대한 믿음이 없다면 희노애락의 감정이 일어날 수 없다. 그런데 아이는 이야기를 통해 그런 가치를 배우고 믿게 된다. 그리고 이야기를 통해 그 믿음에 결부된 정서적 반응을 학습한다. 이야기는 감정을 유발하는 장치에 그치는 것이 아니라 감정을 학습하고 해석하는 장치이기도 하다.

이는 서사를 배우고 실행하는 능력이 없다면 정서라는 것도 없다는 이야기다. 이미 라캉은 "욕망은 대타자의 욕망이다"라는 헤겔적인 영감의 명제를 통해 욕망이 언어의 세계 속에서 학습되는 것임을 말한 바 있다. 누스바움은 스토아학파와 에피쿠로스학파의 정념 이론으로 돌아가서 정서는 자연적 생산물이 아니라 서사적 생산물임을 주장한다. 이런 주장에 따르면 특정한 믿음의 체계를 이면으로 하는 정서적 삶은 논리적 분석이나 추론과는 무관하다. 정서적 삶은 다만 이야기를 모태로 해서 탄생, 보존된다. 사랑이나 불안이 무엇인지, 그리고 이런 정서들이 다른 정서들과 어떻게 분절되는지를 인지하고 해석하는 것은 서사의 학습과 실천 속에서다.

새로운 계획

이런 관점은 현대 윤리학에 대한 비판과 새로운 철학의 기획으로 이어진다.[7] 윤리학은 우리가 어떻게 살아야 하는지에 대해 답해야만 한다. 헨리 제임스를 비롯한 많은 작가는 문학작품이 그런 물음에 대한 답을 제시한다고 본다. 게다가 프루스트 같은 작가들이 말하는 것처럼 오로지 서사 형식을 통해서만 서술될 수 있는 삶의 진리나 의미가 있다. 사실 삶의 세계는 오로지 이성으로만은 온전히 파악될 수 없다. 많은 부분이 감정적 체험을 통해서 지각되고 이해된다. 특히 일반적이고 형식적인 규칙 아래 포섭되지 않는 독특한 상황은 지성적 인식보다는 정서적 지각에 의해 훨씬 잘 감지된다.

이미 데카르트도 『정념론』에서 진위의 문제는 이성에 의해, 그러나 선악의 문제나 생명 보존의 문제는 정념에 의해 가장 잘 인지된다는 점을 강조한 바 있다. 실천적 삶의 세계는 정서에 의해 조직되고 해석되는 측면이 많다. 누스바움에 따르면 이것은 서사에 의해 구조화되는 측면이 많다는 것과 같다. 이런 관점에 비추어 볼 때 현대 윤리학은 불완전하게 나타난다. 추상적인 규칙에 얽매인 나머지 삶의 세계의 일면만을 반영하기 때문이다. 지적인 추론에 의해 포착되는 측면에만 매몰되어 실제의 구체적인 측면을 놓치는 것이다. 현대 윤리학은 정서적 삶에 뿌리내린 문학과 서사 이론에 의해 보완되어야 한다.

행위와 서사

사실 고대 그리스에서 철학은 시인과 벌인 전쟁을 통해 처음 세상에 등장했다. 그 전쟁은 오늘날까지 어디에선가 계속되고 있다. 철학은 많은 경우 문학과 대립각을 세우며 자신의 정체성을 보존하는 전략을 폈다. 그러나 누스바움에 따르면 실천적 삶의 세계를 있는 그대로 반영하기 위해서는 철학과 문학, 논증과 서사의 경계를 지워야 한다. 특히 윤리와 도덕의 영역에서는 양자가 서로 싸울 것이 아니라 함께 협력해야 한다. 그런데 서사 없이는 실천적 삶의 세계를 설명할 수 없다는 이런 주장은 고대 덕 윤리의 부활을 외치는 매킨타이어의 강한 서사주의와 어깨를 나란히 한다. 다만 한쪽에서는 서사적 구성물로서 정서를 가리킬 때 다른 쪽에서는 행위를 가리키고 있을 뿐이다.

『덕의 상실』[8] 마지막 부분(14장 이후)에서 매킨타이어는 서사를 개인의 행위가 탄생하고 형태화되는 모태로 본다. 어떠한 실천적 행위도 이야기 없이는 결코 이루어질 수도, 해석될 수도 없다는 것이다. 왜 그런가? 타인의 행위를 이해할 뿐만 아니라 자신이 어떤 행동을 취해야 할지를 결정하는 것도 행동 자체를 특정한 이야기의 일부로 파악할 때만 가능하기 때문이다. 이 점에서 실천적 행동은 현실적으로 실행된 이야기와 다름없다. 행위와 의도의 질서를 기술하는 것, 이것들의 연관성과 통일성을 기술하는 것은 하나의 이야기를 써 내려가는 것과 같다. 행위의 주체가 지닌 정체성은 그런 이야기 속에서 구성되는 서사적 정체성이다. 서사적 정체성은 개인의 행위를 가능케 하는 조건이자 그것의 의미를 정초하는 원리로서 그 행위에 내재한다.

시간과 서사

누스바움과 매킨타이어에 이어 이번에는 방대한 서사 철학을 구축한 리쾨르를 돌아보자. 그에게 서사는 개인의 정서, 행위, 문화적 소속감을 빚어내는 거푸집으로 그치지 않는다. 서사는 무엇보다 시간의 거푸집이다.[9] 좀 더 정확히 말해서 시간은 서사적 형식에 따라 형상화될 때에야 비로소 인간적인 시간이 될 수 있다.

물론 서사 이전의 시간도 있다. 바로 자연의 시간이다. 자연의 시간 반대쪽에는 아우구스티누스에 의해 발견된 내면적 시간 의식이 있다. 그런데 온전히 체험된 인간의 시간은 자연의 시간도 의식의 시간도 아니다. 인간의 시간은 두 시간 사이의 유희에서 발생한다. 게다가 그 양극 사이의 복잡한 유희는 논리적인 언어로는 재구성할 수 없다. 인간적인 시간은 서사적 행위를 통해서만 가장 적절하게 현시될 수 있다. 거꾸로 서사적 행위는 인간적인 시간을 담아내고 응축할수록 탁월해진다. 모든 논점은 이렇게 정식화될 수 있다.

이야기의 시간이야말로 자연의 시간과 의식의 시간 각각의 일면성을 넘어선 진정한 인간적인 시간이다.

리쾨르는 인간적인 시간을 직조해가는 이야기의 완성 과정을 3단계로 나눈다.[10] 첫 번째 단계는 우리 삶 속에서 이미 형성되었거나 잠재적으로 형성되는 이야기에 주목하는 것이다(형상화 이전의 이야기). 두 번째 단계는 삶 속에서 길어 올린 이야기를 작품의 형식으로 조형하는 것이다(형상화된 이야기). 세 번째 단계는 작품화된 이야기를 듣거나 읽으면서 다시 조형하는 것이다(다시 형상화된 이야기). 이야기는 이렇게 전형상화, 형상화, 재형상화의 단계를 거쳐 다시 삶의 세계로 돌아간다.

이런 3단계 과정은 시간이 순화되는 절차와 같다. 그것은 자연적인 시간이 비로소 혼돈의 상태에서 벗어나 인간적인 시간, 역사적인 시간, 문화적인 시간으로 정돈되는 과정이다. 시간 속에서 분열되고 무질서해진 것들은 이야기를 거쳐 안정된 동질성을 회복할 수 있다. 그러므로 자아든 공동체든 시간 속에 위태롭게 존재하는 모든 것은 서사적 지혜에 의탁해야 한다. 왜냐하면 그럴 때에만 자신의 정체성을 구성하고 유지할 수 있기 때문이다. 리쾨르에게 이야기란 시간 속에서 이질성을 띠면서 파편화된 것들을 하나로 묶는 끈이다. 물론 이야기의 끈은 예상치 못한 곤경의 충격으로 언제든지 풀어지거나 끊어질 수 있다. 그러나 풀어지면 다시 묶고 끊어지면 얼마든지 이을 수 있다는 것이 리쾨르의 주장이다.

서사의 바깥

이런 관념론적 경향은 역사학자인 헤이든 화이트에게서 더욱 과격화된다. 그에 따르면 역사적 사실은 역사가에 의한 플롯 짜기emplotment 안에서만 일정한 유형과 의미를 지닐 수 있다. 따라서 역사 서술은 본질적으로 픽션을 만드는 과정, 스토리-메이킹의 과정이다.[11] 이런 관점에서는 역사가의 플롯 안에 들어오기 전에는 역사적 사실은 없는 거나 마찬가지다. 서사 이전의 사실 그 자체라는 것은 아무런 형태도, 특성도, 의미도 없기 때문이다.

그런데 이런 주장은 제2차 세계대전 중의 홀로코스트 생체 실험 같은 사실이나 오늘날 중국이 벌이고 있는 역사 공정 앞에서 의문에 직면한다. 그 역사적 비극을 희극으로 고쳐 쓸 수 있을까? 주변 국가의 고대사를 자국의 역사 안으로 통합하는 조작이 가능하다고 해서 의미 있는 역사 서술로 받아들여야 하는가? 과연 서사의 바깥은 없는 것일까? 화이트의 과격한 서사주의에 비할 때 리쾨르의 서사 철학은 온건해 보인다. 한편으로는 서사적 텍스트의 바깥을 설정하기 때문이고, 다른 한편으로는 서사적 구성을 저자의 쓰기가 아니라 독자의 읽기 속에서 완성되는 것으로 보기 때문이다.

리쾨르에게 서사의 바깥은 세계로 지칭된다. 그러나 그의 세계 개념은 목가적일 만큼 어떤 묵시적인 목적론에 의해 지배되고 있다. 정확히 말해서 그 세계라는 것은 해석학적 의미론과 현상학적 존재론이 만나는 지점에 자리한다. 이때 세계는 두 가지 기능을 지닌다. 먼저 세계는 언어의 바깥이되 모든 상징적 의미의 원천이자 그에 대한 해석의 지평이다. 다른 한편 세계는 인간이 신체를 통해 뿌리내리는 거주의 장소, 원초적 고향이다. 의미의 고향이자 거주의 고향인 세계는 마치 가출한 자식을 기다리는 부모의 집과 같다. 우리가 의미의 빈곤이나 무질서의 혼돈에 빠질 때마다 돌아가 건강을 되찾는 안식처와 유사하다. 한마디로 그것은 텍스트 안쪽보다 더 관념적인 장소, 이상화된 장소라 할 수 있다.

이런 세계 개념은 니체나 블랑쇼 주위에 모인 철학자들, 레비나스, 들뢰즈, 푸코, 데리다 같은 철학자들에 의해 바깥 개념으로 대체된다. 이제 바깥은 죽음, 절대적 무질서, 광기의 세계다. 바깥은 의미의 원천이라기보다 무의미의 원천이다. 해석의 지평이라기보다 해석의 무덤이고, 형태 발생의 출발점이라기보다 형태 붕괴의 출발점이다. 고향 같은 거주의 장소라기보다 끊임없이 방랑(피난과 이주)을 초래하는 재난의 장소다. 우리나라의 철학자 박동환도 이와 유사한 견해를 제시한다. 절대적 바깥 X는 개체 x에 대해 "수직으로 찔러 들어오는 절대의 격파", "회복할 수 없는 꺾임의 경험"[12]을 초래할 뿐이다. 이런 바깥 개념이 우리 시대의 철학적 현대성을 가장 첨예하게 대변한다.

서사의 스크린

오늘날 문학에서 영화에 이르는 다양한 장르에서 두드러진 위상을 차지하게 된 것이 재난 서사다. 그리고 그 재난 서사를 설명하는 가장 적합한 이론적 틀로서 라캉의 정신분석이 부상했다. 그 이

유도 라캉의 실재 개념이 지닌 현대성 때문이다. 라캉의 실재는 죽음 충동을 대신하는 개념이되 상징계(언어로 구조화된 문화)의 절대적 바깥 X를 가리키는 위상학적 개념이다. 라캉의 코기토가 무의식적 환상이라면, 주체의 무의식적 환상은 정확히 상징계로 침투하는 실재(죽음 충동)와 안전하게 관계할 수 있게 해주는 어떤 보호막에 해당한다.

지젝의 책들, 가령 『환상의 돌림병』에서 최근의 『팬데믹 패닉』에 이르는 책들은 이 점에 대한 반복적 해설이다.[13] 물론 여기서 중요한 것은 그가 말하는 무의식적 환상이 (이른바 '대상 a'를 핵으로 하는) 어떤 서사적 구조를 지닌다는 점이다. 라캉의 주체는 상징계의 안과 밖이 나뉘는 경계에서 어떤 서사적 구조의 스크린을 일으켜 세우는 환상의 주체다. 이때 바깥은 문화에 원시적 에너지를 공급하는 원천이되 문화를 혼란에 빠뜨리는 재난의 위험이기도 하다. 라캉이 말하는 환상의 주체는 그런 치명적인 실재로부터 자기를 지킬 수 있는 거리를 확보하기 위해 이야기를 지어내는 서사의 주체다.

그런데 이런 이야기는 니체의 『비극의 탄생』에까지 거슬러 올라간다. 이 책에서 올림포스의 밝고 명랑한 세계는 실재의 부조리를 감추기 위한 장막으로 기술된다. 그 신화의 세계는 디오니소스적 지혜를 통해 존재의 심층을 통찰한 그리스인들이 죽음의 불안을 견디기 위해 구축한 "예술가적 중간 세계"다. "그리스인은 살 수 있기 위해 그 공포와 경악 앞에 올림포스 신들이라는 꿈의 산물을 세워야 했다."[14] 니체에 따르면 소포클레스의 비극 같은 것도 실재가 일으키는 현기증을 막기 위해 그리스인이 준비한 어떤 가면에 불과하다.[15]

그러나 행위하기 위해서는 다시 현실로 돌아와야 하는 것이 인간이다. 그때 디오니소스적 인간은 구토한다. 사르트르의 『구토』(1938)를 생각나게 하는 대목이기도 해서 길게 인용해본다.

그리스인은 예리한 시선으로 세계사의 무시무시한 파괴 충동과 자연의 잔인성을 꿰뚫어 보았고, 의지에 대한 불교적 부정을 동경하는 위험에 처해 있다. 예술이 그를 구원한다. 그리고 예술을 통해 자기 자신을 스스로 구원하는 것이 ― 삶이다. … 그러나 저 일상의 현실이 다시 의식 속에 되살아나면, 그 현실은 구토를 느끼게 하면서 현실로서 지각된다. … 이런 의미에서 디오니소스적 인간은 햄릿과 유사하다. 양자는 우선 사물의 본질을 올바로 들여다보았다. 그들은 인식했다. 그리고 행위한다는 것은 그들에게 구토를 불러일으켰다. … 한번 관조된 진리를 의식하고 있는 상태에서 이제 인간은 어디에서나 존재의 공포와 불합리를 보게 된다. … 이것이 그를 구역질 나게 한다.[16]

『구토』[17]의 주인공 로캉탱 역시 이 구절이 말하는 전형적인 디오니소스적 인간이다. 그는 18세기 후반을 살다 간 역사적 인물의 전기를 쓰다가 구토하기에 이른다. 그 인물이 지닌 모순적인 요소들을 일관된 하나로 묶어낸다는 것이 어리석은 짓임을 깨닫기 때문이다. 명료하게 규정할 수 있는 성격, 유형화 가능한 인물 같은 것은 있을 수 없다는 깨달음, 나아가 존재의 원래 사태가 해소 불가능한 부조리와 적대로 가득하다는 깨달음에 도달하면서 로캉탱은 구역질한다. 우리는 이것을 매킨타이어, 화이트, 리쾨르 같은 저자들의 서사적 관념론에 퍼붓는 구토로 볼 수 있다. 정교한 서사적 구성물일수록 오히려 허구적일 뿐 아무런 진실성도 담을 수 없다는 것이다.

모더니즘과 반反서사의 서사

로캉탱의 구토는 반서사주의의 몸짓을 대변한다. 실재에 부합하는 참되고 진실한 스토리는 없으며, 실재에 비추어 서사적 구성물은 관념적인 허구에 불과하다는 것이다. 그런데 그 구토는 20세기 전반기에 급진적 예술가들이 취했던 제스처의 일종이다. 다다와 초현실주의를 비롯한 예술적 전위주의에서, 쇤베르크 이후의 음악에서 소리, 이미지, 언어는 조화롭게 구성되고 다듬어지는 어떤 것이 아니다. 그것들은 차라리 무참하게 부수고 흩어놓아야 하는 것이다. 화성, 구상, 서사의 파괴가 전위예술의 일관된 특징이다. 여기서 백남준과 그의 친구 존 케이지 같은 전위예술가들의 퍼포먼스를 생각해보자. 이들은 구성할 때보다는 파괴할 때 완고한 관념의 장막을 뚫고 그 너머의 실재 자체와 만날 수 있다고 보았다.

이런 문맥에서 사르트르의 『구토』만큼 유명한 반서사주의의 작품은 로베르트 무질의 『특성 없는 남자』다. 이 미완성 유작은 사르트르의 소설과 같이 1930년대에 쓰인 반어적이고 전복적인 소설이다. 특히 이 소설의 중간 부분에서는 압도적인 복잡성을 특징으로 하는 실재의 삶과 "이야기의 끈Faden der Erzählung"에 따라 조직되는 일차원적 연속성의 삶이 대비된다. 그리고 그렇게 이야기의 선형적 질서로 환원된 빈곤한 삶이 우리 인간에게 사랑받는 이유가 제시된다. 그 이유는 이야기의 순서에 따라 배열된 "평면적 삶"이 카오스의 불안에서 벗어날 수 있는 어떤 도피처가 된다는 데 있다. 무질에 따르면 우리 인간은 그런 도피처를 사랑하는 만큼 모두 어떤 이야기꾼이다.

우리가 … 단순함을 꿈꾸며 동경하는 삶의 법칙은 다름 아닌 이야기의 질서의 법칙이라는 것이었다! 이는 '이것이 일어났을 때 저것이 일어났다!'고 말할 수 있는 단순한 질서다. 수학자처럼 말할 것 같으면 이는 압도적인 삶의 다양성을 일차원적 다양성으로 묘사하는, 우리를 진정시키는 단순한 나열이다. 이는 시간과 공간 속에 일어나는 모든 일을 한 가닥의 실 위에, 바로 그 유명한 '이야기의 끈' 위에 배열하는 것이다. 인생의 끈도 이것으로 이루어진다. … 사람은 대개 자신과의 관계에서 이야기꾼이다. 그들은 서정시를 사랑하지 않거나 어쩌다 잠시 사랑한다. 그리고 인생의 끈 속으로 약간의 '왜냐하면'과 '그래서'가 엮여 들어가면, 이를 넘어서는 모든 숙고를 혐오한다. 그들은 사실의 정돈된 배열을 … 사랑하며 어쨌든 삶이 '진행한다'는 인상을 통해 혼돈 앞의 불안에서 벗어나 있다고 느낀다. 그런데 [주인공] 울리히는 비록 공적으로는 모든 것이 벌써 비서사적이 되어버렸고 하나의 '끈'을 쫓는다기보다는 무한히 뒤얽힌 표면 속으로 확장된다고 할지라도 사적인 삶이 여전히 매달려 있던 이 원시적인 서사가 이제 그에게서 사라졌음을 알아차렸다.[18]

무질과 사르트르의 소설은 당대의 아방가르드 예술의 정신만을 반영하는 것이 아니다. 그들의 소설은 관념의 허울을 벗어던지고 있는 그대로의 실재를 직시해야 한다는 모더니즘의 정신을 반영한다. 알랭 바디우의 말처럼 모더니즘의 정신은 '실재의 열망'에 있다. 그 실재의 열망에서 나온 것 중의 하나가 김수영의 온몸의 시학이고, 그 안에서 숨 쉬는 직시의 도덕과 정직의 윤리다. 그런 시학과 윤리에서 죽음, 파괴, 혼돈은 생명, 구성, 질서 못지않게 중요하다. 김수영 시에서 이런 요소는 시적인 언어(서정성)를 파괴하는 산문성과 난해성으로 나타난다.

무질, 사르트르, 김수영이 대변하는 모더니즘의 정신은 아도르노와 데리다의 철학에 그대로 계승되고 있다. 서사를 중심에 놓을 때 이들이 대변하는 현대성은 서사의 한계에 대한 관심이자 그것의 해체 가능성에 대한 관심에 있다. 그러나 이것은 서사에 대한 부정과 혼동되지 말아야 한다. 왜냐하면 이들에게 이런 관심과 그에 따른 실천은 서사의 불가피성에 대한 인식으로 귀착하기 때문이다. 이들은 서사를 해체할수록 한편으로는 서사가 실재의 고통을 잊게 하는 아편과 같은 환각제임을 발견한다. 그러나 다른 한편으로는 서사가 인간의 심리적 본성과 삶의 보존에 깊이 뿌리내린 제2의 자연임을 발견한다.

이런 이중의 발견으로부터 도달하는 결론은 서사 없이는 반서사도 불가능하다는 점이다. 반서사의 길을 가더라도 오로지 서사의 길을 따라가야 한다는 것, 서사의 한계에 대한 물음은 그 바깥의 외재적 관점에서가 아니라 그 안쪽의 가능 및 불가능 조건을 묻는 내재적 관점에서 모색되어야 한다는 것이다. 규칙을 통한 규칙의 일탈만이 가능하다는 것인데, 이것이 아도르노의 부정의 변증법과 데리다의 해체론이 공유하는 기본적 관점이다. 이것은 결국 서사의 한계와 그 바깥에 대한 물음은 그것의 전제와 구성 절차에 대한 반어(아이러니)의 형식을 취해야 한다는 것과 같다.

두 문화 속의 서사

그러나 서사의 한계에 대한 물음이 이렇게 내재적 반어의 형식으로만 제한될 필요는 없다. 서사의 바깥에 서서 그것의 한계를 그려가는 방법도 있다. 물론 그렇다고 해서 서사의 장막이 모두 벗겨진 야생의 실재에 의존해야 한다는 것은 아니다. 여기서 문제의 바깥은 언어나 문화의 바깥이 아니라 이것들 속에서 성립하는 서사의 바깥이다. 가령 과학의 수학적 등식과 문학의 은유적 등식이 만드는 이분법의 연장선상에서 생각할 수 있는 서사의 바깥이 있다. 철학자들이 즐겨 쓰는 이분법 중의 하나가 로고스와 뮈토스의 대립이다. 우리는 이런 이분법적 구도에서 서사의 한계와 바깥에 접근할 수 있다.

언어가 아니라 문화를 중심에 두자면 이른바 '두 문화'[19]의 구도에서 포착되는 서사의 바깥이 있다. 그러나 과학 문화와 인문 문화 사이에서 성립하는 이분법만이 아니라 동양 문화와 서양 문화 사이에서 성립하는 이분법도 우리의 문제를 풀어가는 출발점이 될 수 있다. 리처드 니스벳의 『생각의 지도』에 나오는 이야기다.[20] 소, 닭, 풀의 세 이미지를 내놓고 관련성이 있는 두 가지를 고르라 하면 어떻게 될까. 서양 학생들은 대부분 소와 닭을 가리키는데, 동양 학생들은 소와 풀을 선택했다고 한다. 왜 소와 닭인가. 둘은 다 같이 동물이고, 풀은 식물이기 때문이다. 왜 소와 풀인가. 소는 풀을 뜯어 먹으면서 살지만, 닭은 풀을 먹지 않기 때문이다.

소와 닭을 함께 묶은 서양 학생들은 대상의 본질(동물인가 식물인가)을 물은 셈이다. 반면 소와 풀을 함께 묶은 동양 학생들은 대상들이 하나로 어우러질 수 있는 풍경(풀밭에서 함께 어울리는 동물들)을 그린 셈이다. 그 그림에는 어떤 이야기가 숨 쉰다. 소와 닭을 하나로 묶는 것은 개념의 논리에 따른 분류다. 반면 소와 풀을 하나로 엮는 것은 스토리텔링에 바탕을 둔다. 거기서 작동하는 것은 개념의 논리가 아니라 서사의 형식이다. 동양적 사고방식이 개념의 논리보다 서사의 형식을 따른다는 점은 동아시아 사상의 원천에 있는『주역』을 보면 더없이 명확하다. 이 책을 구성하는 각각의 장은 인간이 처할 수밖에 없는 근본 상황에 해당한다.『주역』64괘 각각은 그 근본 상황에 마주쳐 6인의 인물이 펼치는 드라마를 연출한다.

좌뇌와 우뇌

그렇다면 이런 이중적인 의미의 두 문화(과학 문화와 인문 문화, 동양 문화와 서양 문화)는 상호 보완적인 관점에서 하나의 조화로운 전체를 이룰 수 있는가? 그 두 문화의 핵심에 있는 개념적 로고스와 서사적 뮈토스는 우리가 위에서 소개한 누스바움의 희망처럼 오래된 전쟁을 멈추고 평화적 협력의 길을 열 수 있을까? 이것은 또한 심리학자 부르너가 청년기에 품었던, 그러나 노년에 이르러 결국 포기한 계획이기도 하다.

이 문제를 이미 상식이 된 이야기로 돌아가 풀어가보자. 1960년대의 뇌과학은 인간의 대뇌가 기능을 달리하는 두 부분으로 이루어져 있음을 발견했다. 좌뇌와 우뇌가 그것이다. 이때 좌뇌는 언어, 논리, 이성의 역량을 관장한다. 우뇌는 공간지각과 예술적 창의력을 관장한다. 과학자들 사이에서는 좌뇌와 우뇌가 완전히 분리된 마음인지, 상호 통합적인 마음인지를 놓고 논쟁이 오고 갔다. 많은 시간이 흐른 지금 대다수 과학자는 좌뇌와 우뇌는 따로 놀 때보다는 서로 협력할 때 훨씬 더 효율적으로 기능한다고 본다.

이런 뇌과학의 발견은 당대의 심리학이나 교육학에 커다란 영향을 끼쳤다. 좌뇌형 인간이니 우뇌형 인간이니 하는 용어는 일상의 대화에서까지 친숙한 분류법이 되었다. 제롬 부르너 같은 심리학자는 이런 분류법을 경험 구성의 두 가지 유형으로 일반화했다. 그리고 좌뇌에 기초한 경험 조직 방식을 '패러다임 양식'으로, 우뇌에 기초한 경험 조직 방식을 '내러티브 양식'으로 개념화했다. 이런 개념화 작업은 그 두 가지 양식을 조화롭게 결합하는 문제에 쏟았던 관심의 산물이다. 그의 말을 직접 인용해보자.

우리 인간은 경험을 조직하는 데 있어서 두 가지 주요한 방식을 가지고 있다. 하나는 패러다임적 방식으로 그것은 논리의 규칙에 의해 지배되며, 물론 그 방식은 보편적이다. 다른 하나는 내러티브 양식으로서 스토리텔링을 통하여 의미를 획득하는 우리의 방식을 반영한다. 인간이 전개하는 대부분의 정신 활동은 이 두 가지 양식을 결합하는 것이다. 그리고 그런 인간의 정신 활동들은 이 두 양식을 서로 조화롭게 만드는 것이다.[21]

로고스와 뮈토스

새는 두 날개를 함께 움직이며 공중을 비행한다. 이와 마찬가지로 인간은 좌뇌와 우뇌를 동시에 활용하여 사물을 지각하고 사고를 펼쳐간다. 이런 관점에서 보면 논리적 사고와 서사적 사고를 대립적 구도에서 비교하는 것만으로는 충분치 못하다. 인간은 논리적 사고와 서사적 사고를 병행한다. 그리고 그런 사고의 병행을 통해 자신의 사고 능력을 최대한 발휘할 수 있다. 우리는 이렇게 말할 수 있는 근거를 철학에서, 가령 로고스의 시원적 의미를 해석한 하이데거에게서 찾을 수 있다.

뮈토스와 로고스는 항간의 철학사에서 주장되듯이 철학 자체에 의해서 서로 대립하게 된 것이 아니다. 오히려 그리스 초창기 사상가들은 뮈토스와 로고스를 동일한 의미로 사용한다. … 뮈토스가 로고스 때문에 와해되어버렸다고 생각한 것은 플라톤주의를 발판으로 해서 근대 합리론이 받아들인 역사학과 문헌학의 선입견일 뿐이다.[22]

이런 관점에서 하이데거는 소크라테스 이전의 로고스, 가령 파르메니데스와 헤라클레이토스의 로고스를 이성ratio이나 말verbum로 번역하는 것에 반대한다. 논리나 세계 법칙도 옳은 번역어가 아니라고 말한다. 이는 로고스가 알레테이아aletheia(탈은폐, 진리)와 같은 의미를 지니고 있다고 보기 때문이다. 이때 로고스는 존재자 일반을 나타나게 하는 것, 현성하게 하는 것을 말한다.[23] 아리스토텔레스를 해석할 때는 로고스가 리드모스rythmos(리듬)나 스케마schema(도식)와 가까워진다. 이때 로고스는 요소들을 특정한 관계 속에 분절하는 것, 존재자 일반에 특정한 무늬나 결 혹은 질서를 가져오는 것에 해당한다.[24]

로고스의 동사 레게인legein은 원래 모으기, 수집하기, 수확하기를 의미했다. 하나로 모으되 부분들의 차이와 그 관계가 모두 드러나도록 펼쳐놓는 것을 말한다. 이것은 손으로 하는 행위이지만 동시에 말로 하는 행위이기도 했다. 말로 사물을 제시하고 열거하고 설명하는 것, 이 또한 레게인이다. 플라톤주의 전통의 철학은 이런 원초적 의미의 로고스를 뮈토스와 대립시키면서 탄생했다. 이런 대립의 전통이 심화된 결과가 논리와 서사의 이분법이다. 그러나 하이데거적인 영감에서 말하자면 논리와 서사는 같은 뿌리에서 나왔고 서로 조화를 이루는 것이었다.

논리와 서사의 이중적인 관계

물론 역사의 흐름은 성장하는 생물처럼 복잡화의 과정을 거치게 된다는 사실을 놓칠 수 없다. 단순한 통일성에 머물 수 없는 것이 인간의 역사-문화적 세계다. 특히 근대화를 거치면서 사회 영역은 물론 노동 및 가치가 왕성하게 분화되었다. 학문 자체도 이때 급속히 세분화되었다. 원래 하나를 이루던 논리와 서사도 이런 분화의 흐름 속에서 상호 분기할 수밖에 없었을 것이다. 하이데거적인 영감에서 말하자면 원래 하나의 로고스가 있었는데 이것이 개념적 논리와 서사적 형식으로 분화되었다. 논리와 서사 혹은 개념과 서사의 이분법은 이런 분화가 가져온 효과일 것이다.

그렇다면 분화 이전의 로고스는 서사적인 것과 논리적인 것 중에서 어느 쪽에 더 가까울 것인가? 이 물음에 두 단계로 대답해보자. 첫 번째 단계에서 고려해볼 만한 것은 프라하학파의 언어학을 대변하는 로만 야콥슨의 유표성 이론이다.[25] 이 이론에 따르면 이항 대립을 이루는 두 가지 용어는 그중의 한 가지 용어에서 분화된 경우가 있다. 가령 영어에서 man은 남자를 의미하면서 여자를 의미하는 woman과 대립한다. 하지만 사람이란 뜻을 지닐 때는 남자와 여자를 포괄한다. 이런 포괄적인 의미를 지닐 때 이 용어는 무표적unmarked이라 하고, 여자와 이항 대립을 이룰 때는 유표적marked이라 한다.

인류학자들은 이런 유표성 이론을 빌려 와 여러 가지를 설명했다. 가령 동양과 서양의 윤리적 감정을 각각 수치심과 죄책감으로 설정하여 대립적으로 설명하는 것이 보통이다. 그러나 '역사 없는 민족'의 삶에서 수치심은 원래 죄책감을 포함하고 있음이 차츰 밝혀졌다. 이로부터 수치심은 원래 표지가 없는 '제로 사인'이었다가 죄책감과 대립하는 표지를 얻었다고 추론할 수 있다. 우리는 로고스도 이런 식으로 아무런 표지가 없다가 뮈토스와 대립하는 표지를 얻게 되었다고 볼 수는 없을까? 영화 기호학을 대변하는 크리스티앙 메츠의 다음과 같은 말은 이런 물음에 많은 영감을 준다.

> 서사에는 말해진 것의 시간과 말하기의 시간(기의의 시간과 기표의 시간)이 있다. … 이런 시간의 이중성은 다음과 같은 점을 생각하도록 부추긴다. 즉 서사의 한 가지 기능은 한쪽의 시간 도식과 관련하여 다른 쪽의 시간 도식을 창안하는 데 있다. 이 점에서 서사는 (한 공간을 다른 공간 속에 창조하는) 이미지는 물론 (시간 속에 공간을 창조하는) 단순한 기술description과도 구별된다. … 그래서 기술은 서사의 대립 항인 동시에 서사의 주요 형태 중의 하나이자 중요한 계기 중의 하나로 나타난다. 서사와 기술의 관계를 직관적으로 정의하는 이런 이율배반과 친족성의 흥미진진한 혼합성은 전체 체계에 이미지라는 제3의 항을 끌어들인다면 훨씬 더 명료해질 것이다. 서사와 기술은 이미지에 대해 함께 대립한다. 이는 이미지의 기표가 순간적인 데 반하여 서사와 기술의 기표는 시간화되기 때문이다. 여기에 친족성이 있다. 그러나 … 서사와 기술은 그들의 기의가 지닌 특성에 의해 대립하게 된다. 서사에서 기의는 시간화되지만, 기술에서 기의는 순간적이기 때문이다. 여기서 이율배반이 성립한다. … 서사 내에서 기술적인 대목은 기표의 시간적 연쇄가 해당 기의 사이의 시간적 관계를 지칭하기를 멈추는 대목이다. 여기서 그것이 기의의 요소에 배당하는 질서는 단지 공간적인 공존의 질서일 뿐이다. 서사에서 기술로 이행할 때 우

리는 인지 형태의 변화를 겪는다. 이는 자동차 운전에서 기어를 바꾼다고 할 때와 같은 의미의 변화다.[26]

서사가 논리적 서술과 이율배반을 이루는 대립 항인 동시에 그 서술을 자신의 한 갈래로 포함하고 있음을 설명하는 문장이다. 즉 서사와 서술은 기표의 차원에서는 하나의 동일한 집합에 속한다. 양자의 기표는 시간성을 띤다는 점에서 같고, 이 점에서 기표가 동시성을 띤 이미지와 대립한다. 그러나 서사와 서술은 기의의 차원에서 서로 대립한다. 서사가 지시하는 의미가 시간성을 띨 때 서술이 지시하는 의미는 동시성을 띠기 때문이다. 이런 차이에도 불구하고 서사와 서술은 다시 통합적으로 파악될 수 있다. 즉 서사와 서술의 차이를 서사의 자기 조절 운동에서 비롯된 표지로 볼 수 있는 것이다.

메츠가 말하고자 하는 것은 다음과 같다. 서사는 자동차의 기어를 바꾸듯이 기의가 놓이는 평면을 바꾸어가면서 기표의 연쇄를 이어갈 수 있다. 시간성의 평면과 동시성(공간적 공존성)의 평면을 교대해가면서 기의를 재현할 수 있는 것이다. 이때 서사는 자기 안에 서술을 포함하는 무표의 개념이다. 그런데 굳이 평면이 바뀌는 두 경우를 구별하자면, 하나는 서사가 되고 다른 하나는 서술이 된다. 이 경우 서사는 서술과 대립하는 유표의 개념이다. 우리는 로고스와 뮈토스의 관계에 이런 관점에서 접근할 수 있다. 이때 영점에 놓이는 무표의 개념은 로고스가 된다. 뮈토스는 로고스가 시간성과 무시간성을 구별하는 표지를 얻을 때 성립하는 하위 개념이다.

무표적인 원래의 로고스는 로고스와 뮈토스, 논리와 서사, 개념과 이야기의 차이가 사라지는 영점이다. 하이데거는 그 영점의 로고스를 알레테이아(탈은폐), 리드모스(리듬), 스케마(도식) 같은 말로 옮기고자 했다. 그러나 데리다가 『그라마톨로지』에서 제시한 원초적인 글쓰기archi-écriture나 차연différance 같은 용어가 더 좋은 번역일 것이다. 왜냐하면 이렇게 옮길 때에야 영점의 로고스가 지닌 서사적 잠재력이 훨씬 더 분명하게 드러나기 때문이다.

<u>서사와 사물의 주관적 본질</u>

그런데 왜 철학은 로고스와 뮈토스의 대립을 고집해왔는가? 그리고 왜 뮈토스에 반대하고 로고스를 편들어왔는가? 그것은 뮈토스가 지닌 취약성 때문이다. 논리적 언어에 비할 때 서사가 드러내는 취약성 중 하나는 그것이 어떤 주관적 동기와 의도에서 시작된다는 데 있다. 그것은 타인을 위한 선한 의도일 수 있다. 그러나 남을 속이거나 자신을 위장할 속셈일 수도 있다. 어떤 관심과 목적에 의해 시작된다는 점에서 서사는 주관적 편향을 지닌다. 이런 점 때문에 서사의 경연장이라 부를 수 있는 법정에서마저 스토리텔링은 언제나 의심의 대상이 된다. 법률적 언어는 서사이기를 그치고 엄격한 삼단논법의 형태를 취하고자 한다.[27] 그 외에 서사는 말하는 사람이 속한 문화의 지역적 특성을 완전히 탈피할 수 없다. 그리고 사르트르와 무질의 소설이 말하는 것처럼 실재의 복잡성과 분열상을 생각할 때 서사적 구성은 언제나 임시적인 정체성밖에 생산하지 못한다.

이런 주관적 편향과 기만의 가능성 그리고 관념적 허구성의 요소 때문에 서사는 객관적인 사실을 표현하는 데 부족하다는 지적을 받아왔다. 그러나 고유한 장점은 극복된 단점인 경우가 있다. 즉 서사는 주관적이고 편향적인 특성 덕분에 사물의 주관적 본질을 드러내는 데 있어 무한한 가능성을 발휘할 수 있다. 그렇다면 주관적 본질이란 무엇인가? 가령 종교는 그것이 숭배하는 신에 따라 분류된다. 종교의 객관적 본질은 그것의 중심에 있는 신에 의해 정의된다. 일신교냐 다신교냐 하는 것은 종교의 객관적 본질에 따른 분류다. 그러나 루터가 가르친 바와 같이 종교에는 다른 유형의 본질이 있다. 그것이 신앙이라는 주관적 본질이다. 종교에서 중요한 것은 신이 무엇인가에 있는 것이 아니라 신을 통해 진정한 자기를 찾고 그렇게 찾은 자기를 확신하는 데 있다.

맑스는 이런 관점에서 애덤 스미스를 경제적 가치의 주관적 본질을 발견한 사람으로 평가한다. 과거에는 경제적 가치를 가시적인 재화에 두었던 반면, 애덤 스미스는 상품 생산에 투입된 노동시간에서 찾았다. 맑스는 상품이나 재화 같은 부富의 양을 경제적 가치의 객관적 본질로, 노동시간을 경제적 가치의 주관적 본질로 바라본다. 우리는 이런 관점에서 공자를 윤리의 주관적 본질을 발견한 사람으로 볼 수 있다. 유가 윤리의 객관적 본질이 예禮에 있다면, 공자는 그것에 상응하는 주관적 본질로서 인仁을 가르쳤다.

우리는 이런 관점의 연장선상에서 과학 문화와 인문 문화의 대립(C. P. 스노)을 새롭게 바라볼 수 있다. 과학은 판단에서 주관적인 의미를 배제하고 객관적인 의미를 구한다. 과학은 가령 물을 수소 분자 두 개와 산소 분자 하나가 결합된 물질로 정의한다. 그러나 인문학은 그런 물이 인간에 대해 지니는 주관적 함축을 묻는다. 예를 들어 극도의 갈증 속에서 체험되는 물, 장마와 폭우 때 마을을 덮치는 물 등은 서로 다른 함축 의미를 지닌다. 집도 좋은 예가 될 수 있다. 집에는 사전에서 정의하는 객관적 의미가 있다. 그러나 누구에게는 부동산에 불과하고 누구에게는 안락한 휴식처일 때 누구에게는 떠나고 싶은 악몽의 현장이 된다. 이런 주관적 함축은 누스바움이나 매킨타이어가 강조하는 것처럼 오로지 이야기를 통해서 학습 및 인지되고, 오로지 이야기를 통해서 행동의 세계로 이어질 수 있다.

좋은 이야기의 기준

우리는 이로부터 좋은 이야기를 구별할 수 있는 기준을 끌어낼 수 있다. 리쾨르의 서사 철학에서 인간의 시간은 서사적 행위를 통해서만 가장 적절하게 현시될 수 있고, 서사적 행위는 인간의 시간을 담아내고 응축할수록 탁월해진다. 이와 마찬가지로 우리는 이렇게 말할 수 있다. 사물의 주관적 본질은 서사적 행위를 통해서만 가장 적절하게 현시될 수 있고, 서사적 행위는 사물의 주관적 본질을 담아내고 응축할수록 탁월해진다. 서사적 언어의 탁월성, 그것은 사물의 주관적 본질을 얼마만큼 순화된 형태로 표현하느냐에 따라 결정된다.

주관적 본질은 그것과 관계하는 주체의 체험을 전제한다. 그러므로 좋은 이야기일수록 거기에서는 이야기하는 사람의 존재감이 구체적으로 느껴진다. 좋은 이야기의 기준은 사물을 객관적으로 서술하는 데 있는 것이 아니다. 그것은 사물을 겪고 체득하는 과정에서 주체가 흘린 땀 냄새에 있다. 하나의 특수한 상황에서 주체가 진실을 알고 깨닫기까지 치러야 했던 희생과 성취, 후퇴와 진전, 후회와 기쁨이 행간에 넘치면서 주체의 실존적 무게가 생생하게 전달되는 이야기일수록 좋은 이야기가 된다. 그렇게 주체의 땀 냄새가 배어 있는 이야기일수록 영혼이 숨 쉬는 이야기, 타인과 공명하는 이야기가 될 수 있다. 벤야민식으로 말하자면 진정한 이야기꾼이란 자기 삶에 심지를 박고 이야기의 불꽃을 피우는, 그래서 그 이야기에 인생의 향기가 풍기는 사람이다.

> 이야기는 보고하는 사람의 삶 속에 일단 사물을 침잠시키고 나서는, 나중에 가서 다시 그 사물을 그 사람으로부터 끌어낸다. 그래서 이야기에는 그 이야기를 하는 사람의 흔적이 남아 있기 마련이다.[28]

이런 식으로 보면 이야기꾼은 교사와 현자의 대열에 끼어드는 셈이다. 그는 조언할 줄 아는데, 이때 그 조언은 몇몇 상황에 도움을 주는 그런 속담이 아니라 많은 사람에게 도움을 주는 현자의 도움이다. 왜냐하면 그에게는 생애 전체를 거슬러 올라가서 이야기할 가능성이 주어져 있기 때문이다. … 그가 지닌 재능은 그의 생애와 품위, 아니 그의 생애 전체를 이야기할 수 있는 능력이다. 이야기꾼이란 그의 삶의 심지를, 조용히 타오르는 그의 이야기의 불꽃에 의해 완전히 연소시키는 사람이다.[29]

결국 좋은 이야기란 타인과 공명하는 이야기인데, 그 공명의 정도는 그 이야기 속에서 말하는 주체의 삶의 무게가 얼마만큼 감지되는가에 따라 좌우된다. 감지되는 삶의 무게가 더할수록 그 이야기는 많은 사람과 공명하면서 보편적인 메시지를 담게 된다. 이는 이야기에 담긴 내용이 원래의 주관적 특수성을 넘어선다는 것을 말한다. 우리는 이것을 범례화라 부를 수 있다. 범례란 하나의 특수한 개체가 다른 개체에 대해 완전성이 무엇인지를 가르쳐주는 모범적인 사례다. 좋은 이야기가 되기 위해서는 세상에 대한 구체적인 통찰을 자극할 수 있어야 한다.

논리적 언어는 일반화를 꾀한다. 개체에서 특수성을 제거하고 공통의 요소를 추출하여 보편적인 규칙을 찾는다. 여기서는 개체와 그것을 지배하는 보편자만이 남는다. 반면 서사적 언어는 개체의 특수성을 보존하면서 보편성에 이른다. 이것이 범례화다. 여기에서는 특수성을 중심으로 개체와 보편성이 연결된다. 이때 보편성은 특수한 개체가 이상적인 사례로서 지니게 된 아우라에 해당한다.

헤겔의 사례

그러나 이런 범례적인 보편성은 단번에 경험되는 것도, 직접적으로 표현되는 것도 아니다. 그것은 좌절과 모순을 통과하는 극적인 우회의 형식을 통해서만 적절하게 경험되거나 표현된다. 그런데 그 극적 우회의 형식은 주관적 체험이 교정 및 순화되는 과정이다. 좋은 이야기의 형식적 특성은 그런 정돈 과정에 충실하다는 데 있다.

이것을 설명할 수 있는 좋은 사례는 헤겔의 변증법, 특히 『정신현상학』의 변증법이다. 헤겔의 현상학적 변증법은 다음과 같은 세 가지 특질을 지닌다.

첫째, 헤겔의 변증법은 진리가 나타나는 시간적 문맥(발생 및 역사적 문맥)을 묘사한다. 여기서 시간적 문맥은 구체적이고 특수한 상황을 말한다. 헤겔적 현상학의 관점에서 시간성은 사물의 존재론적 바탕(존재자의 존재)이다. 역사성은 진리 현상의 불가피한 조건이고, 진리 체험은 언제나 상황 의존적이다.

둘째, 규범적 질서에서 일어나는 일탈에 초점을 맞춘다. 헤겔의 변증법적 현상학에서는 주체가 반복적으로 어떤 오인과 착오에 빠져 대타자(공동체 질서)의 규범을 위반하거나 참칭하여 갈등적 사건을 일으킨다. 그때마다 대타자에 의한 응징이 따르고, 주체는 그 응징을 수용하여 후회하거나 비싼 대가를 치르게 된다.

셋째, 헤겔의 변증법적 현상학에서 그런 오인과 착오뿐 아니라 그에 따른 일탈, 응징, 희생은 주체가 진리를 체험적으로 자각하기 위한 불가피한 여정이다. 그 여정이 반복될 때마다 주체는 미성숙에서 벗어나고 새로운 형태로 다시 태어난다. 헤겔의 변증법적 현상학은 주체가 완전한 성숙에 이르기까지 거쳐 가는 상향적 형태 변화를 서술한다.

진리의 시간성과 상황 의존성, 정상적 질서의 위기와 곤경의 통과, 주체의 주관적 체험과 상승적 변형. 이 세 가지는 서사적 언어의 기본적 특징으로 꼽힌다. 반면 논리적 언어는 무無시간적이고 상황 독립적인 사태를 그린다. 극적인 요소를 제거하고 연속적 절차를 따르며, 주관적 관점을 배제하고 객관적 관점에 선다. 그러나 헤겔의 『정신현상학』을 끌고 가는 언어는 전형적인 서사적 언어이되 스스로 논리적 언어로 변형되어간다는 특징이 있다. 헤겔이 이 저작을 논리적인 체계의 입구로 안내하는 예비학의 자리에 놓았던 이유는 여기에 있다.

헤겔의 변증법적 현상학은 서사적인 성분을 완전히 불태워 개념적 질서의 뼈대를 드러내는 개성적인 언어를 통해 펼쳐진다. 서사를 심화하는 가운데 서사와 논리의 차이가 사라지는 영점('절대지')에 도달하는 것이다. 물론 현대 철학자들이 반복해서 지적하는 것처럼 헤겔의 연속적이고 목적론적인 역사관은 철학의 미래가 열리기 위해 청산해야 할 편견이다. 이른바 오리엔탈리즘이라 불리는 헤겔의 지나친 문화적 편향성도 반드시 해소해야 할 악습이자 구태다. 그럼에도 불구하고 헤겔의 『정신현상학』은 로고스와 뮈토스의 이분법에 시달리는 우리에게 어떤 모범적인 사례로 남는다. 서사와 논리의 거리를 가로지르는 헤겔의 도주선은 새로운 유형의 동서 횡단적인 언어까지 자극한다는 점에서 서양철학이 남긴 가장 위대한 고전에 속한다.

인류세 스토리텔링

신정아·최용호

"인류세는 인간종이 너무나 강력해진 나머지
자기 자신을 포함하여 지구 전체의 운명을 좌지우지하는
힘을 갖게 된 시대를 일컫는다."

신정아는 프랑스 파리 3대학(소르본 누벨)에서 문학박사 학위를 받았으며, 현재 한국외국어대학교 프랑스학과 교수로 재직 중이다. 프랑스 문학, 프랑스 예술 입문, 프랑스 영화 읽기, 퀘벡 연구 등을 강의하고 있으며, 주로 현대사회와 문화를 비평적으로 읽고 분석하는 데 관심이 있다. 지은 책으로 『노랑 신호등』(공저, 2012), 『바로크』(2004) 등이 있고, 옮긴 책으로 『신앙과 지식/세기와 용서』(공역, 2016), 『정념의 기호학』(공역, 2014), 『페드르와 이폴리트』(2013), 『번역가의 초상』(2007) 등이 있다.

최용호는 한국외국어대학교에서 불어를 전공하고, 프랑스 파리 10대학에서 소쉬르의 시간 개념에 관한 논문으로 언어학 박사 학위를 받았다. 현재 한국외국어대학교 프랑스학과 교수로 재직 중이다. 지은 책으로 『소쉬르는 이렇게 말했다』(2017), 『노랑 신호등』(공저, 2012), 『서사로 읽는 서사학』(2009), 『의미와 설화성』(2006), 『광고 커뮤니케이션 문화 마케팅』(2005), 『텍스트 의미론 강의』(2004), *Le temps chez Saussure*(2002) 등이 있고, 옮긴 책으로 『신앙과 지식/세기와 용서』(공역, 2016), 『정념의 기호학』(공역, 2014), 『일반 언어학 노트』(공역, 2007) 등이 있다.

'인류세'와 '모든 것의 끝'

'포스트모던'이라는 단어는 우리 시대를 특징짓는 말로 여전히 통용되고 있다. '포스트'로 우리 시대를 규정하는 것은 아직 우리 시대가 이전 시대를 통해서만 소극적으로 이해 가능한 것으로 재현될 수밖에 없기 때문이다. 한 시대가 이미 지나간 것은 확실한데 이 시대를 뒤이을 또 다른 시대의 윤곽이 아직 드러나지 않은 모호한 상황이 '이미 그러나 아직'이라는 말로 정식화되는 '포스트'라는 소극적 표상 속에 담겨 있는 것이다.

비교적 최근에 등장한 '인류세anthropocene'라는 표현은 이러한 소극적 개념을 대체할 후보군 가운데 가장 강력한 것이다. 인류세는 인간종이 너무나 강력해진 나머지 자기 자신을 포함하여 지구 전체의 운명을 좌지우지하는 힘을 갖게 된 시대를 일컫는다. 이는 언뜻 보기에 당혹스러운 결과를 수반한다. '르네상스', '고전주의', '근대', '후기 근대' 등은 그것이 사상사든 예술사든 역사학적 범주에 속한 개념들이다.[1] 지금까지 지질학적 개념이 지구사가 아닌 인류사에 침투해 자신의 족적을 새긴 적은 없었다. 인류는 충적세나 홀로세를 산 것이 아니라, 이를테면 '알렉산더의 시대'나 '카이사르의 시대' 혹은 '루이 14세의 시대'를 살았던 것이다. 하지만 '인류세'라는 용어는 지구사에 개입한 인류의 흔적을 표시한다는 점에서 이전의 지질 시대를 가리키는 용어들과도 차별화된다. 거기에는 지구사가 인류사에 의해 오염되는 순간 인류사는 지구사의 되돌릴 수 없는 움직임 속에 휘말릴 수밖에 없다는 엄중한 현실에 대한 경고가 담겨 있다. 그래서 그런지 최근 이 용어의 쓰임새가 심상치 않다. 인류세라는 신조어는 이미 지질학이라는 태생적 분과 학문의 범위를 훌쩍 넘어서서 역사학, 철학, 경제학, 사회학, 인류학 등 거의 모든 학문 분야에서 즐겨 사용하는 용어가 되었고, 심지어는 우리의 일상생활의 실천적 영역에서조차, 말하자면 하나의 '파타포pataphor'로서, '마스터 시니피앙master signifiant'으로서 과학적 상상력을 자극하는 개념적 기제로 작동하기 시작했다.[2] 그러나 이 개념을 역사학적 범주에 속한 것으로 간주할 수 없는 결정적인 측면이 존재한다. 그 이유는 지질학이라는 분과 학문적 전문성 때문이 아니라, 이 용어가 역사 시대의 끝을, 인간 시대의 끝을, '모든 것의 끝The end of all things'[3]을 가리키고 있기 때문이다. 인류사에서 선사시대는 존재해도 후사 시대는 존재할 수 없지 않은가?

칸트는 프랑스에서 대혁명 이후 공포정치가 최고조에 이른 해, 그러니까 1794년에「모든 것의 끝Das Ende aller Dinge」이라는 소논문을 발표한다. 이 논문에서 그는 모든 것의 끝을 이해 가능한 것으로 만드는 조건에 대한 물음을 제기한다. 이 조건의 지위에 오를 수 있는 것은 초감성계에 속한 도덕뿐이라는 것이 이 논문의 요점이다.[4] 우리 앞에 놓인 인류세라는 정언명령은 칸트의 이러한 물음을 뒤집어 되풀이할 것을 요구한다. 이제 이해 가능한 것으로 만들어야 할 것은 '모든 것의 끝'이 아니라 도덕 자체가 아닐까? '모든 것의 끝'이 불가피한 하나의 조건으로 주어져 있다고 할 때 도덕을 어떻게 이해 가능한 것으로 만들 것인가? 이 질문을 하이데거식으로 약간 비틀어보자. 세계의 죽음이 하나의 소여로서 주어진 것이라고 할 때 세계의 의미를 어떻게 이해 가능한 것으로 만들 것인가? 만약 '인류세 문학'이나 '인류세 서사' 혹은 '인류세 스토리텔링'이라는 것이 가능하다면, 여기서 다루어져야 할 물음은 부조리하면서도 불가피한 바로 이 물음일 것이다.

코맥 매카시가 『로드』의 마지막 문단으로 장식한 송어 이야기는 이 물음의 형이상학적 규모를 가늠케 하는 하나의 이미지를 제공해준다.

> 한때 산의 냇물에 송어가 있었다. 송어가 호박빛 물속에 서 있는 것도 볼 수 있었다. 지느러미의 하얀 가장자리가 흐르는 물에 부드럽게 잔물결을 일으켰다. 손에 잡으면 이끼 냄새가 났다. 근육질에 윤기가 흘렀고 비트는 힘이 엄청났다. 등에는 벌레 먹은 자국 같은 문양이 있었다. 생성되어가는 세계의 지도였다. 지도와 미로. 되돌릴 수 없는 것, 다시는 바로잡을 수 없는 것을 그린 지도. 송어가 사는 깊은 골짜기에는 모든 것이 인간보다 오래되었으며, 그들은 콧노래로 신비를 흥얼거렸다.[5]

송어의 등에 "벌레 먹은 자국 같은 문양"으로 새겨진, "다시는 바로잡을 수 없는 것을 그린 지도"는 인류세가 제기하는 문제의 심각성을 웅변한다. "모든 것이 인간보다 오래되었다"는 매카시의 반反인간주의는 '모든 것의 끝'에서 도덕을 이해 가능한 것으로 만드는, 어쩌면 우리 시대 유일하게 남겨진 마지막 인간적 호소인지도 모른다.

'모든 것의 끝'과 인류세 스토리텔링

'인류세 스토리텔링'[6]은 ― 과연 그런 것이 존재할 수 있다면 ― 이러한 파국의 지형도에서 어디쯤 위치해 있는 것일까?

'끝'의 첫 번째 의미: 목적론적 끝, 완성, 기대와 불안

'모든 것의 끝'이라는 표현에서 '끝end'은 두 가지 의미를 지닌다. '목적'과 '종말'이 그것이다. 요컨대 '목적론적 끝'과 '종말론적 끝'이 존재한다. 우선 목적론적 끝은 목적의 성취, 즉 완성이라는 의미를 내포한다.[7] 19세기에 이르러 근대 기술 과학의 급격한 발달로 목적론적 끝에 도달하는 것이 현실적 기획 안으로 들어오게 되면서 예컨대 문학 서사에서도 이에 관한 정서적 반응이 양가적 양상을 띠고 나타나게 된다. 기대와 불안이 그것이다. 귀스타브 플로베르의 미완의 작품 『부바르와 페퀴셰』(1880)는 모든 학문 ― 원예학, 농학, 고고학, 의학, 철학, 문학, 교육학 등 ― 을 두루 섭렵한 두 주인공이 인류사의 끝에 대해 제시한 엇갈린 전망으로 마무리된다. 훗날 아메리카가 지구를 정복할 것으로 내다본 페퀴셰는 인류의 미래에 대해 어두운 전망을 내놓는다.

현대인은 그 가치가 떨어져서 하나의 기계처럼 된다는 것이다.[8]

반면에 문명의 중심이 서양에서 동양으로 바뀌면서 중국이 큰 역할을 할 것으로 기대한 부바르는 페퀴셰와 달리 밝은 전망을 내놓는다.

> 부족한 것이 없어서 죄도 사라질 것이다. 철학은 종교가 될 것이다. 모든 민족이 일치를 이루어 공동의 축제가 열린다. 별에도 가게 될 것이다. 지구를 너무 오래 사용해서 소모되면, 인류는 별로 이사하게 될 것이다.[9]

두 인물의 입장으로 대변되는 미래에 대한 이러한 상반된 전망은 지난 세기 유토피아 및 디스토피아 서사의 파토스를 구조화하는 심적 기제로 작용해왔다. 밝은 미래에 대한 소망 충동이 유토피아 서사에 반영되어 있다면, 디스토피아 서사는 이에 대한 강력한 이의 제기로 이해될 수 있다. 유토피아적 전망이 목적론적이라면, 디스토피아적 전망은 반反목적론적이라고 할 수 있다. 올더스 헉슬리는 『멋진 신세계』(1932)의 마지막 장에서 안락한 삶을 보장하는 유토피아, 다시 말해 목적론적 끝에 도달한 세계국의 통제관과 이 끝을 끝없이 유예하고자 하는 야만인 사이에 이루어진 대화의 긴장을 무대화한다. 야만인은 불행해질 '역설적' 권리를 요구하면서 통제관이 내민 멋진 신세계로의 초대장을 단호히 거절한다.

> 늙고 추악해지고 성 불능이 되는 권리와 매독과 암에 시달리는 권리와 먹을 것이 너무 없어서 고생하는 권리와 이투성이가 되는 권리와 내일은 어떻게 될지 끊임없이 걱정하면서 살아갈 권

리와 장티푸스를 앓을 권리와 온갖 종류의 형언할 수 없는 고통으로 괴로워할 권리는 물론이겠고요.[10]

'끝'의 두 번째 의미: 종말론적 끝, 파국

한편 인류세 스토리텔링에서 디스토피아적 정조가 지배적이라 하더라도 '인류세'라는 개념이 함축하는 '끝'은 상술한 (반)목적론과는 거리가 있다. 인류세 스토리텔링은 완성에 대한 이의 제기나 완성을 끊임없이 유예하고자 하는 이야기가 아니라 파국에 대한 이야기, 즉 '종말론적 끝'과 관련된 것이다. 이때 '종말론적 끝'에서 '끝'은 완성의 의미가 아니라 파국의 의미로 이해되어야 한다. 파국은 하이데거의 용어를 빌리자면 크게 '존재적ontic'인 것과 '존재론적ontologic'인 것으로 나뉠 수 있다. 최근 전 세계적으로 인기몰이를 했던 넷플릭스 오리지널 드라마 〈스위트 홈〉을 보면 흥미롭게도 배우 김갑수가 이 작품의 의의를 보이스오버로 설명하는 것으로 도입부가 시작된다. "요즘 살아남는 것보다 살아갈 이유를 찾는 것이 더욱 힘겨운 세상에서 기어이 살아갈 이유를 찾는 우리들의 이야기"가 그것이다. 이 짧은 문장 속에 파국 서사의 주제가 잘 압축되어 있다. 우리가 보기에 살아남는 것, 다시 말해 생존의 문제가 '존재적' 파국과 관련되어 있다면, 살아갈 이유를 찾는 것, 다시 말해 삶의 의미에 대해 묻는 것은 '존재론적' 파국과 관련되어 있다. 일반적으로 파국 서사나 묵시론에서 존재적 파국은 지평 상실의 시대에 삶의 의미를 일깨워주는 서사적 장치로, 다시 말해 존재론적 파국의 배경에 놓인 부차적인 것으로 설정되어 있다.¹¹ 프레드릭 제임슨은 「미래 도시Future City」라는 제하의 글에서 "세계의 끝을 상상하는 것이 자본주의의 끝을 상상하는 것보다 쉽다"¹²는 혹자의 말을 인용하면서 세계의 끝에 대한 상상이 세계의 문제에 대한 인식을 호도할 수 있음을 경고한 바 있다. 앞서 언급한 〈스위트 홈〉의 경우도 인간의 괴물화가 인간의 욕망에서 비롯된 것임을 밝히고는 있지만, 이러한 욕망이 어디서 비롯된 것인지는 더 이상 묻지 않는다는 점에서 프레드릭 제임슨의 상기 지적은 타당하다.

　인류세는 이러한 기존의 파국 서사의 문법을 뒤집어놓는다. 여기서 문제는 존재론적 언어가 아니라 존재적 언어로 제기된다. 인류세 스토리텔링은 말하자면 그동안 배경에 머물러 있던 존재적 파국이라는 설정을 전경화한다. 이는 '모든 것의 끝'이라는 칸트의 정식이 상징적으로나 은유적으로가 아니라 ― 아마도 칸트의 의도와는 다르게 ― 자구적으로 해석되어야 함을 뜻한다. 오늘날 세계의 문제와 씨름하는 것은 세계의 끝의 문제를 진지하게 고려할 것을 요구한다. 우리는 지금 의미의 상실이라는 포스트모던 시대를 살아가고 있는 것이 아니라 사물의 상실이라는 인류세를 목전에 두고 있다. 이러한 사물의 상실을 근접 과거가 아니라 근접 미래의 방식으로 다루어야 한다는 데 사태의 임박성과 긴급성이 놓여 있다.¹³

　인류세 스토리텔링은 반목적론에 그치는 것이 아니라 종말론을 내세운다는 점에서 종전의 디스토피아 서사와 차별화된다. 종전의 종말론이 "반복 불가능성을 반복"하면서 "세대를 달리해 계속 나타날 수 있는 것"¹⁴이었다면, 인류세 스토리텔링은 더 이상 반복 불가능한 존재적 파국을 초점화한다. 요컨대 인류세 스토리텔링의 지형도는 종말론적이며 존재적이다. 이 서사적 양식에 종교적 묵시론에 버금가는 과학적 혹은 유물론적 묵시론이라는 이름을 붙여도 크게 틀리지는 않을 것이다.

인류세 스토리텔링의 특질: 에토스, 뮈토스, 디아노이아

그런데 과연 인류세 스토리텔링이란 가능한 것인가? 복도훈의 말대로 "그 어떤 희망의 낌새도 없는 세계의 완전한 종말"은 "전혀 상상할 수 없을지도 모른다."[15] 제롬 브루너의 주장대로 "위대한 허구가 실제 세계를 새로운 빛으로 조명함으로써 대안적인 세계를 제시"[16]해야 하는 것이라면, 임박한 파국의 시나리오에 대응하기 위해 여전히 허구에 기댈 수밖에 없다는 데 인류세 스토리텔링의 역설이 존재한다.

디스토피아 소설, 묵시론, 파국 혹은 재난 서사 등은 앞에서 살펴본 것처럼 개념적 차이에도 불구하고 여러 서사적 요소가 착종된 양상을 보인다. 예를 들어 리처드 매더슨의 동명 소설[17]을 영화화한 프란시스 로렌스의 좀비물 〈나는 전설이다〉(2007)는 폐허가 된 뉴욕시를 배경으로 장면 곳곳에 디스토피아적이고 묵시론적인 요소들을 흩어놓으면서 파국의 이미지를 구축하고 있다. 인류세 스토리텔링이 가능하다고 할 때, 이러한 요소들 가운데 과연 어떤 것들이 과학적 묵시론의 서사적 특징을 구성하게 될 것인가? 이 질문에 대해

문형준은 다음과 같은 대답을 내놓은 바 있다. 즉 인류의 종말을 상상하는 것, 생태의 힘을 인간의 힘보다 우위에 두는 것, 포스트휴먼의 상황을 적극 수용하는 것, 휴머니즘의 가치를 낯설게 하는 것 등이 그것이다.[18] 이를 바탕으로 아리스토텔레스가 『시학』에서 제시한 '에토스ethos'(인물과 배경), '뮈토스mythos'(사건과 플롯), '디아노이아dianoia'(주제와 교훈)의 관점을 도입해 인류세 스토리텔링의 종별성을 드러내는 주요한 특질들을 정의해보면 다음과 같다.

인류세 스토리텔링의 에토스: 반인간주의

먼저 인류세 스토리텔링의 에토스는 반反인간주의로 요약될 수 있다. 인류세 스토리텔링에서 인간은 파국에 대한 메시지의 '수신자' 역할을 수행할 수는 있어도 '주체'로서의 적극적 역할을 떠안을 수는 없다. 다시 말해 자신의 고유한 '서사 프로그램'을 가동하지 못한 채 무기력한 상태에 머물러 있을 수밖에 없는 것이다.[19] 롤랜드 에머리히 감독의 재난 영화 〈투모로우〉(2004)를 예로 들어보자. 이 영화에서 플롯은 기후학자 잭 홀 박사와 같은 영웅이 예컨대 잭 홀 박사의 상사와 같은 반영웅과 대립하는 양상으로 전개된다. 하지만 영웅이 반영웅의 어리석음을 바로잡거나 사회 시스템의 부조리함을 개선하는 데 결국 성공하지 못하는 방향으로 이야기가 흘러가기 때문에 정작 중요한 극적 긴장은 두 인물의 대립보다는 다른 곳, 이를테면 생존을 위한 투쟁의 장소에서 펼쳐진다. 이런 점에서 이 영화의 주인공은 그동안 외부 환경에 불과했던 이상기후, 쓰나미, 바이러스, 방사선, AI, 행성의 충돌, 인류의 퇴화 등으로 형상화된 파국 자체라고 할 수 있다.[20] 그 결과 인류세 스토리텔링에서 인간의 서사적 역할은 사건 층위가 아닌 서술적 층위에 국한되고 만다. 달리 말해 인간은 행위자로서가 아니라, 서술자 또는 관찰자로서만 서사 세계에 개입할 수 있는 것이다. 그의 역할은 이 세계의 최후의 목격자로서 임박한 파국을 급하게 타전하는 것이다. 그렇다고 해서 발신자의 역할을 수행하는 것도 아니다. 왜냐하면 이 메시지를 받아볼 수신자의 존재를 확신할 수 없는 상태에서 메시지 송출이 이루어지기 때문이다. 피에르 불의 SF 소설 『혹성탈출』(1963)에서 윌리스가 떠안은 역할이 말하자면 인류의 멸종을 목전에 둔 최후의 목격자로서의 역할이다.

> 나는 이 일기를 우주 공간에 띄웁니다. 도움을 요청하려는 것이 아니라 인류에게 닥쳐올 끔찍한 재앙을 피할 수 있도록 도움을 주려는 것입니다. 신이시여 부디 저희를 불쌍히 여기소서.[21]

인류세 스토리텔링의 반인간주의적 에토스는 이처럼 '최후의 인간'이라는 모티프 속에서 절정을 맞이한다. 이 모티프는 쿠쟁 드 그랭빌의 사후 저작 『최후의 인간Le dernier homme』(1805)에서 오메가르Omegare라는 ― 알파(처음)와 오메가(끝)라는 짝패에서 따온 ― 이름으로 처음 등장한다. 이 소설에서 오메가르라는 인물은 봉준호 감독의 〈설국열차〉의 주인공 커티스처럼 인류의 역사를 중단시키느냐 지속시키느냐 하는 중대한 결정을 내려야 하는 입장에 서 있다.

이 대서사시에서 서구 문학 사상 처음으로 등장한 '최후의 인간'은 이후 영국 낭만주의 시인 바이런의 시「어둠Darkness」(1816),『프랑켄슈타인』의 작가로 유명한 메리 셸리의 소설『최후의 인간』(1825), 제임스 페니모어 쿠퍼의 역사 소설『모히칸족의 최후』(1826) 등을 거쳐 우리 시대에 이르기까지 묵시론적 종말론을 다룬 많은 작품에 영감을 주는 강력한 모티프가 되었다. 이를테면 조지 오웰의『1984』(1949)의 주인공 윈스턴 스미스, 앞서 인용한『혹성탈출』(1963)의 주인공 윌리스, 미셸 우엘벡의 소설『어느 섬의 가능성』(2005)의 주인공 다니엘 등도 이 모티프의 변주에 가깝다고 할 수 있다.『1984』에서 오브라이언은 "마지막 인간"의 정신의 수호자 윈스턴을 다음과 같이 조롱한다.

> 이보게, 윈스턴. 자네가 인간이라면 자네는 마지막 인간일세. 자네와 같은 인간들은 이미 멸종됐네. 우리가 그 후계자들이지. 자네는 '혼자'라는 걸 알고 있나? 자네는 역사 밖에 있고, 이 세상에 존재하지 않는 인간이네. 우리가 거짓말을 하고 잔인하다 해서 자네는 자네 자신이 우리보다 도덕적으로 우월하다고 생각하는 거지?[22]

『최후의 인간』에서 오메가르가 인류의 조상 아담 ― 아담의 A는 알파의 A에 상응한다 ― 의 권고에 따라 자신의 연인 시데리를 버림으로써 지구가 종말을 맞이한 것처럼『1984』의 윈스턴은 자신과 모종의 관계를 나눴던 줄리아를 저주함으로써 마지막 인간으로서의 인간성을 끝내 상실하고 만다. 이들에게 남겨진 것은 실패로 끝난 행위자로서의 역할이라기보다는 파국을 맞이한 인간 세상에 대한 목격자로서의 역할뿐이다. 이처럼 인간이 배경으로 물러나고 환경이 주인공으로 전경화되면서 인간에게 오직 최후의 목격자로서의 역할만이 주어지는 것, 이것이 바로 인류세 스토리텔링의 반인간주의적 에토스를 형성한다.

인류세 스토리텔링의 뮈토스: 과도함의 변증법

한편 인류세 스토리텔링의 뮈토스는 과도함의 변증법, 아리스토텔레스의 용어를 빌리자면 과대함과 과소함의 "급전peripeteia"으로 압축될 수 있다. 디스토피아 서사가 유토피아가 가장하는 외설 — 이를테면 러시아 작가 자먀찐의 『우리들』(1924)에 등장하는 시간 율법표가 지배하는 단일 제국에서 성관계는 정확히 22시에서 22시 15분까지 허용되는데 바로 이 짧은 순간이 유리 벽돌로 만들어진 투명한 아파트에서 커튼을 내릴 수 있는 유일한 시간이다 — 을 폭로한다면, 묵시론은 디스토피아로 점점 변해가는 세계의 파멸을 상상한다.[23] 인류세 스토리텔링은 이러한 재조정 작용의 불가능성을 소여로 삼는다는 점에서 종전의 묵시론 서사와는 결을 달리한다. 여기서 파국의 전조는 신뢰의 결핍이 아니라 과잉이다. 인류세가 제기하는 문제는 한마디로 이러한 과도함이다. 생태학자가 경고하듯 인류가 여섯 번째 대멸종의 시기를 눈앞에 둔 것은 이성을 불신해서가 아니라 과신해서인 것이다. 그런데 인류세 스토리텔링에서 이러한 과도함은 과소함으로 급전을 맞게 된다. 흥미롭게도 미셸 우엘벡의 장편소설 『어느 섬의 가능성』에서는 이러한 급전이 세 시기로 나뉘어 진행되는 것으로 설정되어 있다.

> 빙하가 녹기 시작한 건 '1차 감소기' 때였고, 그것은 지구촌 인구를 140억에서 7억으로 줄여놓았다. '2차 감소기'는 보다 점진적이었다. 그것은 '대大가뭄' 내내 진행되었다. 그리고 오늘날에도 계속되고 있다. 장차 닥칠 '3차 감소기'는 최종적인 것이 될 것이다.[24]

이러한 상황의 급전이 인류세 스토리텔링의 종별성을 드러내는 한 특징이라고 할 때, 이를 중심으로 과학적 묵시론의 문법을 정식화해볼 수 있을 것이다. 질 들뢰즈는 『시네마 I 운동-이미지』(2002)에서 행동-이미지를 큰 형식과 작은 형식으로 나누어 분석한다. 큰 형식은 행동(A)을 매개로 상황(S)이 변화되는 것이고, 작은 형식은 상황을 매개로 행동이 변화되는 것이다. 들뢰즈는 전자를 S-A-S′로 표기하고 후자를 A-S-A′로 표기한다. S′나 A′는 상황(S)이나 행동(A)이 변화된 것을 가리킨다.[25]

이를 우리의 논의에 대입해보자. 인류세 스토리텔링에서 상황은 『어느 섬의 가능성』에서처럼 이를테면 감소기를 거쳐 축소된 인류의 모습으로 변화된다. 이를 대문자 S에서 소문자 s로의 변화로 표기할 수 있을 것이다. 즉 S-s가 과소함의 형식을 나타낸다. 아울러 과도함은 인류의 행보에 대한 과신을 뜻하기 때문에 소문자 a에서

대문자 A로의 변화로 표기될 수 있을 것이다. 즉 a-A가 과도함의 형식을 나타낸다. 이 두 과정을 하나로 통합하면 다음과 같은 정식이 도출된다. S-(a-A)-s. 바로 이러한 과도함과 과소함의 변증법이 아포칼립스적이라고 부를 수 있는 인류세 스토리텔링의 전반부를 형성한다. 후반부는 포스트 아포칼립스라고 부를 수 있는 과정으로 이어진다. 여기서도 역시 과도함과 과소함의 변증법이 되풀이된다. 포스트 아포칼립스 상황에서는 전반부와는 다르게 상황 자체가 압도적인 양상으로 돌변하고 행위는 과소해진다. 여기서 인류는 생존을 위해 고군분투하지만 역부족이다. 이러한 포스트 아포칼립스적 전개를 정식화하면 다음과 같다. 즉 A-(s-S)-a. 요컨대 인류세 스토리텔링의 뮈토스는 아포칼립스적 과정과 포스트 아포칼립스적 과정으로 이루어져 있다. 두 과정을 들뢰즈의 표기 방식을 차용하여 하나의 정식으로 통합하면 다음과 같은 도식이 도출될 수 있다. [S-(a-A)-s] → [A-(s-S)-a].

  들뢰즈가 '큰 형식'과 '작은 형식'이라는 개념으로 정식화한 '행동-이미지'에서 이루어지는 — 예를 들어 S에서 S´로의, 또는 A에서 A´로의 — 변화는 현실태에서 이루어지는 변화를 가리킨다. 우리가 위에서 제시한 대문자에서 소문자로의, 이어 소문자에서 대문자로의 이중의 변화는 현실태적 변화에 수반되는 잠재태적 역량의 — 과대함과 과소함이라는 — 변화를 함축하고 있다는 점에서 들뢰즈가 『시네마 II 시간-이미지』에서 개진한 현실태와 잠재태가 뒤섞인 '결정체-이미지'에 가까운 순수한 시각적 이미지를 구현한다고 할 수 있다. 〈스위트 홈〉에서 괴물화된 인간 군상은 욕망이라는 잠재태가 돌출한 것이지만 이러한 돌출의 이미지 속에는 잠재태와 현실태가 식별 불가능한 것으로 남아 있다. 미국 TV 시리즈물인 〈워킹데드〉, 폴 앤더슨의 〈레지던트 이블〉, 연상호 감독의 〈부산행〉과 〈반도〉 등 좀비 아포칼립스 서사가 보여주는 텅 빈 도시의 섬뜩한 모습 역시 급전의 결과가 빚어낸 순수한 시각적 이미지, 다시 말해 잠재태와 현실태가 뒤섞인 결정체-이미지와 다름없다.

인류세 스토리텔링의 디아노이아: 책임에 대한 호소

마지막으로 묵시론이 희망의 전도된 형태로 종말을 상상하는 허구적 양식이라면 '임박한 존재적 파국을 예고하는 인류세라는 과학적 묵시론은 우리에게 어떤 메시지를 전달하고자 하는가?'라는 물음이 남는다. 이것이 인류세 스토리텔링의 디아노이아와 관련된 질문이다. 논의를 위해 글의 모두에서 제기한 질문을 다시 제시해보자. 인류세가 오늘날 불가피한 하나의 조건으로 주어져 있다고 할 때, 도덕을 어떻게 이해 가능한 것으로 만들 것인가?

이 질문에 대해 두 가지 가능한 대답이 존재한다. 하나는 희망의 원리이고 다른 하나는 멸종의 윤리 ethics of extinction다. 강단 좌파들이 지지하는 이른바 '희망의 원리'(블로흐)는 경제적 불평등을 해소하고 사회적 정의를 실현하는 것으로 인간의 조건이 개선될 것이라는 유토피아적 전망을 포기하지 않는 것이다. 하지만 이러한 전망이 물질적 풍요를 약속하는 기술 과학에 의지하면 의지할수록 더욱 파괴적인 결과를 초래할 것이라는 게 인류세가 주는 교훈이다. 멸종의 윤리는 존 그레이가 『하찮은 인간, 호모 라피엔스』(2010)에서 다음과 같이 묘사한 미래의 풍경 속에 담겨 있다. "우리는 인구가 크게 감소된 부분적으로 구현된 낙원에서 살아가는 세계를 꿈꿀 수 있다. 그곳에서는 경작이 이루어지지 않으며 녹지는 지구에 되돌려진다. 살아남은 인류는 도시에서 수렵 및 채집인들의 귀족적인 나태를 흉내 내며 살아간다. 그들의 필요는 지구에 미미한 흔적도 남기지 않은 신기술에 의해 충족된다. 그곳에서 삶은 호기심, 즐거움, 놀이에 맡겨진다."[26] 언뜻 보기에 이는 미셸 우엘벡의 『어느 섬의 가능성』에서 설정된 3차례의 감소기와 같은 것이 발생할 때 인류가 맞이할 수 있는 유토피아의 풍경처럼 보인다. 하지만 문제는 비록 그런 유토피아가 도래한다 해도 인간이라는 종이 지닌 '약탈자'적 본성, 다시 말해 '호모 라피엔스Homo rapiens'의 특성으로 인해 그런 상황이 결코 오래 지속될 수 없다는 사실이다. 이처럼 철저히 비관적인 전망 속에서 인간은 그저 수동적으로 인류에게 닥친 상황을 받아들이는 수밖에 없다. 말하자면 인간의 비극이 인간성에서 비롯됐다면 순수하게 인간의 동물성을 받아들이라는 것이 멸종의 윤리가 주는 교훈인 셈이다.[27] 이처럼 희망의 원리가 오늘날 무기력하다면, 들뢰즈의 동물-되기의 가장 나쁜 이형이라고 할 수 있는 멸종의 윤리는 폭력적이다. 이런 상황에서 또 다른 길을 상상하는 것이 가능할까?

어쩌면 인류세 스토리텔링의 디아노이아는 과도함이 과소함으로 격변된 종말의 풍경이 전시하는 섬뜩한 이미지 자체로부터 찾아져야 하는 것인지도 모른다. 이와 관련하여 다음과 같은 질문이 제기될 수 있다. 세계의 끝을 전시하는 결정체-이미지가 전달하는 무엇인가가 존재한다면 그것은 책임에 대한 강력한 호소일 수밖에 없지 않을까? 송어가 사는 골짜기에서는 "모든 것이 인간보다 오래되었다"는 매카시의 반反인간주의를 이해 가능한 것으로 만드는 유일한 지침도 이러한 책임에 대한 호소에서 비롯되는 것이 아닐까? 이에 대한 해답의 실마리를 찾기 위해 인류세 스토리텔링과는 다소 동떨어진 한 작품을 인용해보자. 도스토옙스키는 『카라마조프 씨네 형제들』에서 조시마 신부의 입을 빌려 우리가 살아가야 할 인류세 시대에 특별히 요청되는 책임의 규모를 그의 형의 일화를 통해 다음과 같이 서술한다.

> 나의 형은 새들에게 용서를 빌었다. 이것은 무의미하게 들릴지 모르나 옳은 일이었다. 세상의 모든 일은 대양과 같다. 즉 모든 것이 흘러 합쳐지는 것이어서 어느 한쪽 끝을 건드리면 지구 저편인 다른 한쪽 끝까지 그 운동이 미치게 되기 때문이다. 새들에게 용서를 구하는 것이 미친 짓과도 같아 보일지 모르나, 만약 인간이 지금보다 조금이라도 더 고상해진다면 새들도 아이들도 그리고 모든 동물도 짐스러운 마음을 한결 덜어버릴 수 있을 것이다. 거듭 말하지만 세상의 모든 일은 대양과 같다. 그렇다면 인간 역시 완전한 사랑을 향한 깨우침을 받아 신비스런 황홀을 느끼면서 새들에게 자기의 용서를 간구하며 기도드리는 게 될 것이다. 이것이 사람들에게 아무리 무의미하게 보일지라도 이 환희를 소중하게 가슴 깊이 간직하지 않으면 안 된다.[28]

여기에는 대양과 같이 모든 것이 모든 것과 연결되어 있다는 인식, 다시 말해 "어느 한쪽 끝을 건드리면 지구 저편인 다른 한쪽 끝까지 그 운동이 미칠 수 있다"는 인식, 그래서 새들에게조차 용서를 구할 수 있어야 한다는 깨우침이 들어 있다. 인류세 시대에 도덕을 이해 가능한 것으로 만들어야 한다면 그것은 바로 이러한 인식과 깨우침을 통해서가 아닐까? 비록 신비스런 황홀을 느낄 수는 없을지라도 말이다. 그럴 때 인류세 스토리텔링의 디아노이아는 비록 희망의 언어는 아닐지라도 여전히 책임의 언어로 서술될 수 있을 것이다.

서사의 이중 논리와 (불)가능성:
조나단 컬러, 「서사 분석에서 이야기와 담화」 리뷰

이재환

"서사학에 전복적인 힘이 있다면, 그것은 사건이 단순히 주어진 것이 아니라 담화의 힘이 만들어낸 산물일 수 있다는 사실에 있다."

이재환은 서울대학교 종교학과를 졸업하고, 같은 대학교 철학과 대학원과 미국 오하이오 주립대학교 철학과 대학원에서 공부한 후 서울대학교 철학과에서 박사 학위를 받았다. 서양 근대 철학, 프랑스 현대 철학, 감정철학 등에 관심을 가지고 공부하고 있으며 가천대학교 가천리버럴아츠칼리지 교수를 거쳐 현재 목포대학교 교양학부에서 철학을 가르치고 있다. 지은 책으로『성찰, 모든 것을 의심하며 찾아낸 생각의 신대륙』(2014),『고전하는 십 대의 이유 있는 고전』(2015),『나다움 쯤 아는 10대 — 데카르트 vs 레비나스』(2021),『몸의 철학』(공저, 2021)이 있고, 옮긴 책으로 슬라보예 지젝의『나눌 수 없는 잔여』(2010)가 있다.

조나단 컬러는 「서사 분석에서 이야기와 담화」¹에서 '이야기story'와 '담화discourse'를 구분하는 것으로 시작한다. 이야기는 "담화에서 명확하게 드러나는 것과는 독립된 것으로 간주되는 행동 혹은 사건의 연쇄"이고 담화는 "사건들을 담화로 제시함 또는 사건의 담화화"이다. 이야기와 담화는 러시아 형식주의에서는 파불라fabula와 수제트sjuzhet로, 프랑스 서사학에서는 이스투와histoire와 레시récit로 구분되며, 또 미국의 서사학 전통에서도 이 구분이 등장한다. 이러한 전통의 필수 전제는 시점이나 사건들의 제시로서의 담화와는 독립적으로 존재하는 이야기(사건들의 연쇄 혹은 순서, 질서)가 있고 이 이야기들은 '실제 사건real event'이라는 점이다. 물론 '실제'라고 해서 소설들의 이야기가 현실에서 일어났다는 것이 아니라 이야기가 담화와 독립적이라는 의미에서 그렇다. 컬러는 미케 발Mieke Bal을 인용하는데, "이야기l'histoire는 시간적 질서, 공간적 위치, 사건을 일으키거나 사건을 겪고 있는 행위자와 관련 있는 사건들의 집합으로 이루어져 있다. 사건은 다른 사건과 시간적 관계에 놓여 있다. 각 사건은 다른 모든 사건에 앞서거나 동시적이거나 뒤에 있다." 이런 점에서 컬러는 서사학에서 이야기가 비非텍스트적으로 주어진 소여nontextual given, 비텍스트적 기층nontextual substratum으로 간주되는 경향이 있다고 주장한다. 하지만 컬러는 서사학에 전복적인 힘이 있다면, 그것은 사건이 단순히 주어진 것이 아니라 담화의 힘discursive force이 만들어낸 산물일 수 있다는 사실에 있다고 본다.

여기서 컬러는 『오이디푸스 왕』의 예를 든다. 사실 오이디푸스 왕 이야기를 분석하는 것은 사건들의 연쇄를 찾는 것이다. 즉 오이디푸스가 버려진 후 목동에게 구출되고, 이후 코린토스에서 성장한 다음 라이오스 왕을 죽이고 스핑크스의 수수께끼를 풀고, 이오카스테와 결혼한 후 라이오스 왕을 죽인 살인자를 찾고 자신의 죄를 알게 되자 자신의 눈을 찌른 후 왕국을 떠나는 것, 이것이 바로『오이디푸스 왕』의 '파불라'이다. 그리고 이러한 사건들이 어떻게 제시되는지, 시점이 무엇인지는 이 연극의 담화 속에서 찾을 수 있다. 즉 담화를 통해 이러한 사건들을 제시하면서 이 사건들이 그려지는 방식을 해석할 수 있게 된다.『오이디푸스 왕』의 가장 대표적인 담화는 '라이오스 왕의 살해범은 누구인가?'를 추적하는, 범인을 찾는 탐정 이야기이다. 컬러는 이러한 담화 형식을 취한 대표적인 사람이 프로이트라고 생각한다. 왜냐하면 프로이트는 담화로 이야기가 구조화되기 이전에, 담화에 독립적으로 존재한다고 간주되는 사건들이 이야기의 의미를 결정한다고 생각하기 때문이다. 즉 앞서 실제로 발생한 사건들이 오이디푸스로 하여금 죄책감을 가지게 만들었고 이 사건들이 드러나자 오이디푸스는 이 사건들이 드러낸 의미를 받아들인다. 이를 통해 오이디푸스는 비극의 주인공으로서 위엄을 획득하게 된다.

하지만 컬러는 라이오스 왕의 살해 현장에 있었던 사람이 범인을 강도'들'이라고 지시했던 대목에 주목한다. 즉 라이오스를 죽인 사람이 복수라면 오이디푸스의 '무죄 가능성'은 제거되지 않은 채 남아 있다. 이 연극에서 모든 사건은 라이오스 왕을 죽인 이 끔찍한 사건이 드러나는 것에 달려 있는데 독자는 결코 이 범인에 대한 확실한 증거나 진술을 만나지 못한다. 따라서 컬러는 "의미를 결정하는 앞선 행위가 드러나는 대신에 [확실한 증거를 만나지 못한] 이 행위를 [유죄의 증거라는] 적절한 증거로 간주하도록 우리를 이끄는 것이 바로 서사적 담화에서 의미의 수렴이다"라고 말한다. 여기서 컬러가 주장하려는 바는 그동안 서사학에서 표준적으로 이야기된 것처럼 이야기 차원에 있는 '사건event'이 담화의 차원에 있는 '의미meaning'를 결정하는 것이 아니라, 반대로 담화 차원의 의미가 이야기 차원의 사건을 결정한다는 것이다. 컬러는 이것을 '미학적 논리esthetic logic'라고 부르는데 이 논리는 독자만이 아니라 이야기 속의 등장인물인 오이디푸스도 느끼는 힘이라고 말한다. "주어져 있는 과거의 연속적인 사건이 있었고, 연극이 어떤 왜곡을 통해서 이 사건을 드러낸다고 말하기보다는 [이야기 차원의] 핵심 사건은 [담화 차원의] 의미 작용이 요구한 산물이라고 말할 수 있다. 즉 의미는 앞선 사건의 결과가 아니라 그것의 원인이다." 컬러의 주장은 오이디푸스가 백일하에 드러난 폭력적인 행위를 했기 때문에 자기 아버지의 살해자가 된 것이 아니라 서사적 정합성의 요구에 복종해서 이 행위가 발생했다고 생각한다는 것이다. 그리고 이러한 의미 작용의 논리에 저항한다면 오이디푸스는 비극의 주인공 형상을 획득할 수 없었을 것이라고 말한다. 이런 점에서 '서사의 힘'은 반대 논리 — 사건은 원인이 아니라 결과이다 — 에 의존한다.

  컬러는 이 '반대 논리contrary logic'가 프로이트의 독해에서도 필수적이라고 한다. 왜냐하면 오이디푸스가 자신이 라이오스 왕의 아들이라는 것을 알게 되는 순간 자신이 아버지를 죽인 살인자라는 것을 인정한다는 것은 바로 "나는 아버지를 죽여야만 했다"라는 오이디푸스콤플렉스의 인정이기 때문이다. 즉 아버지를 죽이려는 욕망과 그 욕망에 대한 죄책감은 앞선 행위의 결과가 아니라 이미 그 행위를 앞서 있다. 그래서 컬러는 다음과 같이 말한다. "사건은 담화에 의해 보고되는 주어진 것이 아니라 담화적 힘의 산물이라는 이러한 논리가 서사가 가진 힘의 본질이다." 그렇다면 컬러의 이러한 주장은 기존 서사학의 논리에 반하는 것일까? 컬러는 기존 서사학의 문법 — 담화에 앞서는 이야기와 이야기를 전달하는 방식으로서의 담화 — 과 자신이 이야기하는 '반대 논리'는 조화롭게 종합될 수 없다고 말한다. 이 두 논리, 즉 기존 서사학의 문법과 '반대 논리' 모두 이야기와 담화 사이의 위계에 의존하고 있다면, 이 두 논리는 정합적이고 모순적이지 않게 서사를 설명할 수 있는 가능성을 의문에 붙인다. 컬러는 이러한 두 논리의 갈등이 기호학과 해체적 해석 사이의 갈등을 무대화한다고 주장하는데, 즉 아직 드러나지 않은 과거 행위에 의해 오이디푸스의 유죄가 결정되는 서사의 문법을 생산하는 것(기호학)과 그러한 문법의 불가능성(해체적 해석)을 보여준다는 것이다. 『오이디푸스 왕』은 서사학적 분석의 중요성과 그러한 분석의 불가능성을 동시에 보여준다고 할 수 있다.

컬러는 계속해서 두 번째 예를 제시하는데 조지 엘리엇의 작품 『다니엘 데론다』이다. 영국인 상류층 가정에 입양된 유대인인 데론다는 재능이 많고 감수성이 풍부한 청년이다. 데론다는 우연히 익사하기 직전의 가난한 유대인 소녀를 구해주게 되고 그녀의 가족을 찾아주는 과정에서 그녀의 동생 모르드개를 만나게 된다. 데론다는 점점 유대 문화에 강한 흥미를 느끼게 되고 자신이 구해준 소녀와 사랑에 빠지게 된다. 이 와중에 데론다는 자신의 출생의 비밀을 듣게 된다. 그 자신이 바로 유대인이었다는 것이다. 컬러에 따르면 이 소설은 이 과거 사건의 인과적 힘을 강조한다. 즉 데론다가 유대인으로 태어났기 때문에 그는 유대인이다. 이러한 출생의 비밀이 드러나면서 데론다의 현재 캐릭터와 유대 문화에 대한 관심의 모든 원인은 그의 기원이 유대인이라는 사실에 있음이 드러난다. 하지만 컬러는 데론다의 출생, 즉 그가 유대인이라는 점은 '현재 결과의 과거 원인'일 수 있지만 또한 '반대 논리'에 의하면 '과거 결과에 대한 현재 원인(현재가 원인이 되어 과거를 결정함)'이기도 하다고 주장한다. 왜냐하면 데론다의 교양 소설Bildungsroman이 진행되려면 자신의 운명을 인식함으로써 그의 성격이 분명해져야 하는데 그러기 위해서는 데론다가 유대인이라는 사실이 서사에서 요구되기 때문이다. 이런 점에서 데론다의 출생의 기원이 드러나는 사건은 현재 결과의 과거 원인이 아니라 과거 결과의 현재 원인이라고 할 수 있다. 그의 출생의 기원은 기원의 결과의 결과이다.

이런 점에서 컬러는 설명explanation과 서사적 완성narrative fulfillment을 구분한다. 『오이디푸스 왕』에서 과거의 행위가 오이디푸스의 죄책감을 만들어내는 것이 아니라 서사의 정합성이 과거의 행위를 만들어낸 것처럼 『다니엘 데론다』 역시 데론다가 상류사회에 편입되는 것을 거부하고 유대주의와 이상주의에 헌신하는 것은 그의 출생의 기원 때문이 아니라 자유로운 선택이어야 한다. 즉 데론다가 유대인이라는 사실은 탄생 때문이 아니라 그의 선택의 결과여야만 한다.

이러한 이중 논리는 프로이트 이론에도 등장한다. 정신분석은 어떤 현상을 그 기원에까지 거슬러 올라가 추적하면서 이야기를 재구성한다. 프로이트의 사례들은 '파불라'와 '수제트'로 이루어진 서사이다. 여기서 파불라는 재구성된 플롯, 즉 환자의 삶에서 일어난 사건들의 연쇄이고 수제트는 이러한 사건들이 제시되는 순서, 즉 프로이트가 재구성한 이야기이다. 『오이디푸스 왕』과 『다니엘 데론다』처럼 프로이트의 서사도 결정적 사건이 드러나는 방향으로 진행된다. 그리고 이 결정적 사건은 사건의 진행상 환자의 현재 상황의 원인으로 간주된다.

컬러는 프로이트의 서사 중에서 '늑대 인간'의 예를 든다. 프로이트는 늑대 인간이 어렸을 때 부모님의 성관계를 봤다는 결론에 도달하고 이 '원초적 장면primal scene'으로 시작하는 사건들의 연쇄를 재구성한다. 늑대 인간이 네 살이 되었을 때 부모님의 성관계를 본 이 기억이 트라우마로 바뀐다. 이것이 그 유명한 '사후성Nachträglichkeit' 개념이다. 사실 이 사건은 환자가 말한 담화로부터 만들어졌기 때문에 담화적 힘의 산물일 수 있지만, 프로이트는 이 사건이 실제로 일어난 현실이라고 강하게 주장하고 이 사건의 결정적인 우선성을 강조한다. 컬러는 프로이트가 이 원초적 장면의 사건을 의미를 가진 허구로 보는 것을 거부한다고 말한다. 하지만 나중에 프로이트는 자신이 이 원초적 사건을 실제로 일어난 것이 아니라 비유로 생각한다는 점을 강조한다. 즉 교미하는 동물을 목격한 네 살 아이가 어릴 때 부모의 성관계를 봤다는 환상을 만들어낸 전이transference라는 것이다. 이 사건은 '원초적 사건'이 아니라 '원초적 환상primal fantasy'이 된다.

컬러는 프로이트의 사례에서도 상충하는 두 논리는 화해할 수 없다는 사실을 다시 한번 강조한다. 즉 실제로 사건이 발생했고 이 사건이 이후 사건들의 의미를 결정하는 원초적 사건이라고 볼 수도 있고, 아니면 담화적 힘이 허구적인 사건을 만들어낸 것이라고 볼 수도 있다. 컬러는 프로이트 역시 이 둘 중 어느 하나의 논리를 선택할 수 없다고 강조한다. "프로이트에게는 어떤 관점이든 우리에게 동일한 서사적 시퀀스를 준다는 점에서 [어느 논리를 따르든] 결정적으로 중요한 것은 아니다." 하지만 이렇게 둘 다 가능하다고 말하고 끝날 일은 아니다. 독자든 분석가든 두 논리 중 어느 논리를 따를 건지 서사는 우리로 하여금 결정을 하게 만들기 때문이다. 결국 이러한 결정 불가능성은 종합할 수 없는 두 서사적 논리의 결과라고 할 수 있다.

컬러는 프로이트의 『토템과 타부』에서 하나의 예를 더 든다. 잘 알려져 있는 것처럼 이 책에서 프로이트는 원시시대의 결정적인 역사적 사건에 대해서 이야기한다. 즉 전제적인 아버지가 모든 여자를 독차지하고 아들들이 장성하면 부족 바깥으로 쫓아낸다. 아들들은 결국 아버지를 죽이고 아버지의 시신을 먹어버린다. 아들들의 죄책감이 금기를 만들어내고 이것이 바로 사회조직, 종교, 도덕적 금기의 기원이 된다. 그리고 이러한 역사적 사건은 오늘날까지 효력을 발휘하고 있다. 그런데 프로이트는 아들들의 후회와 죄책감이 아버지를 죽였다는 환상에 의해 만들어졌을 가능성을 부인하지 않는다. 그렇다고 해서 인과 연쇄가 바뀌지는 않는다. 늑대 인간에서처럼 사건에 대한 강조와 의미에 대한 강조는 결국 같은 서사를 만들어낸다.

이 예에서 프로이트의 유명한 말 "태초에 행위가 있었다"가 등장한다. 컬러는 다음과 같이 말한다. "여기서 프로이트는 환상으로 시작하는데 원시인들에게 행위는 환상의 대체물이다. 프로이트에 따르면 행위는 정말 발생했다. 하지만 프로이트의 공식은 그 행위를 그저 주어진 소여로 간주하지 못하도록 하는데, 왜냐하면 그 행위는 단지 환상의 대체물, 즉 이러한 원초적 환상의 산물이기 때문이다. 태초에 행위가 있었다고 주장할 때 프로이트는 우리를 사건으로 인도하는 것이 아니라 또 다른 텍스트인 괴테의 『파우스트』로 인도한다. '행위'는 '말씀'의 대체물이다."

컬러는 지금까지 설명한 두 논리가 서사 안에서 발생하는 자기-해체self-deconstruction의 결과이기 때문에 두 논리의 종합은 불가능하다고 주장한다. 그가 말하는 '자기-해체'의 순간은 이야기의 사건이 담화에 앞선다는 그 사실이 전복될 수 있다는 것이다. 컬러는 이것이 니체가 원인과 결과를 하나의 비유, 환유로 생각한 것과 닮아 있다고 말한다. 인과 연쇄는 원인의 존재를 먼저 가정하고 결과를 만들어낸다. 예를 들어 모기가 물었기 때문에 간지럽다. 하지만 니체는 우리가 간지럽기 때문에 이 간지러움의 원인을 찾는다고 생각한다. 즉 진짜 인과 연쇄는 "간지럽고, 따라서 모기가 물었다"일 수도 있다. 즉 간지럽다는 사실이 우리로 하여금 이 결과의 원인을 만들어내게 한 것이다. 이것이 바로 담화적 힘의 생산물이다. 하지만 우리는 이 결과의 원인 — 모기가 물었기 때문에 간지럽다 — 을 주어진 것으로, 진짜 질서로 간주한다.

따라서 컬러의 결론은 다음과 같다. 이 두 논리 중 "어떤 관점도 만족스러운 서사학을 제공하지 못하고, 두 논리가 조화로운 종합을 이룰 수도 없다. 이 두 논리는 화해할 수 없는 대립 관계에 있고 두 논리 사이의 갈등은 정합적이고 비모순적인 서사'학'을 의문에 붙인다. … 종합의 가능성의 부재에서 우리는 하나의 관점[논리]에서 다른 관점[논리]으로, 이야기에서 담화로 관점을 기꺼이 옮기고 그 반대도 마찬가지다." 두 논리의 화해 불가능성은 서사학의 모순을 드러내고, 이 모순이 서사학의 (불)가능성의 조건이지만, 컬러는 한편으로는 이 모순이 바로 서사가 가진 수사적 힘의 바탕이라고 주장한다.

2부 서사와 주체성

서사적 주체론:
아렌트, 리쾨르, 매킨타이어,
테일러를 중심으로

윤성우

"인간은 이야기를 통해 불멸성을 획득할 수 있다."

윤성우는 한국외국어대학교 프랑스어과를 졸업하고 같은 대학교 철학과에서 석사 학위를 받고 박사과정을 수료했다. 2002년 프랑스 파리 12대학에서 철학 박사 학위를 받았다. 현재 한국외국어대학교 철학과 교수로 재직 중이며, 해석학, 번역철학, 서양 현대 철학, 정치철학 등을 강의하고 있다. 관심 연구 주제는 주체, 의미, 언어, 타자, 번역 등이다. 지은 책으로 『신화와 콘텐츠』(공저, 2017), 『폴 리쾨르의 철학과 인문학적 변주』(2017), 『미술은 철학의 눈이다』(공저, 2014), 『번역학과 번역철학』(공저, 2013)이 있고, 옮긴 책으로 『번역과 문자』(공역, 2011), 『낯선 것으로부터 오는 시련』(공역, 2009)이 있다.

"The unexamined life is not worth living"

Plato's *Apology* (38a, 56)

개념의 문제 ― '이야기 narrative' 개념과 '주체' 개념

지금부터 풀어나가려는 논의의 핵심은 플라톤의 『변명』에 나오는 위의 구절에 다 녹아 있다. 다양하게 번역할 수 있는 문장이지만, '(un)examined', 즉 검토, 음미, 반성(성찰)으로 이해되는 부분과 'worth living', 즉 가치 있는 삶, 살아볼 만한 삶, 살 가치가 있는 삶으로 표현되는 부분이 핵심이다. 우리는 어떻게, 어떤 방식으로, 무엇을 통하여, 무엇에 의거하여 삶을 살 만한 가치 있는 것으로 만들어갈 수 있는가? 플라톤은 '이데아에 대한 직관(관조)'이라고 대답한다. 오늘날 그 물음을 다시 던진다면 어떻게 답해야 할까? 이 글의 부제에 달린 네 명의 철학자는 정도와 강조의 차이는 있으나 엇비슷한 대답을 내놓았다. 사람은 이야기를 통해, 이야기에 의해, 이야기함으로써 자신을 반성하고 자신의 삶을 음미하며 자신이 누구인지를 인지하고 그렇게 함으로써 나름대로 가치 있는, 살아갈 만한 삶을 살 수 있다는 것이다. 데카르트의 "나는 생각한다, 고로 존재한다 Cogito ergo sum"처럼 생각이나 사유를 통해 나의 존재를 확증하는 길을 걷는 것이 아니라, 이야기를 통해 나를, 자아를, 자기를, 주체를 찾아나간다는 것이다. 도대체 어떻게 그것이 가능한가?

그 답을 각각의 철학자들에게서 구하기 전에 개념을 둘러싼 짧은 논의 시간을 가져야만 한다. 이들은 엇비슷한 개념들 'narrative', 'récit', 'story', 'history'[1]를 서로 번갈아 사용할뿐더러, '(서사적) 주체' 개념도 다양한 의미와 표현으로 바꾸어 사용하고 그 의미 맥락도 조금씩 다르기 때문이다. 가장 선배에 해당하는 정치 철학자인 아렌트는 narrative라는 개념보다는 story라는 표현을 더 자주 사용하지만, 이는 인간의 조건들이라 불리는 노동labour과 작업work을 넘어서서 행위action 단계에 이르러서야 등장한다. 노동과 작업의 단계에서는 이야기나 주체 개념에 해당되는 것이 제대로 등장하거나 확립되지 않는다는 특징을 보여준다.

아렌트에 이어 리쾨르는 현상학과 해석학을 대표하는 철학자로서 récit(narrative 개념의 불어 표현)를 주로 사용하되 문학 이야기récit littéraire와 역사 이야기historiographie/histoire를 근본적으로 분리하거나 구분하지 않으면서 그런 이야기를 통한 인간의 정체성identité narrative의 추구를 논한다. 리쾨르에게 이야기란 인간의 '파편적'이고, '고정적'이고, '불변적'이고, '점적點的'이고, '비역사적'이고, '타자 배제적'이고, '탈脫공동체적'인 속성에 저항하고 대항하는 기제이다. 따라서 언급한 속성들은 '이야기'다운 특징이나 성격과 대조되는 것으로 파악된다.

매킨타이어도 narrative, history, narrative history, conversation 등의 다양한 개념을 큰 구별 없이 자신의 철학적 맥락에 따라 사용한다. 그의 '서사적 자아narrative self론'에 따르면, 이야기를 통해 발견, 획득 그리고 추구되는 자아는 '실천practice'을 수행함으로써 '외재적 선external goods'이 아니라 '내재적 선internal goods'을 생산하면서 '탁월함(덕, excellence)'을 지향한다.

테일러도 narrative, story, web of interlocutions 등의 다양한 표현을 통해 (자연/사회) 과학적 연구 대상으로서의 사물thing 개념과는 완전히 다른 차원의 접근을 요구하는 자아self를 말한다. 자아는 '과학적 연구의 대상'이 가지는 모든 작업가설적 요청과는 상반된 속성들을 가지게 되는데, 그런 속성들의 대표적 매개체가 바로 이야기(서사narrative)라는 것이다.

한편 전통 철학사에서 主體, subject, sujet, subjectum, hypokeimenon("underlying thing") 등의 '주체' 개념은 주로 대상(object, objet, objectum)과 관련지어 논의되어왔다. 이와 어울리는 자아自我는 ego, moi(특히 정신분석의 맥락에서는 이드id나 초자아superego와 대립되는 측면에서), cogito, the conscious "I", self 등으로 파악되어왔으며, 이때 자아의 상대 개념은 대상이라기보다 다른 자아alter ego, 너 등이다. 이와 마찬가지로 self, oneself, soi, selbst로 표현되는 자기自己의 상대도 another self, un autre soi(다른 자기)가 된다.

서사적 주체, 서사적 정체성의 물음들

아렌트

아렌트의 대표적인 저서는 『인간의 조건』이다.[2] 그녀가 물었던 근본 물음은 바로 이것이다. "인간의 조건은 무엇인가?"

1)

아렌트는 '인간'을 먼저 물었다. 조건은 그다음이다. 그녀가 '인간'을 둘러싼 물음에서 결정적으로 기여한 바는 다음의 두 가지 물음을 구분한 것이다. '나는 무엇인가' 물음the question 'What am I'과 '나는 누구인가' 물음the question 'Who am I'. 전자는 인간이 인간 본성에 관해 신에게 던지는 물음, 따라서 신만이 답할 수 있는 물음이다. 하지만 후자는 인간 그 자신이 주도하여 스스로에게 던지는 물음, 이른바 인간 정체성에 관한 물음이다. 만들 때 본질이 정해지는 어떤 존재자가 있고, 그 존재자에 관한 물음이 전자의 물음이라면 후자의 물음은 스스로가 제기하되, 스스로가 살아가면서 답을 찾아가는 물음인 것이다. 그렇다면 이런 후자의 물음에 어떻게 답하면 되는가?

2)

아렌트에 따르면 인간은 노동labour, 작업work, 행위action라는 세 가지 근본 활동, 즉 활동적 삶vita activa³을 통해 '나는 누구인가'라는 물음에 답해나간다고 볼 수 있다. 하지만 이 세 가지 활동 각각이 같은 정도와 위상으로 이 물음에 답하는 것은 아니다. 노동, 작업의 단계를 거쳐 행위의 단계에 갈수록 '나는 누구인가'라는 물음의 답에 더 가까워진다고 볼 수 있다. 사실상 행위의 차원과 동시에 또는 그 이후에 구축되는 (그 행위와 행위자에 대한 시인이나 역사가의) '이야기' 차원에 도달해서야 그 물음에 대한 답이 주어지는 것이다.

첫 번째 인간 조건이라 할 수 있는 노동은 인간 신체의 생물학적인 필연적 과정으로서 자연으로부터 생명의 신진대사와 발육 및 성장에 필요한 모든 생명 필수재를 얻고 소비하는 쉼 없는 순환 활동으로 이해된다. 그 특징은 생명 개체가 군집적으로 움직이거나 가족적이라는 것이다. 이런 노동에서 인간 각자의 개성이나 정체성은 전혀 드러나지 않는다.

두 번째 인간 조건인 작업은 활동적 삶에서 '비자연적인' 부분에 상응하는 활동으로서 자연적 환경에서 이뤄지는 노동과는 달리 자연 소재를 사용하여 자신의 삶에 유용한 '인공' 사물 세계를 만드는 제작 과정으로 이해된다. 이때 자연은 (세계 안에서) 사물화되며, 세계는 지속성durability과 어느 정도의 영속성을 획득하게 된다. 그럼으로써 '사회society' 혹은 사회적인 것이 구성된다. 사물로 제작된 것들을 서로에게 제공하며 (이동을 통해) 판매하고 교환하는 시장market이 등장한다. 여기서 인간은 자연의 사물화를 통해 동물이 구축하지 못하는 자신만의 공적 영역을 구축하기에 이르지만 역시나 아직도 인간 자신의 정체성을 획득하는 수준에는 이르지 못한다.

세 번째 인간 조건인 행위는 자연의 물질(노동)이나 인공적 사물의 매개(작업) 없이 복수의 인간들human plurality 사이에서 직접적으로 이뤄지는 유일한 활동으로서 인간적 복수성, 즉 하나의 인간이나 대표 단수로서의 인간이 아니라 복수의(다수의) 인간들이 지구상에 살고 있다는 인간 조건에 전적으로 부합되는 활동이며, 타인의 지속적인 현전을 전제 조건으로 하는 활동으로 이해된다. 이때 인간은 자신과 남의 차이를 각자의 말과 행위를 통해 드러내는 반면, 자신과 남이 가지는 동등성equality을 통해 자신과 남이 서로를 이해하고 예측하는 수준에 이르기도 한다. 행위는 생물학적 필요에 의한 활동(노동)도, 유용성에 의한 활동(작업)도 아닌, 짐승에게도 신에게도 허락되지 않는 활동으로서 적절한 순간에 적절한 말을 발견하고 이를 수행하는 행위를 일컫는다. 아킬레스의 위대한 말과 행위, 안티고네의 위대한 말들megaloi logoi, 이순신 장군이 죽음을 목전에 두고 보여준 '탁월한 말과 행위'를 떠올려보자. 이런 행위를 통해 인간은 자신이 누구인지를 유일무이한 차이를 통해 보여주며, 이를 기억하는 시인과 역사가와 폴리스(공동체)를 통해 불멸의 명예를 획득한다. 이것은 가족적이지도 사회적이지도 않은 차원, 바로 (행위를 통한) '정치적political' 차원이다. 아렌트의 말을 직접 들어보자.

> 유일하고 일회적인 '누구임who'이라는 것이 행위와 말speech을 통해 사후死後에 표출될 수 있는 유일한 매체가 바로 이야기이다. 어떤 사람이 누구였고 누구인지는 오직 그의 전기biography를 알 경우에만 가능하다. 소크라테스가 한 줄의 글도, 한 편의 작품도 남기지 않아서 우리가 그에 대해 플라톤과 아리스토텔레스에 대해서보다도 알지 못한다 할지라도, 우리는 소크라테스가 누구인지 잘 안다. 왜냐하면 우리는 그의 이야기story를 알기 때문이다. 우리가 아리스토텔레스의 견해나 학설을 잘 알지만, 우리는 그가 누구인지보다는 소크라테스가 누구인지 더 잘 아는 것이다.[4]

비록 아렌트가 서사적 주체성이나 서사적 정체성 개념을 명시적으로 주장한 바는 없지만, 그녀가 나의 무엇임과 나의 누구임을 구분하고, 말과 행위를 통한 행위자의 변별적 차이의 가능성을 이야기로써 구현하여 자신만의 탁월함을 입증했다는 점에서 서사적(이야기적) 자아론의 맨 처음에 그녀를 위치시킬 충분한 철학적 이유가 있는 것이다. 부연하자면 그녀가 주장하는 행위와 이야기 사이의 핵심적 관련성은 다음과 같이 정리된다. 행위와 말이 남긴 산물이자 결과물인 시인과 역사가의 이야기는 행위 주체agent의 누구임을 잘 드러내지만, 이 행위자가 그 이야기의 생산자이거나 저자일 수는 없다. 행위의 당사자이면서 행위에 대한 이야기의 저자일 수 있는 가능성은 드물기 때문이다. 따라서 한 인간의 행위는 온전히 이야기꾼storyteller에게만 그 전모를 드러내는 것이다. 행위에 참여한 행위자 자신보다는 모든 것을 잘 아는 시인이나 역사가의 회고에서만 그가 완전히 드러나는 것이다.

지금까지의 논의를 바탕으로 볼 때 우리는 아렌트를 서사적 자아론 혹은 서사적 정체성론의 초기 얼개를 구축한 철학자로 충분히 위치시킬 수 있을 것이다. 여기서 우리가 강조하고 싶은 것은 (물론 이후에 살펴볼 철학자들도 마찬가지지만) 아렌트가 서사의 윤리적 힘이나 역량을 인지하고 있었다는 점이다. 아렌트에게 인간은 사멸성, 즉 죽을 수밖에 없음을 실존적 특성으로 갖는다. 인간은 죽을 운명의 존재다. 하지만 동물과 달리 인간은 오직 생식을 통해서만 자신의 불멸적 삶을 보장받는 그런 종의 구성원이 아니다. 인간은 자신의 각자성을 드러내는 말과 행위를 함으로써 생물학적으로 사라진 후에도 지워지지 않을 흔적을 남긴다. 즉 인간은 이야기를 통해 불멸성을 획득할 수 있다. 불멸의 업적이 남기는 명예를 선good으로 여기는 탁월한 존재가 바로 인간이라는 것이다.

리쾨르

지금 우리가 다루는 주제와 관련한 리쾨르의 중요한 저서는 『시간과 이야기 1, 2, 3』[5]과 『타자로서 자기 자신』[6]이다. 그가 평생을 두고 고민한 물음은 바로 이것이다. "우리는 무엇을 해석함으로써 어떤 자기 해석/자기 이해에 이르는가?"

1)

리쾨르에 따르면 인간은 상징, 은유(또는 담화), 이야기(또는 텍스트)를 해석해냄으로써 자기 자신에 대한 이해에 이른다. 리쾨르가 상징과 은유(또는 담화)에 관한 독립된 저서들을 저술한 바 있으므로 여기서는 우리의 주된 관심사인 이야기로 바로 가보자. 이 글의 부제로 열거한 여러 철학자 중 소위 "서사적 정체성identité narrative/narrative identity(이야기적 동일성, 이야기적 정체성)"을 가장 명시적으로 제안한 철학자가 리쾨르이다. 그 핵심적 주장은 이렇다.

한 개인이나 공동체의 정체성identité/identity을 말한다는 것은 '그러한 행위를 누가 했는가?, 누가 그 행위의 행위자이고 당사자인가?'를 묻는 이 물음에 답하는 것이다. 우선 어떤 사람을 지명함으로써, 즉 고유명사를 통해 그 사람을 지칭함으로써 그 물음에 답한다. 하지만 고유명사의 지속성을 담보하는 것은 무엇인가? 출생에서 죽음에 이르기까지의 삶 전체에 걸쳐 자신의 이름으로 지칭된 행위의 주체를 동일한 그 사람이라고 간주할 수 있는 근거는 무엇인가? 이런 물음에 대한 대답은 서사적narrative 일 수밖에 없다. '(어떤 사람이) 누구인가?'라는 물음에 대한 답은 그 사람의 삶의 스토리histoire d'une vie를 이야기하는 것이다. 누구의 정체성은 그래서 서사적 정체성이다.[7]

위 대목은 실상 아렌트의 주장과 근본적으로 다르지 않다. 이런 서사적 주체론의 핵심적 아이디어는 매킨타이어나 테일러도 공유한다. 하지만 이 근본적 구상을 둘러싼 논의의 지평들은 아주 상이하며 그것이 현대 철학의 풍경을 풍부하게 만드는 것이다. 리쾨르는 '나의 누구임'이 이야기를 통해 밝혀진다는 점에 이르기 위해 전통적 서양철학이 자기 정체성/자기 동일성identité personnelle/personal identity 문제를 다뤄왔던 방식을 문제 삼는다. 즉 하나의 개체(인격, 사람)를 시간 T_1과 T_2 사이에, 즉 이런 시간의 경과에도 불구하고 동일한 인격으로 남게 하는 것이 무엇인가를 묻는 것은 "나는 무엇인가?"를 묻는 것으로서 "나는 누구인가?"를 묻는 질문에는 못 미치는 것이다. 나의 무엇임에 대한 물음은 "인간 실존의 시간적 특성을 배제한 채, 인간 주체의 지속성 — 다른 모든 것은 변하는데도 불구하고 지속하는 것, 다시 말해 생물학적 개인이 지닌 유전자(또는 홍채) 코드의 지속성"이나 "성격caractère의 지속성, 즉 한 인간 개체를 동일한 그 자체le même(늘 같은 것)로 (재)확인시킬 수 있는 변별적 기질

들dispositions들의 총체"⁸를 파악하고자 하는 관점에서만 유래하는 물음이라는 것이다. 나의 불변적 속성(성격, DNA, 홍채, 지문 등)을 확인하는 것은 특정 행위의 행위자를 밝히는 데는 도움이 돼도 그 행위자의 누구임을 전혀 드러내지 못하는 턱없이 부족한 접근인 것이다. 그래서 한 사람의 삶을 이야기하고 각자의 삶을 이야기하는 것, 그리고 우리의 삶을 이야기하는 것이 그의 누구임을, 우리의 누구임을, 그리고 각자의 자기 정체성을 파악하기 위해 포기할 수 없는 길이라는 것이다.

2)

『시간과 이야기 1, 2, 3』의 논의 전체와 관련지어 볼 때 서사적 정체성 개념은 적어도 세 가지 의미와 쓰임을 가진다. 1) 이야기 자체의 정체성, 2) 이야기 속의 (인물의) 정체성, 3) 이야기를 통한 (독자의 자기) 정체성.

(1) 이야기 자체의 정체성이란 이야기의 뼈대라고 할 수 있는 줄거리 구성에서 결과하고 유래하는 이야기 자체의 내재적 정체성을 말한다. 한마디로 줄거리 짜기에 의존하는 이야기의 정체성이다.

(2) 이야기 속의 (인물의) 정체성이란 비극 속에서 탁월한 사람들의 행위를 창조적으로 재현 또는 모방하는 인물personnage의 정체성을 말한다. 하지만 이야기의 고전적인 모델에서 인물의 정체성은 이야기 자체의 정체성의 하위 요소이다. 예를 들어 민담이나 우화의 인물들은 항상 그 자체로 머물러 있는 성격으로 확인 및 재확인되

며, 주인공은 결국에 가서 승리하고 행복해지는 반면, 악당은 망하고 불행해진다. 여기서는 여일如一한 인물만이 발견된다.

(3) 이야기 자체의 정체성과 이야기 속의 (인물의) 정체성이 저자(또는 작가)와 관계하는 정체성이라면 이야기를 통한 (독자의 자기) 정체성은 그 이야기를 읽는 독자와 관계하는 정체성이다. 이야기의 의미와 가치는 오직 읽기를 통해서만 완성된다. 읽는 독자로서 우리 각자는 이야기의 존재 여부의 관점에서는 저자가 아니지만, 그 이야기의 '의미'에서만큼은 공동 저자coauteur이다. 따라서 독자는 읽기를 통해 이 허구적 인물의 정체성을 수용해나가는 과정에서 자기 정체성을 위한 첫걸음을 떼는 것이다. 이야기를 읽어나가며 독자는 인물과 함께 ─ 또는 그 인물에 반대하며 ─ 기쁨과 고통, 슬픔과 쾌락을 어느 정도 나눠 가지는 "형상화된 나Je figuré"를 만나게 된다. 그런데 이런 독서의 과정이 독자를 "어떤 타자와의 동일화identification avec un autre"로 유도하고 견인한다. 독자가 자기 자신이 누구인지를 묻고 또 찾아나가는 작업인 자기 동일화 작업 속에 이 타자와의 동일화가 함께 미끄러져 들어오는 것이다. 그리고 이 타자와의 동일화는 결국 독자 자신을 "재형상화된 나Je refiguré"로 만들어낸다.

마지막으로 리쾨르의 서사적 주체론의 특징을 한 가지만 더 언급하자. 이야기를 읽고서 이미 살아온 것을 반성하고 앞으로는 다르게 살아갈 것을 자신에게는 물론이고 타인에게 약속하고 이 약속을 지키며 살아가는 것, 이것이 곧 '나의' 이야기이고 이는 분명 소망스러운 일이다. 그러나 이야기에는 항상 '타자의' 이야기도 있다. 나의 생일날이 나의 이야기의 의미 있는 부분이기도 하지만 나의 부모님에게도 그분들의 이야기의 중요 부분인 것처럼 말이다. 우리 각자는 다른 누구의 이야기의 일부를 이루는 존재이다. 따라서 리쾨르의 서사론은 타자의 이야기에 더 주목해야 한다고 말한다. 더구나 소외받고 상처 받고 잊힌 타자들, 특히나 자기 자신의 이야기를 제대로 해보지 못한 타자들의 이야기에 주목해야 한다고 말한다.

> 허구(이야기)는 잊을 수 없는 것 l'inoubliable에 봉사한다. … 하지만 잊어서는 안 되는 범죄들이 있고, 고통의 대가로 복수보다는 이야기되기를 호소하는 희생자들도 있을 것이다. 오로지 잊지 않으려는 의지만이 그러한 범죄가 더 이상 일어나지 않도록 할 것이다.[9]

결국 승리한 사람의 이야기, 성공한 사람의 이야기, 소위 역사의 주인공인 사람들의 이야기만을 듣거나 하게 해서는 안 되고 패배한 사람들, 실패한 사람들, 역사의 무대에서 소외된 사람들에게도 자신만의 이야기를 할 기회와 권리를 주어야 한다는 것이다. 한마디로 리쾨르가 추구하는 것은 이야기 또는 이야기하기의 정의正義를 회복하는 것이다. 정의를 도모하는 보다 큰 프로젝트 아래에서 타자와 희생자가 좀 더 이야기하게 하는 것이다.

매킨타이어

매킨타이어의 가장 중요한 저서는 『덕의 상실』[10]이다. 그가 이 책에서 던지는 근본적인 물음은 바로 이것이다. "우리는 어떤 인간이기를 원하는가?" 답은 의외로 간단하다. 덕을 추구하는 인간, 덕을 함양하는 인간이다. 하지만 어떻게 그게 가능한가?

1)

전통적인 분류에 따르자면 매킨타이어는 윤리학자로 자리매김되지만 그는 "인간은 무엇을 해야 하는가?"라는 식으로 직접적으로 묻지 않는다. 오히려 그는 아렌트나 리쾨르의 이야기론과도 유사하게 "나는 어떤 이야기 또는 이야기들의 부분인가?"라고 묻는다. 매킨타이어는 이렇게 말한다.

> 인간은 자신이 만든 허구 속에서뿐만 아니라 자신의 행위와 실천practice에서도 본질적으로 이야기를 말하는 동물a story-telling animal이다.[11]

여기서 '허구'는 아렌트나 리쾨르가 말하는 이야기narrative나 문학 이야기récit littéraire와 다르지 않다. 여기서 핵심 개념은 '실천'이다. 덕을 추구하고 함양하는 인간이 실천과 무관하게 그런 덕(예를 들어 용기, 육체적 힘, 명예, 자기 인식, 우정과 관대megalopsuchia, 용서, 지조, 절제, 정의, 겸손, 의리, 충성, 애국심 등등)을 꿈꾸는 것은 무망하다. 용기 있는 행위나 실천을 평소에 지속적으로 수행하지 않으면서 용기라는 덕목을 함양한다는 것은 불가능할 것이다. 따라서 무엇보다 '실천'이 중요하다. 그런데 매킨타이어에 따르면 실천이란 '탁월성의 기준을 성취하고자 하는 활동으로서 그 활동 안에서 내재적 선이 실현되는 것이어야 하며 사회적으로 정당화된 협동적이고 정합적이며 복합(복잡)적 형태를 띠는 활동'으로 규정된다. 매킨타이어는 '예술, 과학, 정치, 운동경기(체스 포함)' 등을 실천의 구체적 예로 제시하는데, 이것들은 딱히 윤리적이거나 도덕 지향적인 활동들은 아닌 듯 보인다. 하지만 예술이나 과학 또는 정치 활동에서 탁월함의 일정한 기준을 제시하면서 돈이나 권력, 명성, 지위 등 서로 경쟁하여 한쪽이 차지하면 다른 쪽이 갖지 못하는 외재적 선이 아니라 '내재적 선', 즉 전체 공동체를 풍요롭게 만드는 선을 추구하는 것이 '실천'이라는 것이다. 매킨타이어는 자화상의 대가 렘브란트가 이전의 자화상 기법들을 통합하여 탁월한 새로운 화풍을 성취한 것을 실천의 예로 제시한다. 따라서 우리가 어떤 형태의 실천이든 간에 실천의 장에 들어선다는 것은 당대에서 실천하는 사람들뿐만 아니라 이런 실천에서 우리를 앞서간 사람들, 특히 그들의 탁월한 성취가 현재까지 영향을 미치는 사람들과의 관계의 영역에 들어선다는 것이다. 미술에서는 무수한 습작과 따라 그리기가, 음악에서는 선배 음악가들의 음악을 들으며 하는 숱한 연습이 강력한 예증들이다. 당대의 우리보다 앞서서 ─ 시간적으로나 업적의 성취 면에서 ─ 내재적 선을 선취한 전통이 분명히 존재한다. 나의 음악은, 나의 미술은 그 전통의 일부가 되는 것이다.

2)

이런 관점과 맥락에서 보면 매킨타이어가 비판하는 자아관 또는 자아론의 모습이 어느 정도 드러난다. 다시 말해 나의 존재는 오로지 나의 선택과 결정에 의해서 정해진다는 자아관, 자신이 추구하는 도덕적 가치는 그 어떤 사회적 공간이나 역사적 흐름과도 무관하게 그 자신의 선호와 주권적 결정에 따라 형성된다는 자아론, 그 어떤 사회적 내용과도, 역사적 역할이나 지위로부터도 분리되거나 구분될 수 있다고 믿는 자아관. 그의 구체적인 주장을 좀 더 들어보자.

(자유주의적) 개인주의는 '나는 어떤 노예도 소유한 적이 없습니다'라고 말함으로써 흑인 미국인들에 미친 노예제도의 효과에 대한 어떤 책임을 지는 것도 거부하는 현대의 미국인들에 의해 표현된다. 그것은 또한 자신들이 개인으로서 노예제도로부터 간접적으로 받은 이익을 통해 정확하게 측정할 수 있는 효과들에 대한 정확하게 계산된 책임을 수용하는 다른 현대 미국인들이 미묘하게 대변하는 관점이기도 하다. 두 경우에 있어서 '미국인으로 존재한다는 것'은 그 자체 개인의 도덕적 정체성의 한 부분으로 간주되지 않는다. 물론 이러한 태도가 현대 미국인에게 고유한 것은 아니다. '나는 아일랜드에 대해 어떤 나쁜 짓도 행하지 않았다. 마치 그것이 나와 무슨 관련이 있는 것처럼 이 오랜 역사를 끄집어내야 하는가'라고 말하는 영국인, 또는 1945년 이후에 태어났다는 것이 의미하는 바는 나치가 유대인들에 대해 행한 것이 현재 유대인들과의 자신의 관계에 있어 도

덕적으로 아무런 문제가 되지 않는다는 것이라고 믿는 독일 청년은 모두 동일한 태도를 보여주고 있는데, 이 태도에 의하면 자아는 그의 사회적, 역사적 역할과 지위로부터 분리될 수 있다는 것이다. … 즉 그것은 아무런 역사를 가질 수도 없는 자아이다. 자아에 관한 서사적 관점과의 대립은 명백하다.[12]

이런 자유주의적·개인주의적 자아관을 비판하면서 매킨타이어가 제시하는 자아관이 바로 서사적 자아 개념narrative concept of selfhood 또는 서사적 자아narrative self이다. 인간에게 좋은 삶은 인간적인 선, 특히 내재적 선을 탐구(추구)하는 삶이며, 그렇게 해서 함양되는 탁월한 자질이나 품성으로서의 덕virtue을 갖추는 삶이다. 우리로 하여금 인간에게 좋은 삶이 무엇인가를 이해하게 만드는 것이 바로 덕이다. 그런데 개인의 자격으로서만, 역사나 사회와 분리되어, 그리고 전통과 단절되어 이런 덕을 탐구하거나 추구하는 것이 가능한가? 결국 매킨타이어에게 공동체, 역사와 사회 그리고 전통의 흐름 속에서 덕의 발견, 탐색 그리고 훈련을 가능케 하는 담지자가 바로 서사이자 이야기인 것이다. 우리는 이야기 속에서 어떤 덕들이 미덕이고 어떤 덕들이 악덕인지를 알게 되며, 이런 것들을 추구하느냐 마느냐에 따라 어떤 인간이 될지, 어떤 삶을 살아갈지가 결정된다.

사악한 계모, 잃어버린 아이들, … 돼지들과 함께 사는 장남들에 관한 이야기들을 들음으로써 아이들은 아이는 어떠해야 하고, 부모들은 어떤 존재이며, 그들이 태어난 연극 속에서 인물과 성격의 배정은 어떠할 수 있으며, 또 세상일은 어떤 방식으로 이루어지는지를 배우거나 또는 잘못 배운다. 아이들에게서 이야기를 박탈하면 그들은 그들의 행위뿐만 아니라 언어에서도 말을 제대로 못하고 겁먹은 말더듬이로 남게 된다. 이런 시원적 이야기들을 통하지 않고서는 우리 자신의 사회를 포함하여 모든 사회를 이해할 길은 없다. 근원적 의미에서 신화는 만물의 심장이다. … 이야기를 말하는 것telling of stories은 우리를 덕으로 끄는 교육에서 핵심적 부분이다.[13]

물론 우리가 다른 주체나 다른 사람의 이야기들만을 통해서 덕의 교육에 다가가는 것은 아니다. 기본적으로 매킨타이어의 서사적 자아 개념은 나의 탄생에서 죽음에 이르기까지 진행되는 스토리를 살아가는 주체로서 다른 누구의 것도 아닌 오직 자신의 것인 어떤 역사의 주체the subject of a history임이 전제된다. 오직 이럴 때라야 내가 삶을 구성하는 행위나 경험을 이야기를 통해 해명하거나 설명할 수 있는 것이며, 반대로 타자에게도 그 타자의 행위나 경험에 대해 해명이나 설명을 요청할 수 있는 것이다. 우리 각자가 (각자 이야기의) 주체가 될 수 있기에 우리는 서로의 삶을 서로에게 이야기하며 서로에게 물을 수 있고 배울 수 있다. 왜냐하면 타자가 나의 이야기의 한 부분인 것처럼 나 또한 타자의 이야기의 한 부분이기 때문이다.

테일러

테일러의 중요 저서 중 하나는 『자아의 원천들』[14]이며 그가 던지는 중요한 물음은 바로 이것이다. "자아는 도덕적 공간과 분리될 수 있는 존재인가?"

1)

테일러가 던진 물음을 구성하는 중요 개념은 '도덕'과 '공간'이다. 이 개념들은 하이데거가 현존재 규정의 핵심으로서 제시한 '세계-내-존재'와 비슷하게 우리가 도덕적 세계 안에 거주하면서 그것과 분리될 수 없다는 함축을 나타낸다. 테일러는 데카르트처럼 의심 가능한 모든 것으로부터 거리를 둔 disengaged 이성을 추구하지도 않으며, 로크나 흄처럼 점적 punctual 자아나 원자적 atomic 행위자를 추구하지도 않는다. 테일러의 세계관에서는 행위자와 세계의 분리, 나-타자(개인-공동체)의 분리는 성립되지 않는다. 따라서 '내가 누군지 모르겠다'는 자아 정체성의 혼란이나 미궁은 내가 해야만 하는 것, 내게 가치 있는 것, 내게 좋은 것을 알려주는 방향성 또는 정향의 상실을 말한다. 즉 내가 어디에 위치하고 있는지, 내가 어디로 가는지의 불확실성을 말한다는 것이다. 내가 누구인지 안다는 것은 내가 어딘가로 가고 있으며, 결국 도덕적 공간 moral space에서 내가 어딘가로 또는 무엇인가에 제대로 정향되어 있다는 것이다.

자아의 정체성, 즉 내가 누구인지를 알려면 도덕적 틀 구조 framework가 요구되며, 특히 이 도덕적 공간에서 방향성을 갖는 일이 필수적이다. 단지 어떤 것을 욕구하는 것으로 충분히 좋다고 평가하는 약한 평가로는 부족하다. 테일러에 따르면 이런 도덕적 지평과 공간에서는 피상적인 것, 하찮은 것, 저열한 것, 가치 없는 것 등과 고상한 것, 우월한 것, 고차적인 것 등의 가치 기준, 질적 차별화qualitative discrimination를 포함하는 강한 평가strong evaluation가 필요한 것이다.

2)

우리가 주목해온 서사적 주체성이나 서사적 자아론의 관점에서 중요한 것은 테일러가 자아의 존재에 대해 (자연 또는 사회)과학적 연구 대상들과는 다르게 접근해야 한다고 주장했다는 점이다. 통상적으로 과학적 연구 대상은 객관적으로 또는 있는 그대로 취급되어야 한다고 간주된다. 즉 원칙적으로 주체(연구자)가 제공하는 해석이나 기술과는 독립적으로 존재해야 하고, 명시적 기술로 포착 가능해야 하며, 그것을 둘러싼 환경surroundings(주변)과 무관하게 기술되어야 한다는 것이다. 하지만 자아의 존재나 이해는 그런 방식으로 주어지거나 이뤄지지 않는다. 자아나 자기의 존재는 그 자신이 문제가 되는 주체와 관계없이 객관적으로 존재하는, 그런 있는 그대로의 존재가 아니다. 다시 말해 나에게 그리고 우리 각자에게 고유하게 의미 있는 방식으로 다가오는 존재가 자아이다. 더구나 과학적 대상의 경우 그 대상이 주체가 부여하는 해석과는 관계없이 존재해야 한다는 요구가 정당할지 몰라도, 자아는 그 스스로가 자신에게 내리는 자기 해석과 무관하게 존재하지 않는다. 해석의 언어를 통하지 않은 나의 정체성이란 없다. 다시 말해 어떤 사람의 자기 해석과 무관하게 그가 어떤 사람인가를 묻는 것은 잘못된 물음이라는 것이다. 또한 그런 자아 해석은 과학적 연구 대상의 경우처럼 완전하게 명시적일 수도 없다. 자기 해석에 의존하는 언어는 늘 어느 정도는 불명료하고 불명시적이다. 결국 여기서 문제가 되는 자아는 스스로에게 내리는 해석적 언어를 떠나서는 존재할 수 없는 것이다. 그래서 테일러는 오직 어떤 언어 안에서만 실존하고 그것에 의해 부분적으로 구성되는 존재가 바로 사람person이라는 존재이며, 언어 안으로 입문하지 않고서는 사람됨personhood은 없다고 말한다. 공동체주의자로 분류되는 매킨타이어는 『덕의 상실』에서 "모든 개인은 다른 사람들을 통해 설명되어야 한다"라고 말한 적이 있다.[15] 이와 마찬가지로 테일러에게서도 자아는 또 다른 자아들 가운데에서만 자아일 수 있으며, 결정적으로 타자와의 "대화의 망webs of interlocution" 안에서만 존재할 수 있다. 우리는 우리를 양육하는 사람들과 대화함으로써 도덕적이고 정신적인 가치판단과 가치 분별의 언어를 처음 배우고 자신이 누구인지를 만들어가고 찾아가는 것이다. 각각의 자아 존재들에게 그런 배움을 주는 언어가 바로 이야기라는 점에서 테일러는 서사적 자아론을 다음과 같이 명료하게 정리한다.

> 인간은 미래에서 과거를 찾아, 과거를 의미나 목적을 가진 삶의 이야기의 일부로 만들고, 또 과거를 의미 있는 통일성 속으로 흡수함으로써 자기 이해를 획득하기에 나의 자기 이해에는 시간적 깊이와 서사narrative(이야기)를 내포하기 마련이다. 우리는

우리 자신을 서사 속에서 이해할 수밖에 없다.[16]

결론적으로 (서사적) 자아는 타자와 대화하면서 살아가는 존재, 그러는 가운데 '강한 평가'를 담보한 지고선至高善hypergoods[17] 같은 것을 전수받고 전수하기도 하는 과정을 거쳐 형성되어가는 존재이다. 그래서 도덕적 공간과 분리되는 자아의 존재란 가능하지 않은 것이다.

서사적 자아의 대표적인 현대적 예 — 스티브 잡스[18]

스티브 잡스, 그는 자신을 '누구'로 말하는가? 어떤 '사람'으로 이야기하는가? 나는 여기서 앞선 철학자들의 서사적 자아론의 '모든' 핵심적 내용을 잡스의 예에서 찾고자 하는 것이 아니다. 다만 그가 스탠포드대 졸업식에서 했던 연설은 여러 가지 의미에서 아렌트나 리쾨르가 말한 이야기narrative이기도 하고 매킨타이어가 주장한 내재적 선을 생산하며 덕의 함양을 실현하도록 하는 매트릭스로의 이야기story이기도 하며, 테일러가 말한 하나의 탁월한 "대화의 망"을 제공해주기도 하기 때문에 주목하고자 한다. 잡스는 졸업 연설의 형태를 빌려 수행한 자신의 서사 속에서 자신이 누구임을 어떻게 보이는가?

그의 연설을 들여다보면 크게 세 가지 명령과 그것을 종합하는 한 가지 경구로 마감하고 있다. "회고하면서 지나온 점들을 연결하라Connect the dots looking backwards!", "계속해서 추구하고 안주하지 마라, 그리고 네가 하고 있는 일을 사랑하라Keep looking, don't settle and love what you do!", "죽음, 그것이 삶을 변화시킨다Death, it is life's change agent", 그리고 "쉼 없이 갈망하라, 그리고 끝까지 우직하라Stay hungry, stay foolish!".

첫 번째 명령에서 '점들dots'은 그가 대학 시절과 중퇴 시절에 겪었던 산발적이고 파편적인 경험들이나 체험들(예: 서예)을 말한다. 여기서 잡스는 그것들을 '연결하라connect'고 명령한다. 실상 잡스는 자신이 무엇을 말하고 있는지를 알지 못할지도 모른다. 서사적 주체성과 자아론을 탐색해온 우리의 관점에서 보자면 그는 서사, 이야기의 구성의 본질 및 이야기의 근본적 기능을 극도로 압축해서 전하고 있다. 리쾨르는 이야기가 "시간의 관리자gardien du temps"라고 말한 적이 있는데, 잡스는 자신의 회고적 서사를 통해 지나온 경험들, 특히나 그 자체로는 파편적이고 단절적인 경험들을 일관된 통일성(예: 매킨토시 제작에 서예가 기여한 점) 안에 녹여내고 있다. 이는 인간의 일상적 시간 체험이 이야기의 통합적 능력 안으로 들어오게 될 때 유의미하다고 말했던 리쾨르의 주장을 실천으로 보여주는 실례라고 할 수 있다.

두 번째 명령의 의미도 그의 전체 연설의 맥락에서 살펴보면 매킨타이어의 '내재적 선'을 추구하라는 것으로 받아들일 수 있다. 안주하지 말고 자신이 사랑하는 것을 계속해서 추구해나가라는 것이다. 그가 말하는 '사랑하는 것을 하라'에서 사랑의 대상은 분명 돈이나 지위, 권력 같은 외재적 선이 아니다. 그가 추구한 내재적 선의 결과는 그 자신만이 전체 공동체에 제공해줄 수 있는 탁월한 창작과 그 기술(예: 픽사의 『토이 스토리』)이었다.

세 번째 명령은 어찌 보면 죽음을 선구하여 자신만의 앞질러 가는 결단을 촉구하는 하이데거 죽음 철학의 정수를 잡스의 언어로 풀어놓은 것 같기도 하다. 죽음이 인생(삶)의 최대의 발명품이라는 주장도, 오직 죽음을 통해 이전 세대와 지금 세대가 다음 세대에게 길을 비켜준다는 주장도 사뭇 의미심장하다. 그의 '죽음' 이야기는 잡스 자신의 주체적이고 온전한 자기 죽음을 가리키는 측면도 있고, 그것을 넘어 가족에게, 동료에게, 자신의 세대와 다음 세대에게, 다시 말해 타인들에게 죽음이 의미하는 바를 가리키는 측면도 있는 것이다. 내 '삶'의 이야기만이 다른 삶의 이야기의 부분을 이루는 것은 아니다. 내 '죽음'의 이야기도 다른 '죽음'의 일부를 이루는 것이다.

"쉼 없이 갈망하라, 그리고 끝까지 우직하라!" 잡스가 졸업 연설에서 (세 번이나) 반복한 유일한 문장이다. 한때 2002년 한일 월드컵의 영웅 히딩크 감독이 "나는 아직도 배고프다I am still hungry"라고 말한 적이 있어 익숙해진 표현이기도 하다. 잡스나 히딩크가 갈망한 것은 매킨타이어의 외재적 선과 같은 것이 아니라, 테일러 같은 철학자들이 말하는 '강한 평가'를 요구하는 가치들일 것이다. 우리가 여기서 더 주목해야 할 것은 '우직하라'일지도 모른다. 물론 우직함의 대상은 고차적인 선, 내재적 선의 '우직하라'일 것이다. 고차적인 가치의 실현은 일회적으로, 한 번으로 이루어지지 않는다. 좋음의 실천은 삶 전체에 걸쳐 지속적으로 그리고 우직하게 이루어져야 한다. 삶 전체를 관통하는 일관된 실천이 없는 삶은 (그 사람이 누구든지) 이야기가 되기에 적합하지 않고 그러기 어렵다. 내재적 선을 우직하게 추구하며 실천하는 삶은 (그 사람이 누구인지 물을 겨를이나 이유도 없이) 그 자체가 하나의 이야기이다.

서사적 주체와 변화의 논리

장태순

"사건에 매혹되어 새로운 길을 힘겹게 추구하는 이들에게
같은 경험을 한 다른 사람들의 이야기는 생각과 행동의
지침이자 조언이 되며, 이에 힘입어 그들은 새로운 질서인
진리를 만드는 주체로 살아갈 수 있다."

장태순은 서울대학교 물리학과를 졸업하고 같은 대학교 철학과에서 석사 학위를, 파리 8대학(생드니) 철학과에서 박사 학위를 받았다. 프랑스 현대 철학과 예술철학을 주로 공부하고 있다. 고등과학원 초학제연구단과 서울대학교 철학사상연구소의 연구원을 지냈고, 현재 덕성여자대학교 철학과 조교수로 재직 중이다. 지은 책으로『철학, 혁명을 말하다』(공저, 2018),『체계와 예술』(공저, 2017),『동서의 학문과 창조: 창의성이란 무엇인가?』(공저, 2016),『현대 정치철학의 모험』(공저, 2010)이 있고, 옮긴 책으로『비미학』(2010)이 있다.

변화의 논리와 변화의 서사

이 글을 이끄는 동기는 두 가지이다. 하나는 역사의 변화에 대한 한 가지 이론을 설명하는 것이다. 우리가 경험하는 역사의 변화를 어떤 식으로든 설명하려는 것은 철학자뿐 아니라 인간의 자연스러운 욕망이다. 서구의 근대인들은 역사에 진보라는 방향성이 있다고 믿었고, 심지어는 어떤 종착점이 있다고 믿었다.[1] 그러나 21세기에 사는 우리는 이제 역사에 어떤 정해진 방향성이 있다고 말하기 힘들다. 역사에 시작도 끝도 없으며 진행 방향도 말할 수 없다고 생각할 때 역사를 바라보는 방법은 달라진다. 역사를 지리멸렬한 사건들의 반복으로 보지 않는다면 역사 속에서 변화의 논리를 찾는 것은 거대한 변화를 중심으로 사유하는 것이다. 역사에는 특정한 방향은 없지만 때로 거대한 변화가 일어난다. 이 변화가 어떻게 일어나는지를 설명하는 사람 중 한 명이 프랑스의 철학자 알랭 바디우이다. 그는 역사의 급격한 변화가 어떤 과정을 통해 일어나는지를 설명하고자 하였다. 바디우에 따르면 역사적 흐름의 거대한 변화는 작은 사건에서 시작된다. 보다 자세히 말하자면 한 체계 안에서 발생한 전대미문의 사건은 그 체계를 이전과는 다른 새로운 것으로 변화시킨다. 그런데 이 새로움은 어떤 방식으로 체계를 변화시키며, 그 일은 어떻게 진행되는가? 그리고 우리는 어떻게 그 새로움에 참여할 수 있는가? 바디우의 철학은 어떻게 전대미문의 사건이 벌어지며 사건에서 어떻게 새로운 체계가 나오는지에 대해서는 어느 정도 설명하고 있지만,[2] 구체적으로 그 새로운 체계가 만들어지는 과정에서 거기에 참여한 개인들이나 사람들의 집단이 어떻게 움직이고 행동하는지, 또는 어떻게 움직이고 행동해야 하는지에 대해서는 말하고 있지 않다. 우리는 어떻게 바디우의 생각에서 변화의 논리를 끌어낼 수 있는가? 이것이 이 글의 첫 번째 동기이다.

두 번째 동기는 이야기 또는 서사에 대한 것이다. 우리는 많은 곳에서 서사의 힘에 대해서 이야기한다. 그리고 이야기는 때로 사람과 사회를 변화시킨다고 말한다. 그렇다면 서사는 역사의 거대한 변화에서도 어떤 역할을 할 수 있는가? 이야기는 세상을 변화시킬 수 있는가? 우리는 이런 생각의 단초를 독일의 문학평론가 발터 벤야민에게서 발견한다. 벤야민은 「이야기꾼」[3]이라는 글에서 이야기가 어떻게 구전되는지, 그 과정을 통해 어떻게 변형되는지, 그리고 이야기를 듣고 전하는 사람을 어떻게 변화시키는지를 이야기한다. 벤야민의 글은 감동적이고 설득력이 있지만, 이것만으로는 거대한 역사의 변화를 설명하기에 부족하다. 어떻게 한밤중 모닥불 곁에서 가만가만 입에서 귀로 전해지는 이야기가 거대한 역사의 흐름을 만들 수 있을까? 이야기의 반복과 변형은 새로운 질서에 도달할 수 있을까? 이런 문제에 대해 해답을 얻는 데에는 거대한 변화를 설명하는 바디우의 체계가 도움이 된다. 바디우는 작은 사건이 어떻게 거대한 사회적 변화를 일으키는지에 대해 설명하고 있지만, 그 과정에서 한 명 한 명의 사람들이 어떻게 그 변화에 동참하고 자신을 변화시키는지에 대해서는 충분히 설명하지 못하고 있다. 벤야민은 공동체 속의 한 명 한 명이 어떻게 이야기를 듣고 들려주면서 하나의 이야기를 다른 것으로 변형시키고 그 과정에서 스스로를 성장시켜나가는지는 잘 보여주고 있지만, 거대한 역사적 변화나 대규모의 사회적 흐름은 설명하지 못한다. 바디우의 이론은 거대하지만 성글고, 벤야민의 이론은 촘촘하지만 충분히 크지 못하다. 두 사상가의 이론을 종합한다면 각각의 단점을 보완하며 역사적 규모의 변화와 개인의 성장을 동시에 설명하는 완결된 이론이 될 수 있을 것이다.

바디우의 변화 이론

먼저 바디우의 변화 이론에 대해 이야기해보자. 그것은 크게 다음과 같이 정리할 수 있다.

- 사건: 어떤 상황[4] 속에서 예전에 없었던 전대미문의 일이 벌어진다.
- 명명: 사건에 매혹된 사람들은 사건에 이름을 붙이고 그것이 사건임을 선언한다.
- 충실성: 사건의 매력에 사로잡힌 사람들은 사건을 중심에 놓는 방식으로 자신의 행동 방식과 생활 방식을 바꾸며, 이를 통해 자신의 삶과 상황을 변화시켜나간다.
- 진리: 사건에 충실한 구성원들의 행위를 통해 사회는 이전과 다른 모습이 된다. 이 새로운 사회의 핵심에 있는 것이 진리이다. 사건과 충실성을 통해 상황은 진리가 없던 상황에서 진리가 있는 상황으로 변한다.
- 주체: 진리의 생성과 상황의 변화에 참여하는 개인이나 집단의 행위, 그리고 그 결과들은 모두 진리의 주체가 된다.

바디우는 자신의 이론이 적용될 수 있는 범위를 상당히 좁게 잡는다. 그에 따르면 진리는 과학, 예술, 정치, 사랑이라는 네 종류로만 존재한다. 하지만 우리는 이를 좀 더 넓게 생각해볼 것이다. 예를 들어 현대에 우리의 삶을 크게 변화시킨 IT 혁명도 바디우의 변화 이론으로 생각해볼 수 있는 여지가 있다.

사건: 변화의 시작

바디우의 변화 이론에서 가장 처음에 놓이는 것은 사건이다. 사건은 변화의 시작이다. 모든 역사적 변화, 역사적 급변은 어떤 사건을 계기로 시작된다. 여기서 말하는 사건이란 무엇인가? 우리는 나날의 일상 속에서도 많은 사건을 경험하며, 신문과 방송의 뉴스는 사건으로 가득 차 있다. 그러나 바디우는 그런 모든 사건이 변화의 씨앗이 된다고 말하지는 않는다. 세상에는 많은 사건이 일어나지만 그중에서 거대한 변화의 시초가 될 수 있는 사건은 많지 않다. 그런 사건을 미리 알아보기 위해서는 혜안이나 형안이 필요할 것이다. 하지만 그런 남다른 능력이나 통찰력이 없더라도 새로움의 시작이 되는 사건을 다른 일들과 구분할 수 있는 몇 가지 기준이 있다.

먼저 바디우가 말하는 사건은 기존의 질서를 벗어나는 지점에서 시작된다. 기존의 질서를 기준으로 볼 때 아무 데도 아닌 곳이나 아무도 아닌 사람이 사건이 일어나는 지점이 된다. 같은 맥락에서 두 질서가 만나는 경계 지점도 사건의 자리가 될 수 있다. 경계는 대부분 '이도 저도 아닌 곳'이며, 그곳의 사람들은 어디에도 속하지 못하는, 그래서 아무도 아닌 사람이 되기 십상이기 때문이다.[5] 둘째로 바디우가 말하는 사건은 대단히 규모가 크기 때문에 그 상황(또는 공동체) 안에 있는 사람이라면 누구도 모를 수 없다. 역사를 돌이켜보면 때로는 아주 작은 일이 결국에는 커다란 변화의 불씨가 되는 경우도 있지만, 그것만으로는 많은 사람의 가슴에 불을 지를 수가 없다. 거대하고 근본적인 변화가 시작되려면 아무리 작은 일에서 출발하더라도 그곳의 모든 사람이 알아볼 수 있을 정도의 큰일로 번져야 한다. 바디우가 말하는 사건은 프랑스대혁명이나 러시아의 10월혁명처럼 모든 사람이 분명히 사건으로 인정할 수 있는 것이다. 물론 정치적인 사건만이 사건은 아니다. 바디우가 드는 예는 아니지만 엘비스 프레슬리나 비틀즈의 록 음악도 대중음악계의 사건이라고 할 수 있으며, 애플 컴퓨터의 놀라운 판매도 IT 업계에서는 사건이라고 부를 만하다.[6]

그러나 사건의 발생은 순수한 우연이다. 사건이 벌어질 수 있는 조건은 기존 질서 내에서 설명이 가능하며, 그래서 우리가 사건이 일어나기 전에 사건이 일어날 수 있는 지점(바디우의 용어로는 '사건의 자리')을 지칭하는 것은 가능하다. 하지만 사건 자체는 순수한 우연으로, 언제 어디서 어떻게 사건이 일어날지는 결정이나 예측이 불가능하다. 프랑스대혁명은 1789년에 성난 군중들이 바스티유 요새를 습격하면서 시작되었다. 그러나 혁명이 일어날 수 있는 경제적, 사회적 조건은 그전에 이미 형성되어 있었다. 그러나 그때 거기서 혁명과 같은 큰 사건이 일어날 것이라고는 누구도 예측할 수 없었다. 그뿐만 아니라 당시 프랑스 국민들의 불만이 팽배해 있었던 것은 사실이지만, 그것이 반드시 어떤 거대한 사건으로 이어지리라는 법도 없다. 어떤 일이 벌어졌지만 시간이 지난 후 잊히거나 그로부터 어떤 변화도 일어나지 않을 수도 있는 것이다.

그러나 더욱 중요한 것은 사건이 가지고 있는 매력과 보편성이다. 사건은 기존 질서 밖에서 벌어지는 일이므로 기존 질서에 대해 지루해하거나 기존 질서의 문제점을 느끼고 있는 이들에게는 매력적으로 보인다. 그들은 사건을 통해 기존 질서가 가진 문제점이나 자신의 불만을 해소할 수 있다고 믿을 것이다. 그렇지 않더라도 사건은 어떤 종류의 새로움이기 때문에 사람들에게 매력적으로 다가갈 수 있다. IT 혁명에서 퍼스널 컴퓨터나 스마트폰이 사람들에게 매력적으로 다가왔던 것이 그런 경우이다. 또한 사건은 기존 질서 밖에 있으므로 기존 질서로부터 자유로우며, 따라서 기존 질서 내의 어떤 구획과도 무관하여 모든 사람에게 호소할 수 있다. 사건이 가진 이 보편적인 매력은 사건으로부터 사회나 집단의 근본적인 변화를 일으킬 수 있는 중요한 요인이 된다.

새로운 질서의 시작

사건은 상황 속의 누구에게나 눈에 띄지만, 그것을 사건으로 받아들이는 것은 하나의 결단이다. 아무리 큰일이 일어나도 그것을 '소동'이나 '소요'(정치적 사건의 경우)로만 간주한다면 거기서부터 변화가 시작될 수 없다. 그러나 사건의 독특함에 매혹되는 이들이 존재한다. 이런 이들에게 사건은 자신의 삶을 걸 수 있는 어떤 것이 된다. 그런 이들이 반드시 비장한 태도를 취하거나 그런 사실을 의식하는 것은 아니다. 젊은이들은 새로운 것에 관심이 많으며 경험하지 못한 것에 쉽게 매혹된다. 젊은이들은 경험이 많지 않기 때문에 세상에는 그들을 매혹시킬 만한 것이 많이 있다. 그러나 그중에서도 지금까지 없었던 것에 매력을 느끼는 이들이 있다. 그런 이들 중 대다수는 시간이 지난 후 한때의 매혹에서 벗어나 다른 매력을 찾아가거나 생존과 일상이라는 거대함에 자신을 맡긴다. 그러나 많지 않은 어떤 사람들은 때로는 의식적으로, 때로는 멋모른 채 전대미문의 사건의 매력에 자신의 삶을 던진다. 그들은 세상의 모든 질서와 사물과 행위를 사건과 관계있는 것과 사건과 무관한 것으로 양분하고, 전자를 위해 후자를 미련 없이 내던진다. 그들의 결단은 그들의 삶을 바꿔놓는다. "누구든지 … 새사람이 됩니다. 낡은 것은 사라지고 새것이 나타났습니다." (「고린도후서」 5:17)[7] 신약성서의 이 구절은 기독교인뿐 아니라 사건에 몸을 맡긴 이들에게도 참이다. 그리고 이런 사람들의 수가 늘어나면서 그들의 행위와 그 결과는 상황에 영향을 미친다. 그들의 행위는 기존 질서와는 다른 새로운 질서를 불완전하게나마 형성해나간다. 사건에 사로잡힌 이들의 말과 행동, 삶의 방식, 그 결과물은 단순히 무질서한 일탈이 아니라 새로운 질서를 향한 무의식적인 움직임이다. 그리고 그런 움직임은 모두에게 호소하며 영향을 미칠 수 있는 어떤 것, 바디우의 용어로는 '진리'를 생산한다.

변화의 주체

　사건에 사로잡힌 개인이나 집단의 움직임은 기존 질서를 변화시키고 새로운 질서를 만들며, 그들은 스스로의 행위를 통해 변화의 주체가 된다. 바디우는 이런 개인이나 집단의 행위를 '사건에 충실한 주체' 또는 '진리의 주체'라고 부른다. 사건에 충실한 진리의 주체는 인간 자체를 가리키는 것은 아니다. 인간은 스스로 변화의 주체가 될 수 없다. 몇 사람이 모여서 변화를 계획하고 행동한다고 해도 세상을 변화시킬 수는 없다. 세상은 그렇게 만만하지 않다. 변화는 사건이라는 계기를 통해서만 시작되며, 변화의 계기와 방향은 인간의 의지나 세상의 법칙에 의해서가 아니라 우연에 의해서 결정된다. 인간은 많은 경우 의식적으로든 무의식적으로든 자기가 속한 집단의 구조를 지탱하고 유지하는 장기말일 뿐이다. 그런 인간에게 가끔은 구조의 장기말에서 벗어날 수 있는 기회가 찾아온다. 그러나 그 때 그는 무엇으로부터도 자유로운 개인은 아니다. 어느 것에도 매여 있지 않은 개인은 아무것도 할 수 없는 무력한 개인일 뿐이다. 세상에 영향을 미치려면 그는 무엇인가에 매달려야 한다. 사건의 매력을 붙들고 그것이 만들어낸 구조의 빈틈을 끝까지 파헤쳐서 끝장을 봐야 한다. 변화는 거기서 오며, 거기에서만 온다.

　사건과 만나고 그것에 사로잡히는 것은 우연한 일이다. 평생 어떤 사건의 매력도 느끼지 못할 수도 있으며, 수많은 사건에 매혹될 수도 있다. 그러므로 어떤 사건에 매혹되는 것은 사랑에 빠지는 것처럼 귀한 일이다. 물론 바디우는 사랑에 빠지는 것도 하나의 사건이라고 말한다. 사랑에 빠졌다면 거기에 충실해야 하듯이 사건의 매력에 사로잡혔다면 그것에 충실한 주체가 되는 것이 아름다운 삶이다. 내가 매혹될 사건을 스스로 선택하는 것은 불가능하다. 내가 사건을 선택하기보다는 사건이 나를 선택한다고 말해야 할지도 모른다. 자신이 사로잡히지 않은, 아니 자신을 사로잡지 않은 사건의 주체가 되기는 힘들다. 사건은 자신의 주인을, 아니 집사를 스스로 결정한다. 사건에는 우열이 없다. 어떤 사건에 사로잡혔느냐가 아니라 자신을 사로잡은 사건에 얼마나 충실할 수 있느냐가 중요하다.

진리: 변화의 핵심 또는 사물의 참모습

사건에 사로잡힌 주체들이 만들어내는 새로운 세상의 질서, 그 핵심을 바디우는 '진리'라고 부른다. 바디우가 말하는 진리는 우리가 일상적으로 말하는 '참'과는 다르지만, 진리 개념의 일상적인 용법과도 통하는 데가 있다. 새로운 과학 이론이 말해주는 자연의 진리는 일상적인 의미의 진리이며 바디우가 말하는 진리이기도 하다. 진리는 우리에게 사물의 참모습을 보여준다. 그리고 사물의 참모습은 수많은 '맞지만 무의미한' 말들을 뚫고 나와 우리를 관통하는 어떤 것이다. 우리는 때로 그 한마디를 위해 수많은 잡담의 늪을 건넌다. 세상과 사물을 관통하는 그 한마디를 바디우가 말하는 진리라고 해도 과언은 아닐 것이다. 프랑스대혁명의 진리는 "모든 인간은 자유로우며 평등하다"일 것이다. 대혁명 이전에 우리가 이 사실을 전혀 몰랐다고는 할 수 없다. 그러나 대혁명이라는 사건을 통해 우리는 이 말이 부인할 수 없는 한마디로 자리 잡은 세상에서 살고 있다. 때로 진리는 몇 개의 문장보다 복잡한 형태로 나타나기도 한다. 바디우는 쉰베르크의 12음기법이라는 사건으로 시작된 20세기의 비조성 음악(흔히 말하는 현대음악)은 조성 음악이 무엇인지를 말해준다고 한다. 비조성 음악을 접한 우리는 그것을 통해 조성 음악이 무엇인지를 상대화하여 명확히 알 수 있게 되는 것이다. 그런 의미에서 비조성 음악은 조성 음악의 진리이다. 새로운 질서를 만드는 것은 이전 질서의 진리를 만드는 작업이며, 이제 끝나버리게 될 이전 질서가 어떤 것이었는지를 상대화시켜 명확하게 만드는 일이기도 하다. 프랑스대혁명은 새로운 시대를 열면서 계급사회가 어떤 것인지를 명확히 하였다.

변화의 장애물: 반동적인 주체와 어두운 주체

사건에 충실한 주체들은 진리를 생산하고, 이를 통해 세상의 질서를 바꾼다. 그들이 만드는 새로운 세상은 이전과는 다른 것이 될 것이다. 그러나 새로운 세상을 만드는 것이 쉬운 일은 아니다. 사건에 사로잡혔다는 조건 하나로 해내기에는 세상의 기존 질서가 호락호락하지 않다. 그들에게는 수많은 어려움이 찾아온다. 세상과 충돌할 일도 많다. 어떻게 그런 어려움을 이겨나갈 것인가?

바디우는 사건이 발생한 후 상황 속에서 사건에 대해 반응하는 여러 주체의 모습을 이야기한다. 하나는 지금까지 설명한 '사건에 충실한 주체'이다. 이들은 사건이 새로운 세상의 시작임을 감지하고 세상의 질서를 바꾸려고 한다. 그러나 세상에는 다른 시각도 있다. 어떤 이들은 사건을 단지 일시적인 소동일 뿐이라고 간주하며, 사건에 충실한 주체들의 움직임을 대수롭지 않은 것으로 여긴다. 이런 이들에게 사건에 충실한 주체들은 쓸데없는 짓을 하는 사람들이다. 보다 적대적인 사람들도 있다. 이들은 사건의 충실한 주체들의 활동을 억압하여 진리의 생산을 적극적으로 방해한다.[8] 이런 사람들로 인해 사건에 충실한 주체들의 활동은 방해받는다. 전자는 무관심을 부추기며 후자는 진리의 생산을 억압한다. 반드시 이들 때문이 아니더라도 사건에 충실한 주체들이 가는 길에는 어려움이 생기기 마련이다. 기존 상황의 구조는 변화에 저항한다. 그리고 때로는 이 사건에 대한 충실성과 기존 상황의 저항이 결정적인 한 지점에서 충돌한다. 주체들의 진보성과 상황의 보수성이 격돌하는 시점에 사건의 주체들은 건곤일척의 승부를 걸어야 한다. 사건에 충실한 주체는 대부분 세상 경험이 많지 않은 젊은이들이다. 이들에게 어떤 지침이나 조언이 주어질 수 있을까?

이야기: 변화의 지침과 조언

벤야민은 이런 상황에 놓인 이들에게 이야기가 하나의 지침이 될 수 있다고 말한다. 벤야민이 말하는 이야기는 입에서 입으로 전해지는 이야기이다. 이런 이야기는 완결된 형태를 가지고 있지 않지만, 그 때문에 텍스트가 가질 수 없는 힘을 가지고 있다. 벤야민은 이야기와 소설을 엄격하게 구분한다. 소설은 완결되고 닫힌 텍스트이지만 이야기는 그렇지 않다. 이야기는 사람에서 사람으로 전달되며 전달자에 의해 조금씩 변한다. 벤야민의 표현을 빌리자면 "이야기는 보고하는 사람의 삶 속에 일단 사물을 침잠시키고 나중에 다시 그 사물을 그 사람에게서 건져 올린다. 그래서 이야기에는 옹기그릇에 도공의 손자국이 남아 있듯이 이야기하는 사람의 흔적이 남아 있다."[9] 이야기를 들은 사람은 그것을 다른 이에게 전달한다. 진정한 이야기는 그것을 전달하지 않을 수 없게 만드는 힘이 있다. 그런데 그가 전하는 이야기는 그가 들은 이야기와 완전히 같지 않다. 그가 이야기를 듣는 동안 이야기는 그의 내면에 깊이 가라앉는다. 그가 누군가에게 그 이야기를 전할 때, 그는 자기 안에서 거르고 다듬고 키운 이야기를 전한다. 그가 전하는 이야기는 자신의 것이 아닐지라도 그의 삶이 녹아 있다.

    이야기는 먼 곳에서 온다. 멂은 시간적인 간격일 수도 있고 공간적인 거리일 수도 있다. 멂은 이야기에 신비감과 신빙성을 부여한다. 그런 의미에서 벤야민은 이야기와 정보를 엄격히 구분한다. 신문의 등장 이후 현대인들은 이야기가 아니라 정보를 소비하게 되었다. 정보는 지금 여기서 벌어지는 사건을 보고한다. 시공간적 거리가 없기 때문에 정보는 검증 가능하며, 어떤 수수께끼도 담고 있지 않다. 투명한 정보는 우리에게 어떤 교훈도 조언도 주지 못한다. 반면 이야기는 시공간적 거리를 필수 조건으로 하며, 모든 것을 설명하지 않는다. 이야기에는 언제나 설명할 수 없는 지점이 남아 있다. 이것은 이야기의 문제점이 아니라 이야기의 필수 조건이다. 시가 신비를 담고 있듯이 모든 이야기는 수수께끼를 담고 있다. 이 수수께끼는 이야기를 시간이 지나도 낡지 않게 한다. 이야기는 때로 죽어가는 사람의 입을 통해 전해진다. 죽어가는 사람이 자신의 삶을 전하는 마지막 이야기는 자신 안에 침잠한 이야기의 최절정이다. 죽어가는 자의 이야기는 어떤 이야기보다도 큰 권위를 가지고 있다. 한 인간의 평생을 담은 이야기는 그의 모든 것을 담고 있는 이야기이다. 우리는 그 이야기를 전하지 않을 수 없다.

진정한 이야기는 이야기를 듣는 사람에게 조언을 해준다. 이야기의 조언은 진부한 교훈이나 지혜의 전달이 아니다. 이야기는 그것을 듣는 사람이 자신의 이야기를 이어나갈 수 있는 가능성을 제시해준다. 이야기의 조언은 권위적인 어른의 충고가 아니다. 이야기의 조언은 사르트르가 말하는 새로운 선택지의 제시이다. 모든 길이 막혔다고 생각될 때, 더 이상 선택이 불가능하다고 생각될 때 이야기는 새로운 선택지를 제시한다. 이야기를 듣는 이가 상황의 필연성과 억압에 굴복하지 않고 새로운 길을 찾을 수 있는 가능성을 제시한다.

도시 문명과 이야기 전통

벤야민은 오늘날 이야기꾼의 전통이 사라졌다고 말한다. 이야기를 하고 듣는 전통은 과거 수공업 시대의 유산이다. 그 시대에 사람들은 저녁에 모닥불 가에 모여 단순 작업을 하면서 누군가의 이야기를 듣곤 했다. 이야기를 하는 사람은 먼 곳에서 온 사람이거나 오래전의 이야기를 해줄 수 있는 사람이었다. 그들의 이야기를 듣는 것은 대부분 젊은이들이었다. 이들은 장차 다른 곳에 가거나 오래

살면서 자기보다 젊은 사람들에게 이야기를 전해줄 것이다.

그러나 대규모 공장제 공업과 도시의 탄생으로 이런 이야기하는 전통은 사라졌다. 벤야민은 구전되는 이야기 전통에 반대되는 두 가지를 꼽는다. 하나는 소설이다. 소설은 세르반테스로부터 시작하여 근대를 지배한 서사 형식이다. 그러나 소설은 이야기의 전통으로부터 나온 것도 아니고 이야기의 전통 안으로 들어갈 수도 없다. 소설은 소설가가 고독 속에서 써내려간 이야기이며, 펜을 놓는 순간 완결되어 누구도 더 이상 끼어들 수 없는 이야기이다. 소설이라는 닫힌 이야기는 우리에게 어떤 조언도 해줄 수 없으며, 독자의 흔적을 다른 독자에게 전달하지도 못한다. 또 다른 것은 정보이다. 신문과 함께 시작된 정보의 전달은 이야기와 달리 지금 이곳의 검증 가능한 사건을 전달한다. 그리고 정보는 완전한 설명을 요구한다. 수수께끼는 조금도 남아 있어서는 안 된다. 이런 근대적인 사건 전달 형태는 우리에게 어떤 조언도 해줄 수 없다.

그러나 벤야민의 예측과는 달리 현대의 자본주의 도시에도 이야기하기의 전통은 유구히 남아 있다. 이야기는 때로 정보나 소설과 융합되어 식별 불가능한 형태로 돌아다니기도 한다. 증권가의 지라시나 타블로이드 신문은 정보가 아닌 이야기를 전달한다. 비록 그들의 이야기는 천박하고 퇴락한 것이므로 우리에게 어떤 조언도 해줄 수 없긴 하지만 말이다. 소설의 독자들은 자신이 읽은 소설을 다른 이들에게 전달한다. 같은 소설이라도 전달하는 이에 따라 강조점이 달라지고 내용은 조금씩 재구성된다. 도시 노동자들이 모이는 카페나 학부모 모임에서도 수많은 이야기가 전달된다. 이야기하기의 전통은 벤야민이 애통한 것처럼 완전히 명맥이 끊어지지는 않았다. '도시 전설'도 이야기의 한 형식이다. 인터넷 블로그들은 확인되지 않은 이야기들을 끊임없이 쏟아낸다. '팩트 체크'는 때로 이야기의 숨통을 끊는 행위로 보인다. 그럼에도 불구하고 이야기는 살아남는다. 소문이나 가십, 지라시 같은 가장 퇴락한 형태를 빌려서라도 이야기는 생명을 이어간다.

진리의 주체들에게도 이야기는 힘을 가진다. 1980년대 운동권 학생들에게 선배들의 전설은 행동의 지침과 조언이었다. 닷컴 기업의 창업자들에게 빌 게이츠는 그들의 삶을 인도할 롤 모델이었다. 사건에 충실한 주체들에게 가장 많이 회자되는 이야기는 위인전 또는 영웅담의 형태이지만, 그것이 유일한 이야기 형식은 아니다. 운동권 학생들에게 80년 광주는 하나의 이야기로 입에서 입으로 전해졌다. 그들에게 광주의 민중들은 군부독재 치하에서 다른 선택지를 제안하는 이야기의 주인공들이었다.

이야기의 반복과 진리의 부활

마지막으로 지적해야 하는 것은 사건 자체가 이야기로 전달된다는 사실이다. 사건은 국지적인 것이고 잠깐 동안 일어났다가 사라지는 것이기 때문에 상황의 구성원 대부분은 사건을 경험할 수 없다. 국지적이고 일시적인 것이므로 사건은 존재하는 것이 아니며, 강렬하지만 매우 취약한 것이다. 사건이 사건이라는 지위를 얻게 되는 것은 상황에 어떤 흔적을 남기기 때문이다. 흔적이 남지 않은 사건은 그냥 사라져버릴 뿐이며, 진리로 이어질 수 없다.[10] 사건이 상황에 남기는 대표적인 흔적은 사건의 이름이다. 그러나 우리는 벤야민을 경유하여 사건의 다른 흔적을 생각할 수 있다. 그것은 사건에 대한 이야기이다. 바디우는 사건 중 하나로 파리코뮌을 언급하는데, 우리는 5.18 광주민주화운동을 사건으로 볼 수 있을 것이다. 1980년 5월에 광주에서 일어났던 일은 10여 년 동안 입에서 입으로 전해졌다. 그것은 하나의 '이야기'였으며, 그 이야기는 듣는 이의 삶에 조언을 주었을 뿐 아니라 때로는 그들의 삶을 완전히 바꿔놓았다. 사건은 입에서 입으로 전해지는 이야기의 형태로 상황에 흔적을 남기며, 이야기를 듣고 전하는 이들은 그 이야기를 자신 속에 깊이 담갔다가 꺼내면서 스스로를 변화시킨다.

이야기는 반복의 예술이다. 이야기는 반복되면서 전달되지만, 반복은 변화를 불러온다. 반복이 만들어내는 변화의 힘에 대해 가장 깊이 탐색한 철학자는 들뢰즈이겠지만,[11] 바디우도 변화에서 반복이 가지는 중요성을 이야기한다.[12] 하나의 사건으로부터 시작된 진리는 때로 상황의 저항에 부딪혀 생산이 중단된다. 사건은 상황을 변화시키지 못하고, 사건에 충실한 주체들은 뜻을 이루지 못한다. 그러나 이렇게 중단된 진리는 때로 시간이 흐른 뒤 부활하여 다시 만들어지기도 한다. 새로운 사건이 일어나고, 그 사건을 계기로 한때 망각 속에 파묻혀 있던 진리가 부활하기도 한다. 바디우는 그런 경우의 대표적인 예로 스파르타쿠스의 반란을 든다. 1세기에 로마의 검투사 스파르타쿠스가 일으킨 노예들의 반란은 의심할 바 없는 사건이었지만, 로마제국에 의해 진압되며 세상을 변화시키지는 못했다.

그러나 "노예제도는 당연하지 않다"라는 말로 대변될 수 있는 그 사건의 진리는 사라지지 않고 역사 속에서 부활했다. 프랑스대혁명이 일어난 직후인 1791년 8월에 서인도제도의 프랑스 식민지인 생도맹그Saint-Domingue(오늘날의 아이티공화국)에서는 흑인 노예들이 주인에게 반란을 일으키며 아이티 혁명을 시작하였고 노예제도의 철폐로 이어진 이 혁명의 지도자 투생 루베르튀르Toussaint Louverture는 '검은 스파르타쿠스'라는 별명을 얻었다. 그로부터 1세기 이상 지난 1919년 베를린에서는 로자 룩셈부르크와 그의 동료들이 '스파르타쿠스단Spartakusbund'을 조직하고, 이 집단은 나중에 독일 공산당이 된다. 스파르타쿠스의 좌절된 진리는 아이티의 흑인들과 독일의 공산주의자들을 통해 부활하였고, 이제 우리는 노예제도를 당연하게 받아들이지 않는 세상에서 살고 있다. 벤야민을 빌려 말하자면 그 과정에서 스파르타쿠스의 '이야기'는 입에서 입으로 전해지며 그 이야기를 자신 안에 깊이 담갔던 이들을 변화시키고 이를 통해 세상을 변화시켰다.

지금까지 한 이야기를 정리해보자. 역사의 변화는 기존의 질서를 벗어난 사건을 계기로 시작되며, 사건에 매혹된 이들이 늘어나고 그들의 생각과 행동이 새로운 질서를 만들어나간다. 그들은 사건에 충실한 주체가 되며, 그들이 만드는 새로운 질서는 '진리'이다. 주체가 된다는 것은 기존의 질서를 벗어나 생각하고 행동하는 것이다. 그러나 이는 결코 쉽지 않다. 질서 밖의 삶은 많은 경우 외롭고 힘들며 어렵다. 이럴 때 지침과 조언이 되어줄 수 있는 것이 좋은 이야기이다. 이야기는 입에서 입으로 전해지는 동안 전하는 사람들의 지혜와 경험을 머금으며, 이를 통해 듣는 사람들에게 삶의 새로운 가능성을 제시해준다. 사건에 매혹되어 새로운 길을 힘겹게 추구하는 이들에게 같은 경험을 한 다른 사람들의 이야기는 생각과 행동의 지침이자 조언이 되며, 이에 힘입어 그들은 새로운 질서인 진리를 만드는 주체로 살아갈 수 있다. 사건과 진리, 그리고 이야기는 이렇게 서로를 지탱하며 변화를 만들어나간다.

과학적 사고와 서사적 주체:
데넷을 중심으로

이재환

"하나의 의식의 흐름이 되도록 편집하는
그런 단 한 명의 '나'는 없다. 다중 원고가 편집되어
만들어내는 이야기가 곧 '나', 자아이다."

이재환은 서울대학교 종교학과를 졸업하고, 같은 대학교 철학과 대학원과 미국 오하이오 주립대학교 철학과 대학원에서 공부한 후 서울대학교 철학과에서 박사 학위를 받았다. 서양 근대 철학, 프랑스 현대 철학, 감정철학 등에 관심을 가지고 공부하고 있으며 가천대학교 가천리버럴아츠칼리지 교수를 거쳐 현재 목포대학교 교양학부에서 철학을 가르치고 있다. 지은 책으로 『성찰, 모든 것을 의심하며 찾아낸 생각의 신대륙』(2014), 『고전하는 십 대의 이유 있는 고전』(2015), 『나다움 쯤 아는 10대 — 데카르트 vs 레비나스』(2021), 『몸의 철학』(공저, 2021)이 있고, 옮긴 책으로 슬라보예 지젝의 『나눌 수 없는 잔여』(2010)가 있다.

테세우스의 배

아주 혼란스러운 상황을 만나면 우리는 가끔 "나는 누구, 여긴 어디?"라고 말한다. 물론 혼란스러운 상황 때문에 내가 누군지조차 헷갈리게 됐다는 의미이기도 하지만, 한편으로는 그만큼 "나는 누구인가?", "나의 정체성을 구성하는 것은 무엇인가?"라는 물음이 오랫동안 사람들을 혼란스럽게 해왔다는 점을 보여주기도 한다. 특히 이러한 개인의 정체성에 관한 물음 때문에 오랫동안 괴로워해왔던 이들이 바로 철학자들이다.

철학에서 오래된 퍼즐 중 하나가 '테세우스의 배'이다. 아테네 시민들은 크레타섬의 미궁에서 미노타우로스를 죽이고 아테네 여자들을 구해낸 영웅 테세우스가 타고 온 배를 기념하기 위해서 이 배를 보존하기로 한다. 그런데 시간이 지나면서 조금씩 배가 낡게 되어 낡은 부분을 기존과 동일한 재질과 모양으로 교체하게 되었다. 조금씩 낡은 부분을 교체한 결과 오랜 시간이 지나 배의 외관과 내부가 모두 새롭게 교체되었다고 해보자. 이때 이렇게 동일한 재질과 모양으로 새롭게 교체된 배는 원래 테세우스가 타고 왔던 배와 같은 배일까 다른 배일까. 이것이 바로 '테세우스의 배' 문제이다. 이 문제는 철학에서 '동일성identity' 문제로 불리는데 어떤 대상을 어떤 기준으로 같다고 할 것인지 다르다고 할 것인지의 문제이다.

2019년 파리의 노트르담대성당이 화재로 인해 첨탑을 비롯해서 여러 부분이 소실되었다. 만약 소실된 부분을 원래대로 똑같이 복원한다면 이 노트르담대성당은 화재가 나기 전의 노트르담대성당과 동일한 성당이라고 할 수 있을까? 몇 년 전 우리나라 남대문에도 화재가 난 적이 있다. 지금의 남대문은 상당 부분 원래 남대문을 복원한 것이다. 우리에게 남대문은 '국보 1호'로서 매우 귀중한 문화유산이다. 그렇지만 최근에 원래 모습대로 복원된 남대문은 우리가 소중하게 생각하던 그 '국보 1호' 남대문이라고 할 수 있을까?

테세우스의 배, 노트르담대성당, 남대문은 사물이다. 그렇다면 인간의 '동일성'은 어떨까? 기억할 수 있는 가장 어릴 때의 모습을 기억해보자. 어릴 때 사진이 있다면 지금 꺼내 봐도 좋다. 그리고 현재 자신의 모습과 비교해보자. 어릴 때의 '나'와 현재의 '나'는 많이 달라졌을 것이다. 우선 신체적인 면에서 우리는 어릴 때 가끔 귀엽다는 이야기도 들었지만 지금은 좀처럼 그런 이야기를 들을 수 없는 모습으로 변했다. 정신적인 면에서도 어릴 때 생각하던 것과 지금 고민하는 것은 아주 달라졌다. 그럼에도 불구하고 왜 우리는 어릴 때의 '나'와 지금의 '나'는 '같은' 사람이라고 생각하는 것일까? 이 문제는 철학에서 시간의 흐름에도 불구하고 개인이 '하나의 동일한' 사람이라고 생각하는 이유에 대해서 고민하는 '개인의 동일성personal identity over time' 문제라고 불린다.

전통적으로 철학자들은 시간의 흐름에 따라 변하고 결국 사라지고 마는 신체가 아니라 정신, 혹은 영혼이 변하지 않는 '나'라고 생각해왔다. 예를 들어 데카르트의 그 유명한 "나는 생각한다, 고로 존재한다"에서의 '나'가 바로 변하지 않는 정신이다. 그리고 정신 혹은 영혼으로서의 자아는 지시할 수 있는 하나의 '존재자entity'로 여겨져 왔다. 보통 이렇게 시간의 흐름 속에서도 변하지 않는 '나'를 이루고 있는 존재자를 '자아self'라고 부른다. 하지만 시간의 흐름 속에서 변하지 않는 '나' 혹은 '자아'가 존재하는지는 철학의 역사에서도 항상 논란이 되어왔고, 불행하게도 철학의 역사에서 '나' 혹은 자아에 대한 합의된 의미는 아직 존재하지 않는다. 또한 과학의 발전과 더불어 뇌와 신경 체계에 대한 지식 역시 늘어났지만 자아 문제는 해결되기는커녕 점점 더 복잡해지고 있다.

데카르트 극장

인간 의식의 본성을 탐구하는 미국의 과학철학자 대니얼 데넷Daniel Dennett은 '자아가 무엇인가'에 대해 흥미로운 제안을 한다. 데넷은 자연주의naturalism의 옹호자로 알려져 있는데, 자연주의는 — 다양하게 정의될 수 있지만 — 현대 과학의 성과를 바탕으로 우리가 살고 있는 자연 세계에서 발생하는 다양한 현상을 설명하려는 일군의 철학적 사조이다. 데넷은 평생 인간 의식의 본성이 무엇인지를 규명하는 인지과학 및 뇌과학, 또 여러 관련 학문의 성과를 철학적으로 이해하고 또 철학에 적용하려는 노력을 기울였는데, 그의 관심사 중의 하나가 바로 '자아'이다. 앞서 말한 것처럼 사람들은 보통 변화하고 낡고 쇠락하는 육체가 아니라 연속적인 흐름을 가지고 있는 '정신'이 자신의 '정체성identity'을 이루고 있다고 생각하기 때문에 정신 혹은 의식의 본성을 규명하는 것과 '자아'의 문제를 탐구하는 것은 서로 궤를 같이하는 주제일 수밖에 없다.

우선 데넷은 우리가 '나'라고 생각하는 변하지 않는 정신을 '데

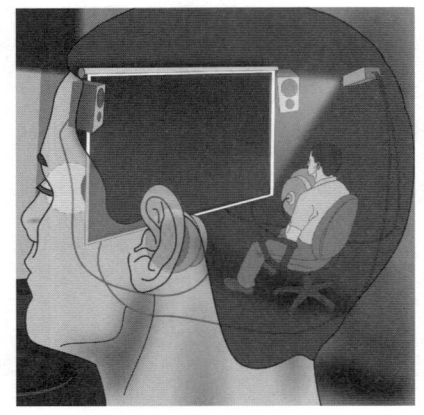 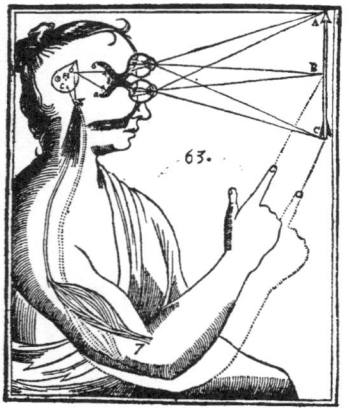

〈그림 1〉 데카르트 극장

카르트 극장cartesian theater'(〈그림 1〉)이라고 부른다. 왜 그럴까? 실제로 데카르트가 어떻게 생각했는지는 논란이 있지만, 보통 데카르트에 대한 '상식'은 우리 몸속에 어떤 작은 정신이 들어 있어 우리 몸을 조종하고 있다는 것이다. 내가 팔을 들려고 할 때 팔을 들도록 명령하는 '나', 즉 정신이 내 몸속에 들어 있다고 생각한다. 기차나 비행기에 조종석이 있고 그 조종석에 사람이 타고 있는 것과 비슷하다. 기차나 비행기가 바로 우리의 몸 혹은 두뇌이고 이 몸이나 두뇌 속에서 작은 난쟁이 — '호문쿨루스Homunculus'라고 부른다 — 처럼 우리 몸을 조종하는 것이 정신이라고 생각한다. 또는 극장의 좌석에 앉아 영화를 보듯이 '나'는 내 몸 밖에서 일어나고 있는 일을 관찰하고 있다. 이런 관찰자를 우리는 정신으로서의 '나'라고 부른다. 즉 극장이 우리 몸이라면, 그 극장에서 상영되고 있는 영화가 우리 몸 밖에서 일어나고 있는 일이고 이 영화의 관람자가 바로 우리가 변하지 않는 '자아'라고 부르는 정신 혹은 의식인 것이다. (물론 '데카르트 극장'의 관람자는 일반 극장의 관람자와 달리 극장 밖의 '진짜' 세계와 직접적인 교류를 할 수 있다.) 한편 '데카르트 극장'의 관람자는 정신에 들어오는 세계에 대한 정보를 통합적이고 연속적으로 이해하는 하나의 '시점'을 가지고 있다고 이해된다. 물론 이때 '시점'은 뇌 안의 중추, 즉 정신이 특정한 위치에서 몸을 조종하는 '조종석'이라고 할 수 있다.

하지만 이런 예를 생각해보자. 우리는 빛의 전달 속도가 소리의 전달 속도보다 더 빠르다는 것을 알고 있다. 번개가 치는 것을 먼저 보고 천둥소리를 듣는 것처럼 말이다. 그런데 생각해보면 이것은 이상한 경험이다. 왜냐하면 우리는 보통 다른 사람과 만나 이야기를 나눌 때 상대방의 입 모양과 소리가 일치하는 것으로 경험하기 때문이다. 즉 시각 경험과 청각 경험의 '싱크'가 맞는 것이 보통이다. 왜 그럴까? 그 이유는 우리 뇌가 시각 자극을 처리하는 시간이 청각 자극을 처리하는 시간보다 더 길기 때문이라고 한다. 그래서 시각 경험과 청각 경험의 '싱크'가 맞게 되는 것이다. 신경과학자 에른스트 푀펠Ernst Pöppel은 청각과 시각의 처리 속도가 일치하는 범위를 10미터 정도라고 말한다. 그런데 데닛은 『의식의 수수께끼를 풀다』[1]에서 푀펠의 이 계산에는 하나의 문제가 있다고 말한다. "[청각과 시각의 처리 속도가 일치하는 범위가 10미터 정도라는] 이 계산에는 한 가지 문제가 따르는데, 이는 외부에서 일어난 일과 감각기관 사이의 거리나 다양한 매질에서의 전파 속도, 또는 개별적인 차이를 따져야 하기 때문은 아니다. 그보다 더 근본적인 문제는 뇌에 있는 무엇을 '결승선'으로 삼아야 하느냐이다."[2] 다시 말해서 데닛의 문제 제기는 시각 정보와 청각 정보가 우리 뇌의 '어디에' 도달할 때 측정을 해야 두 정보가 일치하는지 그렇지 않은지 판단할 수 있느냐 하는 것이다. 만약 '결승선'이 존재한다면 그것은 우리의 정신이 존재하는 '조종석' 혹은 '데카르트 극장'의 관람석일 것이다. 하지만 현재 뇌과학 분야의 성과를 통해서 점점 알려지고 있는 것처럼 사실 우리 뇌는 정신이 존재하는 하나의 '장소', 즉 정신이 타고 있는 '조종석'을 가진 것이 아니라 뇌의 다양한 부분이 동시적으로 작동하고 있는 병렬식 구조로 이루어져 있다. "시각 자극은 대뇌피질에서 점점 더 구체적인 판별을 산출하는 일련의 사태를 일으킨다. 여러 시간과 장소에서 다양한 '결정'이나 '판단'이 내려진다. 좀 더 구체적으로 이야기하면 뇌의 여러 부분이 다양한 특징을 판별하는 상태로 들어간다. … 이런 국소적인 판별 상태는 얻은 결과를 다른 여러 곳으로 전송하여 한층 더 정교해지면서 계속되는 판별에 도움을 준다."[3] 데닛은 우리 뇌가 '병렬식 복마전parallel pandemoniums 구조'를 가졌다고 이야기하는데, 왜냐하면 다양한 외부 자극을 처리하는 곳이 우리 뇌 곳곳에 산재해 있기 때문이다. 이런 이유로 데닛은 우리 몸 밖 세계에서 일어나는 현상들을 영화처럼 관찰하는 하나의 '시점', 하나의 '관찰자'로서의 '자아'는 존재하지 않는다고 주장한다. "우리는 뇌에 기능적 최고봉이나 중추 지점이 있다는 생각을 버려야 한다. 이런 생각은 무해하고 손쉬운 길이 아니라 나쁜 습관이다."[4]

'무게중심'으로서의 자아

그렇지만 우리는 일상에서 '나'라는 말도 사용하고, 또 '자아'의 정체성을 찾기 위해서 노력하지 않는가? "나는 누구, 여긴 어디?"라는 말 자체를 하기 위해서 이미 우리는 '나'라는 말을 사용하지 않는가? 그렇다면 왜 데넷은 자아가 존재하지 않는다고 주장하는 것일까? 데넷은 우리가 사용하는 '나', 즉 '자아self'의 개념이 물리학에서 사용하는 개념인 '무게중심center of gravity'과 같다고 주장한다. 왜 그런가? 우리 모두 무게중심이 무엇인지 알고 있고 또 어디에 있는지 지시할 수도 있지만 무게중심은 추상적인 개념일 뿐이다. 일상생활에서 우리는 무게중심이라는 말을 사용하기도 하고 무게중심이 어디인지 특정할 수도 있다. 하지만 무게중심은 하나의 '존재자entity'로서 실제로 존재하고 있어서 색깔이 있거나 그 자체로 무게가 있지도 않다. 무게중심은 '실제로' 존재하는 것이 아닌, 데넷에 따르면 '이론가의 허구theorist's fiction'이다. 즉 무게중심은 하나의 '소설/허구fiction'로만 존재한다. 데넷은 이렇게 말한다. "무게중심은 원자 또는 원자보다 작은 입자나 세계 속에 존재하는 어떤 물리적 요소도 아니다. 그것은 질량도 없고 색깔도 없다. 시간-공간적인 위치를 제외하고는 물리적 성질은 전혀 없다. … 그것은 순수하게 추상적인 대상이고, 원한다면 이론가의 허구이다. … 하지만 멋지게 정의된 허구이고 물리학에서 아주 유용한 개념이다."[5] 무게중심이 허구의 개념이라고 해서 무용한 것은 아니다. 내가 눈앞에 있는 의자를 손으로 밀면 의자는 넘어지거나 혹은 제자리로 돌아올 것이다.

이때 의자의 무게중심이 어디 있는지 알면 우리는 의자가 뒤로 넘어질 것인지 혹은 제자리로 돌아올 것인지 예측할 수 있다. 우리는 무게중심을 이해하고 있기 때문에 의자가 언제 그리고 왜 넘어질지 예측할 수 있다. 즉 무게중심이라는 개념은 물리학에서뿐 아니라 우리의 일상생활에서도 아주 중요한 역할을 한다. 무게중심이 물리적 대상인 의자의 행동을 예측하는 데 유용한 것처럼 '자아' 역시 '실제로' 존재하지 않는 허구적인 개념이지만 다른 사람과 나의 행동을 이해하고 예측하는 데 유용한 개념이다. 과학자가 물리적 대상의 행동을 설명하기 위해 '무게중심'이라는 개념을 만들어냈다면, 우리는 다른 사람의 행위를 해석하기 위해서, 그리고 '나'의 행동을 이해하고 예측하기 위해서 '자아'라는 개념을 만들어낸다. 데닛에게 중요한 것은 '자아'가 실제로 존재하는지에 관한 존재론적 물음이 아니라 그 개념이 인간 행동을 설명하는 데 얼마나 유용하냐이다. 따라서 무게중심이라는 '이론가의 허구'가 물리적 대상의 행동을 더 잘 이해하는 데 유용한 허구인 것처럼 '무게중심으로서의 자아' 개념 역시 존재론에 기초해서가 아니라 그 개념이 인간의 행위를 얼마나 잘 설명하는지에 기초해서 평가되어야 할 것이다. 다시 말해서 무게중심이라는 '이론가의 허구'가 물리적 대상의 행동을 합리적으로 설명하는 데 꼭 필요한 요소인 것처럼 자아 역시 허구이지만 "웅장하고 멋진 허구이고, 누구든 만든 이가 자랑스러움을 느낄 허구다."[6]

한편 무게중심은 한곳에 고정된 것이 아니라 변한다. 예를 들어 물이 가득 찬 물병을 밀어 넘어뜨리려고 하면 잘 넘어지지 않는다. 왜냐하면 무게중심이 낮기 때문이다. 하지만 물이 가득 찬 물병에서

물을 버리면 무게중심이 바뀐다. 이것은 무엇을 의미하는가? 무게중심은 순수하게 추상적인 대상이지만 우리의 행동을 통해서 영향을 줄 수 있다는 것이다. 즉 무게중심이 바뀌는 것처럼 자아 역시 '변한다'. 예를 들어 T_1이라는 시간에서 무게중심은 P_1에 있었지만, T_2에서는 무게중심이 P_2에 있을 수 있다. 무게중심이 변한다는 것은 무게중심에도 '역사'가 있다는 것을 의미한다. 이때 무게중심이 P_1에서 P_2로 변화되었지만 P_1과 P_2 사이에서 연속적으로 변했다고 생각할 이유는 없는 것처럼, 무게중심의 '역사'가 연속적이라고 생각할 이유는 없다. 즉 무게중심은 P_1에 있다가 갑자기 혹은 불연속적으로 P_2로 갈 수가 있다. 따라서 자아 역시 무게중심처럼 변할 수 있고 그래서 자아도 '역사'를 가질 수 있다. 하지만 이 역사가 반드시 연속적일 필요는 없다. 앞서 이야기했던 '테세우스의 배'나 '개인의 동일성' 문제를 떠올려보면 우리는 자아가 연속적으로 변한다고 생각하지만 '나'의 역사는 불연속적이고 단속적일 수 있는 것이다. 그래서 데넷은 다음과 같이 말한다. "[우리의] 의식이 지속적인 것처럼 보이지만 사실은 토막토막이다. 자아도 그렇게 토막토막일지 모른다. 좀 더 순조로운 상황이 오면 다시 금방 불이 켜질망정 촛불이 꺼져버리듯 쉽게 무無 속으로 사라져버리는 것인지 모른다. 당신은 유치원 시절 했던 모험을 단편적으로 회상할 수 있는가? 그 아이의 모험이 시간과 공간의 흐름과 함께 궤도를 그려온 당신의 모험의 궤적과 일관성 있게 이어지는가? 당신의 이름을 가진 그 아이, 지금 당신이 당신 이름을 서명하듯 크레파스로 그린 그림 위에 자기 이름을 새겨 넣던 그 아이는 당신인가?"[7]

데닛의 주장은 우리 의식으로 들어오는 외부 세계 정보들은 우리 뇌의 여러 곳에서 병렬적으로 처리되고 있기 때문에 인간의 의식은 파편화되어 있고 비연속적이라는 것이다. 그럼 이렇게 정보들이 '병렬적으로' 처리된다면 뇌의 각 부분에 전달되는 정보들은 어떻게 하나의 의식의 흐름처럼steamlike 만들어지는 것일까? 여기서 데닛은 '스토리텔링', 즉 '이야기'에 대해 이야기한다. 데닛에 따르면 우리 의식이 작동하는 방식은 '다중 원고 모형Multi Draft Model'이다. 우선 왜 '원고'일까? 배우들이 프랑스어로 대사를 하는 영화에서 영어로 더빙을 하면 사람들은 입 모양이 다르다는 사실을 거의 알아채지 못한다고 한다. 즉 입의 움직임과 들리는 소리가 다르지 않다고 느낀다는 것이다. 이것을 '맥거크 효과McGurk Effect'라고 하는데, 우리 뇌는 소리와 입 모양이 다른 이러한 불일치를 매끄럽게 '편집'한다. 더빙의 예에서는 눈과 귀가 받아들인 각각의 정보를 편집하는 데 성공한 것은 눈이라고 할 수 있다. "우리는 망막, 귀, 피부 표면에서 일어나는 일을 직접 경험하는 것이 아니다. 우리가 실제로 경험하는 것은 여러 해석 과정을 거쳐 나온, 사실상 편집의 산물이다. 뇌의 편집 과정은 뇌의 여러 영역에서 일어나는 활동의 흐름 속에서 진행되며, 가공하지 않은 일방적 표상을 취해 비교, 분석하고 수정하여 보강한 표상을 산출한다."[8] 이처럼 우리의 뇌는 많은 정보를 가공하여 원고/초고draft를 쓰고 이 원고들을 편집해서 하나의 매끄러운 (것처럼 보이는) 의식의 흐름을 만들어낸다. 이런 뜻에서 데닛은 「왜 우리 모두는 소설가인가Why Everyone is a Novelist」라는 글에서 우리는 모두 '소설가novelist'라고 말한다.

그렇다면 왜 '다중' 원고인가? 사실 '원고'나 '편집'이라는 개념은 한 명의 편집자나 서술자를 가정하고 있는 것처럼 보인다. 즉 뇌 안의 '편집실'이나 '집필실'에 있는 누군가가 우리의 주관적 경험을 하나의 '단일한' 이야기로 만드는 것 같다는 생각이 들게 한다. 하지만 데넷은 수정과 편집은 한 사람의 편집자나 집필자의 결과물이 아니라고 강조한다. 데넷은 인간 정신을 일종의 정보처리자로 묘사한다. 즉 정신은 외부에서 들어오는 정보에 반응하고 또 신경 경로neural pathways를 따라 정보를 전달하는 거대한 네트워크와 같다는 것이다. 보통 뇌과학에서 이야기하는 뉴런이나 신경세포의 연결을 생각하면 된다. 앞서 말한 것처럼 데넷의 표현을 빌리면 우리 뇌는 '병렬식 복마전 구조'이다. 따라서 우리 정신의 '편집'에 사용되는 원고가 하나가 아닐 수밖에 없다. '자아'에는 "중추의 의미 부여자가 자세히 살펴볼 수 있게 '모든 것이 한데 모이는' 중앙 본부도 없고, 데카르트 극장도 없으므로 하나의 단일하고 결정적인 '의식의 흐름'도 없다. 그런 단일한 흐름 대신 전문가 회로들이 병렬식 복마전 구조로 다양한 일을 하는 다양한 채널이 있고, 그 회로들이 일을 해나가면서 다중 원고가 만들어진다. 이런 단편적인 '이야기narrative' 원고 대부분은 현재 진행되는 활동이 조정되면서 그 역할이 짧게 끝나고 말지만, 일부는 뇌에 있는 가상 기계의 활동으로 빠르게 후속 이야기가 이어지면서 더 나은 기능을 하게 한층 더 나아간다. 이 기계의 순차성은 내장형 설계의 특징이 아니라, 전문가 회로 연합이 연속적으로 이어지면서 나온 결과다."[9] 우리 뇌에는 '다양한 채널'이 있는데 이 채널들 중에서 어느 채널의 내용이, 혹은 한 채널의 내용들 중 어느 내용이 편집되어 우리 의식에 나타날지는 의식적인 편집자가 결정하는 것이 아니라 항상 '미결의 문제'이다. "뇌가 판별한 특정 내용이 의식적인 경험을 구성하는 요소로 나타날지 말지는 언제나 미결 문제다. '그것이 언제 의식되느냐' 하는 것도 혼란스러운 문제다. 이렇게 분산된 내용 판별은 시간이 지나면서 이야기의 흐름이나 순서 같은 것을 산출하고, 뇌 전반에 걸쳐 있는 여러 과정을 거치면서 계속 편집 중인 것으로 생각할 수 있으며, 이런 편집 과정은 무한히 계속된다. 이런 내용의 흐름은 그 다양성 때문에 마치 하나의 이야기 같다. 뇌의 여러 곳에는 다양한 편집 단계에 있는 다양한 이야기 조각의 여러 '원고'가 있다."[10] 우리 뇌의 '원고'는 다양하고 그 다양한 원고 중에 어떤 원고들이 편집되어 하나의 이야기처럼 나타날지는 알 수 없다. 따라서 데넷의 주장은 하나의 의식의 흐름이 되도록 편집하는 그런 단 한 명의 '나'는 없다는 것이고 동시에 이렇게 다중 원고가 편집되어 만들어내는 이야기가 곧 '나', 자아라는 것이다. 이런 의미에서 자아는 이야기의 산물, '픽션'이다.

이야기가 단 하나이지 않다는 이 주장은 한편으로 '나'를 만드는 이야기는 고정된 것이 아니라 다른 시간의 관점에서 끊임없이 새로 쓰이고 재편집된다는 의미이기도 하다. 따라서 우리 삶에 단 하나의 이야기는 존재하지 않는다. "다중 원고 모형에서 가장 중요한 점은 의식의 실제 흐름이라고 공인된 단 하나의 이야기 — '최종 원고' 또는 '출판된 원고'라고 할 수 있을 것이다 — 가 있다고 가정하는 오류를 범하지 않는다는 것이다."[11]

여기서 강조하고 싶은 점은 '나'를 만드는 이야기가 항상 편집

중인 것처럼, 우리 삶의 이야기 역시 항상 다시 쓰이고 있으며 편집 중에 있다는 점이다. 예를 들어 갑작스러운 실직이나 사랑하는 사람과의 이별이 젊은 시절에는 비극처럼 보였지만, 그 사건의 나중 결과를 경험한 노년에는 축복일 수도 있다. 자아를 구성하는 의식이 편집된 이야기인 것과 마찬가지로 우리 삶의 이야기도 연관성이 없어 보이는 사건들을 재해석하여 살아온 인생을 이야기로 구성한 것이다. 하나의 이야기로 편집된 이야기 없이 삶을 순간순간 산다면 우리는 영원히 현재에 갇히게 되고 우리 삶의 이야기는 일관성 없는 무의미와 혼돈의 연속일 것이다. 하지만 우리는 자신의 이야기를 쓰고 수정하는 과정을 통해 모순적이고 불연속적인 개별 사건들, 돌발적으로 발생하는 사건들을 하나의 이야기로 편집함으로써 '인생 이야기'의 통일성과 일관성을 만들어낸다.

　이처럼 '무게중심으로서의 자아'는 '허구'로서의 '픽션'이 아니라 '소설' 혹은 '이야기'로서의 픽션이다. 그래서 데닛은 무게중심으로서의 자아를 '서사적 무게중심 center of narrative gravity' 혹은 '이야기 무게중심'이라고 부른다. 앞서 무게중심이 실제로 존재하지는 않지만 매우 유용한 개념인데, 왜냐하면 그 개념을 통해서 우리는 물리적 대상의 행동을 예측할 수 있기 때문이라고 했다. 무게중심으로서의 자아 역시 마찬가지로 나와 타인의 행동을 예측할 수 있게 해준다. 예를 들어 내 옷이 누구의 것인지, 내 차가 누구의 것인지 묻는다면 그 대답은 '나'이다. 즉 무게중심에서 흘러나오는 이야기가 만들어내는 '나'는 '기록의 주인 owner of record'이다. "이야기의 줄기나 흐름은 단일한 원천에서 나오듯이 흘러나온다. 입이나 연필, 또는 펜

같은 명백한 물리적 의미로서의 원천이 아니라 더 미묘한 의미에서의 원천이다. 다시 말해 말의 효과가 듣는 사람에게 미칠 때는 그 말이 누구의 말이고, 누구에 관한 것인지 단일한 행위자를 상정하게 한다. 한마디로 서사적 무게중심을 상정하는 것이다. 물리학자는 어떤 물체의 무게중심을 상정할 때, 즉 중력에 비교하여 모든 방향에서 가장 중심이 되는 지점을 계산할 때 엄청난 단순화가 일어난다는 것을 안다. … [이와 마찬가지로] 인간의 몸에 이야기의 무게중심을 상정할 때 엄청난 단순화가 일어난다. 생물학적 자아처럼 이런 심리적 자아 또는 이야기의 자아도 뇌에 있는 것이 아니라 또 다른 관념이지만, 놀라울 만큼 굳건하고 거의 손에 잡힐 것처럼 명확한 속성을 가진다. 그 항목과 특징이 무엇이건 자기를 주장하지도 않은 채 자리 잡고 있는 '기록의 주인'이다."[12]

여기서 한 가지 더 생각해보아야 할 것은 무게중심이 '실제로' 존재하지는 않지만 그 자체로 사물을 넘어지지 않게 만드는 장소를 일컫는 말이라면 '자아' 역시 실제로 존재하지는 않지만 우리 삶이 넘어지지 않게 해주는 것이라고 할 수 있다는 점이다. 세상을 살다 보면 여러 가지 어려움이 우리를 밀 때가 있다. 그때 우리를 넘어지지 않게 만드는 것, 그것이 바로 '무게중심으로서의 자아'이다. 그런데 우리 삶이 넘어지지 않도록 만들어주는 이 자아는 이야기를 통해서 만들어진다. 즉 이 무게중심은 '서사가 만들어내는 무게중심', 서사의 '배꼽'이다. 이야기는 이 배꼽에서 무의식적으로 흘러나온다. 데넷은 자기를 보호하기 위해서 거미가 거미집을 짓고spin 비버가 댐을 만들듯이 인간은 본능적으로 이야기를 짓는다spin고 말한다. "자기 보호, 자기 통제, 자기 정의를 위한 우리의 기본 전력은 거미집을 짓거나 댐을 쌓는 것이 아니라 이야기를 짓는 것이다. 더 구체적으로 말하면 나는 어떤 사람이라고 다른 사람에게, 그리고 자기 자신에게 들려줄 이야기를 엮고 조절하는 것이다. 또한 전문적인 인간 공학자와 달리 거미가 거미집을 어떻게 지을지 의식적·의도적으로 생각하지 않고, 비버도 지을 댐 구조를 의식적·의도적으로 계획하지 않는 것처럼 전문적인 인간 이야기꾼과 달리 우리도 어떤 이야기를 어떤 방식으로 할지 의식적·의도적으로 파악하지 않는다. 우리의 이야기는 술술 풀려나오지만 대부분의 경우 우리가 그것을 짓지 않는다. 그것이 우리를 짓는다. 우리 인간의 의식, 그리고 우리의 이야기 같은 자아의식은 우리 이야기의 산물이지, 그것의 원천이 아니다."[13] 거미가 거미줄을 치는 능력이 있고 비버가 댐을 만드는 능력이 있는 것처럼 인간은 이야기를 만들어낼 수 있는 능력이 있다. 이것이 거미와 비버가 거미줄과 댐을 통해서 자기와 다른 개체를 구분하는 것처럼 인간이 '나'와 다른 사람을 구분하는 방식이다. 즉 인간이 자신과 타자 사이의 바운더리를 만드는 방식, '나'를 '나'로 '너'를 '너'로 만드는 것이 이야기다. 데넷은 그래서 다음과 같이 말한다. "우리는 모두 훌륭한 virtuoso 소설가이다. 우리는 다소간 통합된 채, 그러나 가끔은 분열된 채 모든 종류의 행동에 우리 자신을 연관시킨다. 그리고 우리는 우리가 할 수 있다면 최고의 '얼굴들'을 한다. 우리는 우리의 모든 재료를 하나의 좋은 스토리로 만들려고 한다. 그 이야기가 바로 자서전이다. 그 자서전의 중심에 있는 핵심적인 허구적 캐릭터가 바로 자아이다."[14] 인간은 "본질적으로 이야기를 말하는 동물a story-telling animal"이다.15 어쩌면 인간과 동물을 구별하는 '종적 차이'는 이성을 가졌다는 사실이 아니라 자신의 이야기를 할 수 있는 능력의 유무일지도 모른다. 이런 의미에서 인간은 '호모 사피엔스'가 아니라 '호모 나란스homo narrans'이다.

이해의 양식으로서 이야기

사실 '서사narrative' 혹은 이야기는 '연관시키다relate', '말하다'라는 뜻을 가진 라틴어 'narro'에서 유래했다. 한편 'narro'는 산스크리트어 'gna'에서 유래했는데 이 단어는 말하는 것narro과 아는 것gnarus이라는 두 가지 의미를 가지고 있었다.16 이를 통해서 '서사'라는 말이 함축하고 있는 의미는 이야기를 말함으로써 어떤 것을 알게 된다는 것이라고 할 수 있다. 혹은 알기 위해서 말해야 한다는 것이라고 할 수 있다. 그럼 말함으로써 알게 되는 것, 알기 위해서 말해야 하는 것은 무엇인가? 바로 인간의 삶이다. 인간의 삶에서 (불)연속적인 개별적 행위가 이해되기 위해서는 맥락이 필요한데 이야기가 인간의 삶에 맥락을 제공한다. 그래서 '이야기로서의 역사narrative history'가 이야기의 주인공인 개인의 통일성을 가능하게 한다. 매킨타이어는 자신의 이야기를 말하는 것은 자기 자신의 삶을 이해 가능하고intelligible 설명 가능한/책임질 수 있는 것accountable으로 만드는 것이라고 주장한다.17 즉 내가 특정한 순간에 왜 다른 행동/선택이 아니라 이 행동/선택을 하는지 나와 다른 사람이 이해 가능하게 하려면 이야기가 필수적이라는 것이다. "실제로 이야기는 자신의 행동에 대한 이유를 설명하는 데 자주 사용된다. 영화 〈택시운전사〉에서 김만섭(송강호 분)은 외국인으로서 광주의 실황을 세상에 알리려는 기자 피터(토마스 크레취만 분)를 도울 용기를 내지 못하고 결국 광주에서 혼자 도망갈 생각을 한다. 그러고는 피터가 알아듣지 못한다는 걸 알면서도 이야기를 시작한다. 자신의 아내가 암으로 죽고 술에 빠져 살던 어느 날 일어나 보니 딸이 아내의 옷을 붙잡고 엄마가 보고 싶어 울고 있었다는, 그 뒤로 술을 끊고 하나뿐인 딸을 지키며 살고 있다는 이야기. 광주에서 벌어지고 있는 사태를 알리는 것이 중요함을 알고 있으면서도 왜 자기가 그 일에 참여하지 못하고 떠나야 하는지를 설명하기 위해 자신의 삶을 이야기하는 것이다. 단지 '나는 이기적인 사람이다. 나는 딸을 지켜야 한다'는 말로는 미처 다 설명할 수 없는 김만섭 자신만의 사정은 이야기를 통해서야 제대로 전해진다."[18] 이렇게 이야기는 우리 삶을 이해 가능하게 만드는 양식이다. 불확실하고 모호한 삶 속에서 삶의 의미를 찾으려는 우리의 노력이다. 이야기에는 시작, 중간, 끝이 있듯이 인간의 삶 역시 태어나서 살다가 죽는다. 이러한 사건들을 연결하는 것이 바로 이야기이고, 이 이야기를 통해서 인간의 삶은 통일성을 가질 수 있게 된다. 인간의 삶을 하나의 이야기로 만든다는 것은 삶에서 불연속적으로 일어나는 행위들을 배열하여 의미를 만들어내거나 혹은 새롭게 재배열하여 우리 삶에 새로운 의미를 부여하는 것이다.

과학적 사고와 서사적 사고의 이분법을 넘어서

교육심리학자 제롬 브루너는 인간의 생각을 두 가지 형태로 구분한 적이 있다. 하나는 논리적-과학적 형식인 '패러다임 양식paradigmatic mode'이고, 다른 하나는 '내러티브 양식narrative mode'이다.[19] 우선 패러다임 양식은 어떤 대상을 묘사하거나 설명하는 생각의 형태인데, 이 설명의 도구가 개념화conceptualization와 범주화categorization이다. 따라서 패러다임 양식은 수학, 논리학, 자연과학과 연관된 생각의 양식이다. 패러다임 양식이 일반화generalization를 추구하는 생각의 형태라면, 반대로 내러티브 양식은 구체적인 것에 초점을 맞춘다. 이렇게 함으로써 특수한 개인이 겪는 사건인 경험의 의미를 이해하게 된다. "우리 인간은 경험을 조직하는 데 있어서 두 가지 중요한 방식을 가지고 있다. 하나는 패러다임적 방식으로 그것은 논리의 규칙에 의해 지배되며, 물론 그 방식은 보편적이다. 다른 하나는 내러티브 양식으로서 스토리텔링을 통하여 의미를 획득하는 우리의 방식을 반영한다."[20] 즉 내러티브 양식은 이야기를 통해 우리 삶을 구체적으로 이해하는 역할을 한다. 인간의 행동, 마음의 상태 등을 특정한 맥락 안에서, 즉 구체적인 시간과 장소 안에서 이해할 수 있게 만드는 것이 바로 내러티브적인 사유 양식이다. 그런데 브루너는 이 두 양식이 결코 화해할 수 없고, 한 양식이 다른 양식으로 환원될 수도 없다고 말한다.

하지만 과연 이야기 혹은 서사를 통해 나를 이해하는 것이 브루너가 말한 것처럼 논리적-과학적 사고 형식인 패러다임 양식과 배치되는 것일까? 물론 우리가 앞에서 살펴본 것처럼 우리의 구체적 삶을 이해 가능하고 설명 가능하게 만드는 것이 이야기, 즉 '내러티브 양식'이다. 하지만 과학에서 사용하는 '무게중심'은 데넷의 용어를 빌리자면 이론가의 '허구/소설'이다. 즉 데넷은 과학에서도 허구 혹은 이야기의 개념이 유용하게 사용되고 있다는 것을 보여주고 있으며 '내러티브적 사고 양식'이 이미 과학의 한 부분이라는 것을 보여준다. 따라서 브루너가 주장하는 생각의 두 양식 사이에 건널 수 없는 강이 있는 것이 아니라 이미 두 영역은 서로를 침투해 있다. '무게중심', '의식', '자아'라는 개념에서 볼 수 있듯이 이른바 과학의 영역에서 일어나는 현상을 이해하기 위해서 '허구'를 만들어내는 능력이 필요하다. 데넷은 의식이 과학적 탐구의 대상일 수도 있지만, '사랑'과 '돈'처럼 하나의 은유일 수도 있다고 주장한다. "설령 의식이 사랑처럼 정교한 생물학적 기반을 갖는다 하더라도 그 가장 중요한 특성은 [의식이나 사랑도] 돈처럼 그 문화와 함께 태어나지, 단순히 물리적 구조에 내재되어 내려오지 않는다."[21] 즉 우리에게 '사랑' 혹은 '돈'의 개념이 없다면 사랑이나 돈을 경험하더라도 우리는 그것을 지금과 같은 사랑과 돈으로 인식하지 못할 것이다. 의식이나 자아도 마찬가지다. 우리가 만들어낸 이야기로서의 그 개념이 없다면 그러한 현상을 지금처럼 인식하지 못할 것이다. 이처럼 데넷은 과학적 사고에서도 은유나 이야기 같은 내러티브 양식이 유용하게 사용되고 있으며, 혹은 이야기 자체가 항상-이미 과학의 일부라는 사실을 보여준다. 따라서 논리적-과학적 사고의 패러다임 양식과 내러티브 양식은 서로 배치되는 것이 아니다. 또한 패러다임 양식이 보편적이라면 그 보편에 특수성을 입혀주는 것, 그것이 바로 내러티브 양식이라고 할 수 있다.

삶의 이야기와 '나'의 정체성:
폴 리쾨르, 「서사적 정체성」 리뷰

장태순

"자기에 대한 앎은 하나의 해석이며,
자기에 대한 해석은 이야기를 특권적인 매개체로 삼는다."

장태순은 서울대학교 물리학과를 졸업하고 같은 대학교 철학과에서 석사 학위를, 파리 8대학(생드니) 철학과에서 박사 학위를 받았다. 프랑스 현대 철학과 예술철학을 주로 공부하고 있다. 고등과학원 초학제연구단과 서울대학교 철학사상연구소의 연구원을 지냈고, 현재 덕성여자대학교 철학과 조교수로 재직 중이다. 지은 책으로『철학, 혁명을 말하다』(공저, 2018),『체계와 예술』(공저, 2017),『동서의 학문과 창조: 창의성이란 무엇인가?』(공저, 2016),『현대 정치철학의 모험』(공저, 2010)이 있고, 옮긴 책으로『비미학』(2010)이 있다.

『시간과 이야기』 3부작으로 유명한 프랑스의 철학자 폴 리쾨르는 「서사적 정체성」[1]에서 '서사적 정체성'이라는 개념을 스케치한다. 그에 따르면 서사적 정체성은 "인간이 서사적 기능의 매체를 통해 도달할 수 있는 정체성의 한 종류"[2]이다. 리쾨르는 『시간과 이야기』 3권의 마지막에서 역사적 이야기와 허구적 이야기를 통합하는 근본적인 경험이 존재하는지를 자문하고, 그 답변으로 서사적 정체성의 형성이 개인과 공동체에서 역사와 허구가 융합되는 지점일 것이라는 가설을 제기한다. 우리 대부분은 이 가설을 직관적으로 이해할 수 있는 경험을 한 적이 있다. 한 사람의 삶을 이해하는 데 있어 그의 삶에 대한 이야기를 듣는 것보다 좋은 방법이 있을까? 그리고 삶의 이야기는 역사나 허구와 같은 이야기의 모델을 따를 때 가장 잘 이해되지 않는가? 자서전의 인식론적 지위는 이런 직관을 확인해 준다. 따라서 우리는 다음과 같이 말할 수 있을 것이다. 자기에 대한 앎은 하나의 해석이며, 자기에 대한 해석은 이야기를 특권적인 매개체로 삼는다. 그리고 매개체가 되는 이야기에는 역사적인 이야기뿐 아니라 허구의 이야기도 해당되며, 이를 통해 자기에 대한 해석은 위인전처럼 역사적 허구 또는 허구적 역사의 지위를 가지게 된다.

　　그러나 이런 직관적 이해에서 부족한 점은 정체성 개념에 대한 엄밀한 이해이다. 사실 서유럽어에서 정체성identité이라는 말은 동일성(라틴어 idem, 영어 same, 불어 même, 독일어 gleich)이라는 의미와 자기정체성(라틴어 ipse, 영어 self, 불어 soi, 독일어 selbst)이라는 의미를 모두 포함하고 있으며, 리쾨르에 따르면 개인의 정체성에 관한 질문을 모호하게 하는 대부분의 어려움은 이 둘을 구분하지 않는 데서 기인

한다.

　리쾨르는 먼저 동일성에 대해서 논의하며 동일성('같음')의 네 가지 기준을 제시한다. 우선 많은 사람이 생각할 수 있는 동일성의 두 가지 의미가 있다. 첫째는 수적 의미의 동일성으로 이는 단일성, 즉 하나임을 의미한다. 이 경우 동일성에 반대되는 것은 복수성이다. 둘째는 같음을 다시 확인한다는 의미에서의 동일성으로 한국어에서 가장 많이 쓰이는 용법이다. 이때의 동일성은 극단적 유사성(매우 비슷함)보다 한 단계 위의 경우로 반대되는 개념은 차이다. 이 두 가지 의미는 완전히 분리되어 있는 것이 아니다. 누군가가 내가 아는 사람과 '같은 사람'이라는 말은 그 사람과 내가 아는 사람이 (두 사람이 아닌) 한 사람이라는 의미이면서 그가 내가 아는 사람과 차이가 없는 똑같은 사람이라는 의미이기도 하지 않은가? 리쾨르는 여기에 두 번째 의미가 첫 번째의 간접적 기준이 되는 경우를 예로 덧붙인다. 법정에서 범인을 찾는 경우나 전쟁범죄의 가해자를 찾는 경우가 그런 예이다.

　동일성을 말할 수 있는 기준으로는 이 두 가지 이외에도 '연속성'이 있다. 어떤 대상의 발전이나 진화 과정에서 첫 단계와 마지막 단계 사이에 중단 없는 연속성이 있을 때 우리는 그것을 동일하다고 말한다. 도토리에서 자라난 참나무를 우리는 동일하다고 간주하고, 수정란이 태아가 되어 출생하고 성장하여 노인이 되었을 때 우리는 '같은 사람'이 그 시간을 지나왔다고 이야기한다. 연속성이라는 기준은 유사성의 보조 기준이 되며, 반대 개념은 불연속성이다. 이처럼 연속성은 시간 속에서의 변화를 고려한 동일성의 기준이다. 그러나 연속성만으로는 우리가 '같다'고 말할 때의 의미를 다 담지 못한다. 이를 보완할 수 있는 마지막 네 번째 기준은 항구성(변함없음)이다. 이것은 시간의 흐름 속에서 그대로 있음을 의미하며, 철학적으로는 기체substrat 또는 실체라는 초월적 범주를 상정하지 않을 수 없으므로 진정한 곤란함의 시작이다. 이는 우유성偶有性에 대한 실체의 우위를 의미하며, 반대 개념은 다양성diversité이다. 아리스토텔레스가 제시한 관계의 첫 번째 범주인 실체가 "시간과 변화 속에서 변하지 않고 남아 있는 것"으로 규정되는 것은 이런 기준을 잘 보여준다. 항구성이라는 네 번째 기준은 단일성과는 달리 시간을 포함하고 있으며, 우리가 사물이나 동식물, 인간의 동일성을 말할 때 염두에 두고 있는 것이기도 하다.

다음으로는 정체성의 두 번째 의미인 자기정체성ipséité에 대해 생각해보자. 자기정체성은 자기soi의 문제이며, '무엇이?'가 아니라 '누가?'에 대한 답이다. 여기서 말하는 '자기'는 '나'가 아니므로 모든 인칭, 모든 시간과 장소에 해당할 수 있다. 리쾨르는 자기정체성이 문제가 되는 두 가지 경우를 든다. 하나는 어떤 행위의 작인agent이나 소유자를 정하는 경우이며, 다른 하나는 그 행위를 누가 했는지를 정할 뿐 아니라 거기에 대한 도덕적 평가를 내려 행위를 한 자를 비난하거나 칭찬하는 경우이다. 하이데거는 자기정체성과 동일성, 또는 정체ipse와 동일함idem의 차이를 인간(하이데거의 용어로는 '현존재')과 사물의 차이로 본다. '자기'라고 말할 수 있는 것은 인간(현존재)뿐이다. 사물은 동일할 수는 있지만 정체성을 가질 수는 없다. 그리고 '자기'는 시간 속에서 항구성을 가진다.

리쾨르는 정체성 논의에 대해 두 가지 테제를 제시한다. 첫째는 개인의 정체성에 대한 오늘날의 논의를 병들게 하는 것은 시간 속에서의 항구성 개념에 대한 두 가지 해석의 혼동이라는 사실이다. 그리고 둘째 테제는 자신이 제시하는 서사적 정체성 개념이 이 문제를 해결할 수 있다는 것이다. 그가 논쟁의 상대로 삼고 있는 것은 영국의 윤리학자 데릭 파핏Derek Parfit이며, 1986년에 출판된 그의 『이성과 인격Reasons and Persons』에 대한 비판을 중심으로 글을 전개한다. 리쾨르는 파핏의 입장을 '환원주의적'이라고 규정한다. 리쾨르에 따르면 파핏은 '시간을 관통하는 개인의 정체성은 비인격적으로 기술할 수 있는 사실이나 사건에 기인한다'고 말한다. 여기서 리쾨르가 반대하는 점은 파핏이 전제하고 있는 '순수한 데카르트적 에고 또는 순수한 정신적 실체'이다. 파핏은 독립적 개체로서의 정체성에 반대하며 부수 현상으로서의 정체성만을 인정하는데, 이럴 경우 자기정체성의 해석학은 부수 현상으로 밝혀지는 데카르트적 에고가 된다는 것이다. 리쾨르는 이에 반대하며, '자기'는 사건이나 사실의 범주에 속하지 않는다고 주장한다.

리쾨르가 정리한 파핏의 두 가지 입론은 다음과 같다. 첫째, 개인의 삶을 구성하는 '경험들'의 소유권을 부정한다. 둘째, 물리적 또는 심리적 연결이 정체성에서 가장 중요한 것이라면, 인격의 정체성은 중요하지 않다. 이 두 번째 경우는 특히 도덕적 책임 소재의 문제를 포기한다는 귀결을 가져온다. 리쾨르에 따르면 파핏의 이론은 여러 가지 곤란한 경우에 도달할 수 있다. 예를 들어 뇌를 이식하는 경우, 뇌를 분리하는 경우, 또는 뇌의 복제품을 만드는 경우가 그것이다. 리쾨르는 세 번째 경우에 대해서 자세히 논의한다. 뇌를 복제할 수 있는 기술이 발명되어 나의 복제 뇌를 먼 행성으로 먼저 보내놓고 내가 그곳으로 여행을 가다가 사고를 당했다고 가정하자. 내 뇌가 아직 살아 있어서 복제된 뇌에게 뒷일을 부탁하는 경우와, 내 뇌는 죽고 심장만 살아 있어서 복제 뇌에게 아무것도 부탁하지 못했지만 복제된 뇌가 내 몸에 이식되어 기능하는 경우는 어떤 차이가 있는가? 파핏에 따르면 이 두 경우는 아무 차이도 없으며, 따라서 정체성은 전혀 중요한 것이 아니다. 리쾨르의 서사적 정체성 개념은 파핏의 주장에 완전히 반대되며, 파핏의 곤란한 경우를 해결할 수 있다.

리쾨르에 따르면 이야기하기라는 행위는 딜타이가 말하는 "삶의 연결 Zusammenhang des Lebens"의 핵심이다. 매킨타이어가 『덕의 상실』에서 말하는 "근본적으로 서사적인 단일성"이 바로 삶의 연결을 가리킨다.[3] 하지만 리쾨르가 매킨타이어의 주장에 모두 동의하는 것은 아니다. 매킨타이어는 삶의 도중 또는 끝에 이야기된 역사를 말하지만, 리쾨르는 허구와 플롯을 중요시한다. 플롯을 통해 서사적 정체성이, 변화 속의 항구성이, 불일치의 일치 concordance discordante가 가능하기 때문이다. 파핏의 주장에 반대되는 또 다른 예로 현대 소설에서 자기정체성과 동일성이 분리되는 경우를 들 수 있다. 루카치나 바흐친, 쿤테라가 19세기 소설을 해석하면서 이런 경우를 보여주었지만, 이 경우의 가장 대표적인 예는 무질의 『특성 없는 남자』일 것이다. 여기서 인물은 정체화 불가능한 inidentifiable 상태에서 이름 붙일 수 없는 innommable 상태가 되며, 인물의 정체성이 상실되면 소설의 플롯도 사라질 수밖에 없다. 프랑스 작가 미셸 레리스Michel Leiris의 서사가 거의 없는 에세이에 가까운 자서전도 이런 경우에 해당할 것이다. 그러나 소설에서 인물이 동일성을 잃어버려도 자기정체성은 사라지지 않는다. 인물은 '나는 누구인가?'라고 묻기 때문이다.

과학적 허구(과학소설)도 파핏의 주장이 지탱되기 곤란한 경우이다. 같은 서사의 경우에도 문학적 허구와 과학적 허구에는 차이가 있다. 첫째로 전자는 '대지'라는 조건을 지키는 반면, 과학적 허구는 대지를 떠나 있다. 전자는 불변하는 것 주위의 변화를 이야기하지만 후자는 불변하는 것이 있는지 불확실하다. 대지라는 조건은 하나의 규칙이 아니라 모든 규칙을 가능하게 하는 조건이 아닐까? 이것을 어기는 것은 금지되어 있다고 보아야 하지 않을까? 둘째로 과학적 허구 속의 주체에게는 타자가 없는 반면 문학적 허구 속의 인물은 상호작용 속에 있으며, 따라서 자기정체성과 타자성을 모두 가지고 있다. 파핏은 "정체성은 중요한 것이 아니다"라고 말하는데, 그 말은 '나는 아무것도 아니다'라는 말과 같다. '아무것도 아닌 나'는 동일성이 없는 자기정체성이 아닌가? 어떤 경우에도 "나는 누구인가?"라는 질문을 없애버릴 수 없음을 강조하며 리쾨르는 글을 맺는다.

3부 서사와 창의성

스토리텔링과 창의성

한혜원

"이야기 예술에 있어서 창의성이란 이야기의 원형과
최소 규칙을 지키는 가운데 대중으로부터 공감과
카타르시스를 이끌어낼 수 있도록 이야기를 변형하고
재구성할 수 있는 능력이다."

한혜원은 이화여자대학교 융합콘텐츠학과 교수로 학과 내 CCL(Creative Content Lab)의 운영자이다. 뉴미디어 환경에서 나타난 다양한 콘텐츠의 스토리텔링과 사용자 문화에 관심을 갖고 연구 중이다. 지은 책으로 『앨리스 리턴즈』(2016), 『트랜스미디어 스토리텔링의 이해』(공저, 2015), 『아이의 마음을 훔치는 스토리텔링 전략』(2012), 『디지털 시대의 신인류 호모 나랜스』(2010), 『디지털 게임 스토리텔링』(2005), 『뱀파이어 연대기』(2004) 등이 있다.

이야기 우주의 탄생

우리 시대의 인간은 하루에도 몇 번씩 현실과 가상의 경계를 넘나들며 혼합 세계mixed world에서 살아가고 있다. 출퇴근길 버스 안에서 한 손으로는 버스 손잡이를 잡고 또 한 손으로는 스마트폰을 든 채 한 명의 인간이 현실 세계와 가상 세계에 동시에 존재할 수 있게 된 것이다. 이때 현실 세계와 가상 세계의 '나'는 때로는 일치하고 때로는 일치하지 않는다. 그럼에도 불구하고 두 세계의 경험은 모두 개인에게 유효하며 지대한 영향력을 미치게 된다.

이러한 혼합적 삶의 양상은 특히 코로나바이러스 감염증-19를 겪으면서 전 세계적으로 보편화되기 시작했다. 현실 세계를 진짜real로, 가상 세계를 가짜fake로 양분했던 기존의 오프라인 중심의 생활 방식은 자연스레 점차 흐릿해지기 시작했다. 많은 사람과 대면할 수 없는 불가항력적인 상황에서도 사람들은 가상 세계를 기반으로 인간의 사회 문화 활동을 대안적으로 전개해나가고 있다. 이에 따라 코로나 대유행 이후 대면 기반의 산업 분야가 위기를 맞게 된 반면 비대면 기반의 콘텐츠 관련 산업 분야는 오히려 급성장했다. 특히 잉여 시간에 '나 홀로' 소비할 수 있는 콘텐츠가 양적으로도 많아지고 질적으로도 다양해졌다. 그리고 그 콘텐츠의 중심에는 바로 '이야기story'가 있다.

왜 인간은 끊임없이 이야기를 만들어내고 또 그것을 함께 주고받고 싶어 하는 것일까. 전염병이 전 세계적으로 창궐한 위기의 순간에도 이야기를 멈추지 못하고 오히려 더 적극적으로 생산하고 소비하는 것일까. 브라이언 보이드Brian Boyd는 그의 저서『이야기의 기원』에서 인간은 고유한 메타 표현metarepresentation, 즉 이야기 능력을 타고났다고 주장한다.[1] 그에 따르면 인간에게 있어 이야기란 선택 요소가 아닌 필수 요소이다. 인간의 이야기 능력은 언어를 습득한 직후인 유아기에 가장 강하게 나타나는데, 역설적이게도 성장하면서 제도권에서 사회화되고 욕망을 억압당할수록 퇴화하게 된다. 다만 이야기 능력의 퇴화란 개인 차원에서 발생하는 것이며, 보다 거시적인 사회 문화적 차원에서 보면 이러한 이야기 능력은 집단적인 창작의 결과물인 영화, 애니메이션, 게임 등으로 발현된다. 유사한 관점에서 조너선 갓셜Jonathan Gottschall은 인간을 아예 '스토리텔링 애니멀storytelling animal'[2]이라고 칭하면서 인간과 이야기의 불가분의 관계를 강조한다. 그의 말대로 인간은 누구나 태어날 때부터 타고난 이야기꾼으로 이야기는 늘 인간의 현실과 상상을 모두 반영한다.

　인간을 둘러싼 사회와 환경이 불안정할 때에도 이야기는 끊임없이 이어져왔다. 마치 조반니 보카치오의『데카메론』에서 흑사병이 돌던 피렌체에서 도망친 열 명의 사람이 별장에 갇힌 채 하루에 한 가지씩 재미있는 이야기를 돌아가며 했던 것처럼 현실의 상황이 절망적일수록 오히려 인간은 허구적인 이야기에 몰입하게 된다. 이야기의 세계가 현실에서 도피할 수 있는 피난처이자 동시에 현실의 문제에 대한 대안이 될 수 있기 때문이다. 코로나바이러스 감염증-19라는 전대미문의 위기 상황에서 넷플릭스나 디즈니플러스와 같은 OTT 서비스Over-the-top media service가 급성장한 것은 위기 상황에 가장 흥미로운 이야기들이 창작되고 소비되는 데카메론적 양상과 유사하다.

　기술이 비약적으로 발달함에 따라서 이야기를 둘러싼 생태계도 보다 넓어지고 다양해지는 추세이다. 무엇보다도 이야기를 담아내는 그릇, 즉 매체의 종류가 그 어느 때보다 다양해졌다. 구비문학의 시대에는 대면 만남을 갖고 음성을 통해서 이야기를 주고받았다면 인쇄 문학의 시대에는 글자와 책을 매개체로 이야기를 주고받았다. 20세기 매스미디어 시대에는 라디오와 TV, 영화를 통해서 한 콘텐츠를 대중이 동일하게 전달받았다. 그리고 21세기 디지털 시대에 우리는 모빌리티mobility를 중심으로 개인의 스크린을 통해서 개인 맞춤형 콘텐츠를 생산하고 소비할 수 있게 됐다.

　콘텐츠를 수용하는 방식 역시 다변화되었다. 디지털 시대는 단순히 콘텐츠를 시청각적으로 수용하기만 하는 형태에서 오감을 환기하는 형태로 발전하는 중이다. 기술이 가장 발달한 디지털 시대에 오디오 콘텐츠나 음성형 SNS 등 구비문학적 요소가 재조명되거나 문자와 음성과 이미지와 동영상이 하나의 이야기를 동시에 재현하는 현상은 참으로 흥미롭다. 무엇보다도 디지털 기술이 발달할수록 무조건 인간을 배제하기보다는 인간의 물리적 육체를 텍스트 내부로 소환하는 가상현실virtual reality 콘텐츠나 현실 배경에 가상의 대상을 결합하는 증강 현실augmented reality 콘텐츠 등이 대중화되고 있다. 인쇄 시대의 소설小說, 즉 작은 이야기가 이야기 빅뱅을 거쳐 더 크고 입체적인 이야기 우주story universe로 확장되고 있는 것이다. 이야기 우주의 시대에는 구비에서부터 문자, 동영상, 가상현실에 이르기까지 다양한 매체와 채널, 콘텐츠가 동시다발적으로 존재하며 트랜스미디어transmedia와 크로스미디어crossmedia를 통해서 긴밀하게 상호작용하여 시너지 효과를 내게 된다.

이야기를 적용할 수 있는 분야 역시 다양해지고 넓어졌다. 본래 협의의 이야기란 소설, 영화 등 허구적 이야기 예술 안에서만 유효했다. 그런데 이제는 소설, 영화, 애니메이션, 게임 등 엔터테인먼트 콘텐츠는 물론 상품과 브랜드, 기업의 가치와 경영, 교육의 환경과 콘텐츠, 심지어 개인의 포트폴리오에 이르기까지 이야기가 사회 문화 전반에 걸쳐서 두루두루 적용되는 추세이다. 이는 한국뿐만이 아니라 전 세계적인 추세이기도 하다. 할리우드의 전설적인 스토리텔링 전문가이자 이론가인 로버트 맥키Robert McKee는 최근 디지털 마케팅 전문 회사인 스카이워드Skyword의 창립자인 토머스 제라스Thomas Gerace와 손을 잡고 '스토리노믹스Storynomics'라는 새로운 개념을 제시하는 동명의 저서를 발표한 바 있다. 그들에 따르면 스토리노믹스란 데이터를 이야기 형식으로 전환하는 과정을 뜻하는 '이야기화하다to storify'라는 신조어로부터 비롯된 전략으로, 이야기를 기업 가치의 중심에 놓고 비즈니스를 실행하는 것을 지칭한다.[3] 즉 후기 자본주의사회에서 소비자들은 단순히 물질로서의 상품이나 필요로서의 서비스를 넘어서서 의미와 가치를 창출한다고 여겨지는 상품과 서비스에 기꺼이 지출을 하고 싶어 한다는 뜻에서 '스토리 마케팅story marketing'이라는 용어를 전면에 내세우고 있는 것이다.

본래 맥키는 『시나리오 어떻게 쓸 것인가』[4]라는 저서와 강의로 유명한 시나리오 컨설턴트였다. 그러던 그가 이제는 디즈니, 파라마

운트와 같은 영화사의 울타리를 넘어서서 밀레니얼 세대를 겨냥한 마케팅 혁명의 해법을 바로 '이야기 창작의 과정'에서 탐색하고 있는 것이다. 다만 이 책을 정독해보면 후기 자본주의사회의 마케팅 문제를 해결할 해법의 열쇠로 제시한 이야기의 정의와 핵심 요소의 경우 기존의 시나리오 이론과 별반 달라진 것이 없다. 사실 이야기 창작의 원칙 자체는 아리스토텔레스의 『시학』 이래로 크게 달라지지 않았다. 달라진 것은 바로 시대의 패러다임과 매체 기술이다. 그에 따라 기존에는 소수의 작가만이 점유했고 엔터테인먼트 콘텐츠에만 적용됐던 이야기의 가치가 이제는 교육, 경영, 마케팅 등 다양한 콘텐츠의 현장에서도 주목받고 있는 것이다.

　이야기를 주고받을 수 있는 발신자와 수신자의 규모도 점점 커지고 있다. 기술의 발달을 통해 이제 우리 시대에는 여러 명이 이야기를 주고받을 수 있게 됐다. 즉 집단 지성collective intelligence을 활용한 이야기의 창작과 공유가 가능해진 것이다. 사실 이야기는 혼자 하는 것보다 여럿이 나눌수록, 꼬리에 꼬리를 물수록, 그 판이 커질수록 그 재미와 가치 역시 커지기 마련이다. 모름지기 이야기의 세계에서는 하나보다 열이 낫다. 『뉴 디지털 스토리텔링』의 저자인 브라이언 알렉산더에 따르면 디지털 스토리텔링은 다수의 창작자가 네트워킹을 능동적으로 이용해 내부적으로 콘텐츠를 다중으로 상호 연결 및 배열하는 방식이다.[5] 이러한 관점에서 볼 때 가상 세계라는 이야기 우주는 복수의 창작자가 이야기를 함께 창작하고 소비하고 유통하기에 최적의 환경이다.

　이야기를 창작하고 전달할 수 있는 발화의 주체 역시 몇몇 특출한 소수의 작가에서 일반 대중으로까지 확대됐다. 이때 발화자narrator는 비단 인간뿐 아니라 2D, 3D, 홀로그램 등으로 재현된 아바타, 가상 캐릭터, 인공지능까지를 모두 아우른다. 가상 세계에서는 이미 가상 캐릭터가 주체성을 부여받고 자신만의 고유한 활동을 하고 있다. 가령 한국의 대표적인 엔터테인먼트 콘텐츠인 K-POP에서는 가상의 캐릭터를 아이돌 그룹의 멤버로 내세우는 이른바 '버추얼 아이돌virtual idol'이 등장해 활약 중이다. 그 대표적인 예로 그룹 K/DA는 〈리그 오브 레전드League of Legends〉라는 이스포츠e-sport의 게임 캐릭터를 기반으로 아이돌 캐릭터 이미지와의 조합을 통해 탄생했다. 이들의 〈팝/스타즈POP/STARS〉라는 뮤직비디오의 경우 공개 후 약 한 달 만에 일억 뷰 이상의 조회 수를 기록했다. 이후로도 K/DA는 라이엇 게임즈의 다른 프로젝트는 물론 다른 엔터테인먼트 장르와 패션 브랜드 등과 콜라보를 진행하면서 캐릭터 정체성을 공고히 다져나가고 있다.

이와 같은 가상 캐릭터는 아이돌과 같은 특정 대상뿐 아니라 일반인으로까지 확장되는 추세이다. 가령 인간이 상상한 이미지를 2D 또는 3D 모델링을 통해 가상 캐릭터로 구현한 '가상 인플루언서virtual influencer'의 경우 이미 인스타그램, 유튜브, 아프리카TV, 트위치와 같은 1인 실시간 스트리밍 방송을 통해서 대중과 적극적으로 상호작용하고 있다. 문화권별로 보더라도 한국과 일본 등 게임 강국은 물론 북미 및 유럽에서도 다양한 정체성을 내세운 가상 인플루언서들이 출현하는 중이다. 대표적인 예로 2016년 미국에서 탄생한 릴 미쿠엘라Lil Miquela[6]의 경우 현재 유명 패션 브랜드들의 정식 모델로 활동하고 있으며 2021년 2월 말 기준으로 인스타그램에서만 300만 명 이상의 팔로워를 보유하고 있다. 미쿠엘라는 글과 영상 등을 통해서 자신이 가상의 캐릭터임을 공공연히 밝히고 있다. 그럼에도 불구하고 전 세계의 대중들은 미쿠엘라의 글과 영상을 통해 상호작용하는 데에 어색함이나 어려움을 느끼지 않는다.

이처럼 가상 캐릭터들은 인간과 비인간, 자연과 인공, 기술과 예술, 주체와 타자와 같은 20세기의 이항 대립적인 경계를 허무는 융합적 존재들이다. 이들은 창조자인 인간과 기술의 발달에 힘입어 이전처럼 흥미 위주의 볼거리나 타자적 대상에 머물지 않고 인간과 적극적으로 상호작용할 수 있는 주체적 자아로 거듭나는 중이다. 때로는 콘텐츠에서 인간보다 더 인간적인 인공지능, 인간보다 극적인 이야기를 할 수 있는 인공지능을 만날 수도 있다. 이들을 통해서 인간은 20세기 내내 당연하게 여겨져온 서구 중심의 휴머니즘에 대해서 비판적으로 재해석할 수 있는 기회를 얻게 된다.

이처럼 이야기 우주에서 인간과 비인간이 공존하는 현상은 기성세대에게는 다소 생소하거나 낯설게 여겨질 수도 있겠다. 그러나 태어난 순간부터 음성인식이 가능한 인공지능 스피커와 일상적인 대화를 주고받으며 성장한 지금의 어린이들에게는 비인간인 가상 캐릭터와 대화를 나누고 이야기를 창작하며 상호작용하는 것이 전혀 부자연스럽지 않을 것이다. 그야말로 인간과 비인간이 다양한 언어로 가상과 현실을 넘나들면서 이야기를 주고받을 수 있는 '포스트휴먼posthuman'의 시대가 열린 것이다. 포스트휴먼 페미니스트인 로지 브라이도티Rosi Braidotti에 따르면 포스트휴먼의 세계는 우리가 우리 자신을 위해 만들어온 가능 세계possible world 중 하나이다. 그리고 너무나 포스트휴먼적인 인간의 확장과 향상이 이미 지금 여기에서 진행되고 있는 중이다.[7]

포스트휴먼의 시대에 이야기 우주는 끊임없이 확장되고 있다. 그럼에도 불구하고 이야기 자체는 별반 달라지지 않고 늘 반복되는 게 아닌가 싶기도 하다. 본래 '스토리텔링' 중에서 '스토리'는 인간의 본질적인 부분으로 변하지 않는 원형이기도 하다. 여기에 사회 문화적 패러다임과 매체 기술에 부합하도록 그것을 변형시키고 전달하는 '텔링telling'이 접목된다. 스토리텔링이 인간의 허구적인 상상력을 기술을 활용해 재현하는 것이라는 점에서 이야기 우주의 외관은 변화무쌍하고 미래지향적이다. 동시에 인간 심연의 보편적 가치를 소재로 삼는다는 점에서 이야기 우주의 내면은 영속적이며 신화적이다.

이야기 광장과 디지털 스토리텔링 클럽

간혹 '요즘 세대는 책을 덜 읽어서 걱정이다'라는 우려 섞인 목소리를 듣는다. 분명 책은 이야기를 담아내고 전달하는 데에 있어서 최적의 양식이긴 하다. 요즘 세대가 '종이로 된 책'을 덜 사고 덜 읽는 것도 사실일 것이다. 그렇다고 해서 이야기 자체의 생산과 소비 총량이 줄었는가 하면 그것은 결코 아니다. 출근길 전철에서 신문과 책을 읽던 20세기의 풍경이 스마트폰 화면을 통해서 이야기를 시청하거나 즐기는 풍경으로 대체된 것뿐이다. 즉 양적으로만 보면 오히려 이야기의 가짓수와 총량은 더 다양해지고 많아졌으며, 대중들이 이야기를 소비하는 평균 시간 역시 늘어났다고 해도 과언이 아니다.

'요즘 세대는 책을 읽지 않고 영상만 본다'라는 우려의 이면에는 책과 영상을 이항 대립의 관계로 전제하는 가치관이 깔려 있다. 또한 이야기로서의 책이 아니라 물질로서의 책에 절대적인 가치를 부여하는 인쇄 문학 중심의 선입견도 깔려 있다. 하지만 실제로 세상에는 나쁜 책도 있고 좋은 게임도 존재한다. 물론 이야기를 전달하는 수단으로서 매체는 그 자체로 중요하다. 또한 매체별로 잘 전달할 수 있는 이야기의 내용이 각각 다를 수 있다. 그러나 콘텐츠의 내용과 상관없이 매체 자체에 절대적 가치를 부여하는 매체 결정론적 사고는 이야기의 우주에서는 상당히 위험하다. 글은 이야기의 세계에서 이야기를 표현할 수 있는 다양한 수단 중 하나일 뿐이다.

동시에 이야기란 기술과 달리 업데이트하고 옛것을 폐기할 수 있는 게 아니라 오로지 축적을 통해서만 발전할 수 있는 대중적인 예술이다. 사실 창작자는 늘 기술에 명민하게 대응하고 이를 창작의 과정에서 활용하기 위해 노력해야 한다. 미디어 학자인 제이 데이비드 볼터Jay David Bolter와 리처드 그루신Richard Grusin에 따르면 뉴미디어와 올드미디어는 서로 영향을 주고받으며 변화하는 재매개remediation 과정을 통해서 서로의 존재 가치를 확장하게 된다.[8] 다시 말해서 구비문학이 있었기에 문자 문학이, 문자 문학이 있었기에 지금의 디지털 콘텐츠가 존재할 수 있다는 것이다. 이처럼 인쇄 문화와 디지털 문화는 서로 대척점에 있는 것이 아니라 상호작용을 통해서 영향을 주고받으며 확장되고 있다. 따라서 창의성 개념 역시 이와 같은 매체의 상관관계를 이해하고 반영하는 가운데 수립되어야 할 것이다. 또한 이야기 창작자는 누구보다도 발달한 기술에 명민하게 반응하고 나아가 이를 활용할 수 있는 이른바 융합적 인재여야 한다.

디지털 시대의 이야기 광장에서 나타난 가장 큰 변화는 바로 수동적이었던 이야기의 수용자층이 대거 능동적인 이야기의 창작자 혹은 생산자로 거듭날 수 있게 되었다는 점이다. 프랑스의 기호학자 롤랑 바르트는 읽기만을 목적으로 하는 텍스트보다 쓰기를 유도하는 텍스트가 훌륭하다고 평가했다.[9] 서사학자인 제롬 맥건 역시 독서 경험이라는 것이 반드시 책을 중심으로 한 고정된 현상으로 고착되어서는 안 되며, 독자와 텍스트 사이의 상호 교류를 통해서 항상 변이형deformance 독서 공간으로 나타나야 한다고 주장한 바 있다.[10]

일반적으로 인쇄 문화에서 책을 둘러싼 환경이 '읽기'에 집중되어 있는 반면, 디지털 콘텐츠 환경은 읽기는 물론이고 '쓰기', 즉 창작을 적극 권장한다. 가령 북미의 대표적인 웹소설 플랫폼인 왓패드Wattpad의 경우 장르 소설의 관습을 답습하는 전통적인 소설을 모바일 서비스로 제공하면서 동시에 디지털 환경의 특징을 적극적으로 이용해 텍스트의 일부를 재매개하는 새로운 소설 유형을 선보이기도 한다. 또한 알고리즘에 의거해 독자들에게 개별 맞춤형 콘텐츠 추천 서비스를 제공하고 있다. 그 외에도 왓패드는 독자가 독서 중간에 언제든 '읽기'라는 수동적 독서를 '쓰기'라는 적극적 창작으로 전환할 수 있는 인터페이스를 제공하고 있다. 이러한 서비스 형식은 분명 기존의 '책을 읽다'라는 독서 양식과 차별되는 부분이다. 기존의 인쇄 문학에서는 독자와 작가가 철저히 분리되었던 것에 반해 디지털 시대의 독서 양식은 읽기에서 쓰기로 자연스럽게 연계될 수 있는 다양한 서비스를 모색한다. 즉 프로와 아마추어를 철저하게 구분 짓던 인쇄 문학의 잣대에서 벗어나 누구나 글을 쓰고 웹으로 유통까지 할 수 있는 다양한 방식을 제공하는 것이다.

볼터에 따르면 글쓰기 공간은 파피루스 두루마리부터 인쇄된 책은 물론 웹에 이르기까지의 물질적이고 시각적인 광장을 뜻한다. SNS인 페이스북이 개인의 글쓰기 공간을 '담벼락'이라고 표현한 점은 바로 이러한 시각적 광장을 상징화한 예라고도 볼 수 있다. 이때 '쓰기'의 방식은 비단 문자뿐만 아니라 이미지, 동영상, 소리 등 다감각적 요소를 모두 포괄할 수 있다. 이러한 점에서 디지털 시대의 창작은 멀티모달multimodal이다.

우리 시대의 가장 최신의 정확한 정보는 브리태니커 백과사전에 수록되어 있다고 보기 어렵다. 지금 이 순간에도 달라진 정보가 웹을 통해서 업데이트되고 있다. 재미있고 감동적인 이야기 역시 반드시 서점이나 도서관에 직접 가서 저명한 작가의 책을 펼쳐야만 소비할 수 있는 것이 아니다. 이미 웹에는 웹툰, 웹소설, 웹드라마 등 너무나도 재미있고 흥미진진한 이야기가 가득하기에 우리는 종이 한 장 넘기지 않고도 이야기를 소비할 수 있다. 세간의 이목이 집중된 사건이나 쟁점을 확인하기 위해서는 그날의 신문을 펼치거나 TV를 켜기보다는 틱톡이나 유튜브 같은 동영상 공유 플랫폼이나 클럽하우스와 같은 음성 SNS 등을 확인하는 편이 보다 신속하다. 이처럼 전자 글쓰기가 가능한 이야기 광장에서는 이야기의 창작이라는 과정이 소수에게만 제한적으로 허용된 특권이 아니고 대중에게 선택지로 개방되어 있다. 가상 세계라는 이야기 광장은 의지가 있는 대중이라면 누구에게나 이야기에 참여할 기회와 이야기를 창작할 공간을 제공한다. 따라서 앞서 언급한 일부의 우려와는 반대로 책의 소비가 줄어들고 있음에도 불구하고 우리 시대에 이야기의 총량과 이야기꾼은 그 어느 때보다도 많아지고 있다.

헨리 젠킨스Henry Jenkins에 따르면 뉴미디어의 환경은 본질적으로 사용자들의 참여를 독려하며, 사용자 주도적인 '참여 문화 participatory culture'를 통해서 콘텐츠는 활성화될 수 있다.11 가상 세계에서는 늘 다수의 사용자와 다양한 콘텐츠가 시시각각 변화하면서 공존한다. 여기서 이야기는 일종의 커뮤니케이션의 매개체로 작동하면서 사용자를 모아 공동체community를 형성하는 역할을 한다. 이때 커뮤니케이션의 주체, 이야기의 발화자는 기존의 매스미디어처럼 단일한 중심으로 존재하는 것이 아니라 다양한 개체인 리좀rhizome으로 존재한다. 따라서 기존의 매스미디어에서는 배제되었거나 미처 기회가 주어지지 않았던 다양한 창작 주체와 소수자, 타자도 디지털 이야기 광장에서는 자신의 주체적인 목소리를 다성적으로 낼 수 있다.

동시에 '재미있는 이야기'에 대한 평가 역시 소수의 권위적인 전문가의 입김으로 결정되기보다 대중의 신뢰와 평가를 통해서 이루어진다. 재미없는 이야기를 참고 봐주거나 거기에 시간과 돈을 지불할 만큼 관대한 대중은 없다. 대중은 이야기를 평가하는 데 있어서 날카롭고 객관적이며 가차 없다. 그렇기 때문에 이야기에 대해서

만큼은 강단이나 전문가의 판단보다 더 정확한 것이 바로 대중의 평가와 반응이다. 물론 대중이 모든 콘텐츠와 이야기를 객관적이고 공정하게 평가할 수 있는 것은 아니며, 주로 특정한 분야와 장르, 취향과 가치관을 기반으로 구성된 온라인 공동체에서 신뢰를 바탕으로 한 정직한 커뮤니케이션이 이루어지는 경우에 한해 그럴 수 있다.

구텐베르크의 혁명 이래 인쇄 문화에서 "독서는 지극히 사적인 행위"[12]였다. 그러나 디지털 문화에서 '이야기를 소비하고 창작하는 행위'는 태생적으로 집단 지성을 기반으로 하고 공동체적이다. 물론 인쇄 문화의 시대에도 책을 매개체로 독자로서 공감대를 형성하고 독서 경험을 공유하기 위한 북 클럽book club은 전통적으로 존재해왔다. 이에 반해 디지털 기기의 발달과 대중화와 함께 등장한 디지털 스토리텔링 클럽storytelling club은 이야기 소비의 관점보다는 이야기 생성의 관점에서 접근해야 한다. 온라인 커뮤니티 등을 통해 구성된 디지털 스토리텔링 클럽의 구성원들은 1차적으로는 인쇄 시대의 북 클럽과 유사하게 주어진 이야기 원본에 대한 이해와 해석의 과정을 거치게 된다. 그러나 여기서 그치지 않고 이야기 재구성의 단계로 넘어가면서 이른바 팬픽션fan-fiction 혹은 2차 창작으로 분류되는 다양한 습작의 시기를 거치기도 한다. 최종적으로는 디지털 스토리텔링 클럽의 구성원 중 일부가 원본이 없는 1차 창작의 텍스트들을 자생적으로 생산할 수 있게 된다. 즉 온라인의 디지털 스토리텔링 클럽은 이야기를 매개체로 자발적으로 나타나며, 공동체 안에서 이야기의 소비, 비평, 생산의 삼원 구조를 역시 자생적으로 구축한다. 혼자라면 쉽지 않을 수도 있는 이야기의 창작과 공유의 과정을 디지털 스토리텔링 클럽에서 경험할 수 있는 것이다.

    1990년대 후반부터 2000년대 초반에 이르는 디지털 스토리텔링 클럽 형성기에는 클럽의 이야기 창작 및 소비 활동이 주로 인터넷 카페나 동호회 등을 중심으로 폐쇄형 내지 부분 폐쇄형으로 운영됐다. 이러한 형성기를 거쳐서 이제 디지털 스토리텔링 클럽의 결과물들은 명실공히 한국 콘텐츠 시장의 중심을 이루는 웹툰, 웹소설, 웹드라마로 발전했다. 1인의 고유한 저작권을 중시하는 기존의 작가와 달리 웹 콘텐츠의 스토리텔러는 지적 재산intellectual property(이하 IP)의 개념에 입각해 이야기를 창작하는 과정에서 자연스럽게 공동 창작이나 협업, 이야기의 조합이나 변형의 가능성을 염두에 둔다. 자연스럽게 디지털 스토리텔링 시대의 창의성에 대한 개념 역시 기존의 1인 중심의 자의적 창작의 과정, 폐쇄적 저작권, 완결된 이야기라는 가치와 전제에서 나아가, 집단 지성을 활용한 기획적 창작의 과정, 다양한 협업과 협력의 가능성, IP 중심의 이야기 확장과 변형의 가능성 등을 중심으로 재편될 필요가 있다.

이야기 원형과 스토리 리텔링

    앞서 논한 바와 같이 인간은 누구나 이야기 본능을 타고났다. 게다가 디지털 시대의 이야기 광장에서는 누구나 자신의 이야기를 창작하고 공유할 수 있다. 그렇다면 과연 인간은 누구나 배우지 않고서도 창의적인 이야기를 창작할 수 있는 것일까? 역설적이게도 반드시 그렇진 않다. 기본적으로 세상의 모든 말이 '이야기'가 될 수는 있으나 무조건 '재미있는 이야기'가 되는 것은 아니기 때문이다. 이야기의 세계는 상당히 냉정하기에 오로지 재미있는 이야기만 살아남는다. 즉 대중이 주고받고 싶어 하는 이야기는 다름 아닌 '잘 짜인 재미있는 이야기'뿐인 것이다. 이야기 본능을 가진 인간은 '이야기라면 모름지기 이러해야 한다'라는 전제나 기대를 은연중에 갖게 된다. 따라서 완성도가 낮은 '아무 이야기'가 대중으로부터 공감을 얻어서 반복적으로 소비되거나 변형되기는 어렵다. 결과적으로 좋은 이야기, 재미있는 이야기를 창작하기 위해서는 재미있는 이야기의 최소 요건, 가치 있는 이야기의 본질을 반복적으로 배우고 익혀야 한다.

간혹 예술 분야에서 창의성을 환경의 영향을 받지 않은 진공의 상태에서 찾고자 하는 경우도 있다. 물론 일견 설득력이 있긴 하나 이야기 예술에 있어서만큼은 창의성을 좀 더 객관적으로 정의 내릴 필요가 있다. 창작자는 좋은 이야기를 많이 접할수록, 많이 분석할수록 좋은 이야기를 기획, 창작, 평가할 수 있는 능력을 향상시킬 수 있다. 좋은 이야기는 급변하는 사회를 반영하고 동시에 인간 사회의 신화적 원형을 기저에 두고 있다. 따라서 창의적인 이야기를 창작하기 위해서는 반드시 이야기의 변하지 않는 부분, 즉 인간의 고유한 본질과 이야기의 원형을 잘 익히고 이해해야만 한다. 모름지기 훌륭한 작가는 창작자이기 이전에 훌륭한 독자이자 비평가이기도 하다.

이를 서사학과 교육학의 이론을 빌려 설명하자면 '스토리 리텔링story retelling'의 개념과 연계시킬 수 있다. 스토리 리텔링이란 이야기와 정보를 전달하는 방식으로 전통적으로 북미와 유럽의 리터 러시literacy 교육 분야에서 꾸준히 연구되어온 개념이다. 교수법에서 리텔링은 이야기의 소비를 마친 수용자가 시간 차를 두고 자신이 이해한 이야기를 재구성해 제3의 청자에게 전달하는 능력을 의미한다.[13] 모로우에 따르면 실제로 어린이는 잘 짜인 일련의 이야기를 반복적으로 소비하는 과정을 통해서 자연스럽게 '이야기 스키마story schema'를 익히고, 자신이 이야기를 재구성하는 과정에서 이야기 스키마를 활용하게 된다.[14] 여기서 이야기 스키마에 해당하는 부분이 시대와 장소를 초월해 변하지 않는 이야기의 뼈대이자 원형에 해당한다.

스토리 리텔링은 크게 원본에 대한 '해석comprehension'과 '표현presentation'의 두 과정으로 이뤄진다. 즉 창의적으로 이야기를 창작하기 위해서는 먼저 다양한 이야기를 이해하고 해석하는 과정을 통해서 스스로 이야기의 뼈대를 세울 수 있어야 한다. 이때 이야기를 듣고 읽는 과정에서는 반드시 '수동적 이해'가 아닌 '능동적 해석'이 이뤄져야 한다. 대개의 경우 수동적 이해가 선행한 뒤 능동적 해석이 이어지게 된다. 다만 집단을 대상으로 한 교육과정이나 시험의 경우 어쩔 수 없이 이야기의 수동적 이해 여부를 확인하는 수준에서 그칠 수밖에 없다. 즉 아무리 시험 점수가 높더라도 창의성까지 높다고 단정 짓기는 어려운 것이다. 어느 분야나 그렇겠지만 이야기 예술에서도 창의성을 키우기 위해서는 최소한의 여유와 기다림이 필요하다. 표면적인 텍스트를 이해하는 것에서 더 나아가 빈칸과 휴지에서 텍스트와 텍스트의 행간을 읽어내고 여백에 자신과 사회의 문제를 적용해야만 이후에 자연스럽게 창작의 단계로 접어들 수 있다.

　이처럼 창의적인 이야기를 창작하기 위해서는 먼저 이야기 스키마를 인지해야 한다. 그래야 거기에 자신의 가치관과 상상력을 더해 새로운 작품을 창작하는 능력을 함양할 수 있다. 이때 리텔링의 결과물이 반드시 원형과 일치할 필요는 없다. 반복과 회상이 이야기에 대한 표면적 이해의 결과라면, 리텔링은 이야기 원형에 대한 이해의 산물이다. 다만 리텔링의 구조 내에서 이야기의 일부가 바뀌는 경우에도 전체 텍스트의 틀frame을 이루는 기저 체계와 원형은 반드시 유지되어야 하며, 그렇지 않을 경우 스토리 리텔링의 범위에서 벗어나는 순수한 창작물로 취급되어야 한다.

　최근 디지털 기기를 통해서 제공되는 다양한 플랫폼이나 애플리케이션은 이러한 스토리 리텔링을 개인 단위로 연습할 수 있는 환경을 제공하고 있다. 이제 스토리텔링을 통한 창의력 향상 교육을 공교육 현장에서 받을 수 있을 뿐만 아니라 개별적으로 다양한 놀이 방식을 접목해 진행할 수도 있는 것이다. 사실 스토리텔링을 통한 개인의 창의성 향상을 제도권의 공교육 안에서 실현시키기에는 여전히 제한이나 장애물이 많은 편이다. 즉 어린이들에게 독서의 중요성을 강조하거나 독서 기록을 작성하게 해 텍스트의 이해를 독려하는 것은 가능하나, 다음 단계인 리텔링을 활성화시키는 단계까지는 아직 발전하지 못한 것이다.

　그에 비해 디지털 기기를 통해 양질의 프로그램을 활용할 경우 개인에 따라 차이는 있겠으나 어느 정도 리텔링의 수준까지 이를 수 있다. 심지어 아직 연필을 손에 쥐고 종이에 글씨를 쓸 수 없는 영·

유아들도 터치와 음성만으로 리텔링의 결과물을 창작할 수 있도록 유도할 수도 있다. 대표적인 콘텐츠로 미국 런치패드Launchpad사의 '툰타스틱Toontastic'(2011)을 들 수 있다. '툰타스틱'은 유아 및 어린이가 손쉽게 '터치'만으로도 자신만의 고유한 애니메이션을 만들 수 있도록 유도하는 일종의 창작 저작 도구authoring tool이다.

이 애플리케이션은 기본적으로는 영·유아 및 어린이 사용자에게 이야기 원형의 구조를 '이야기 아크story arc' 형식으로 제시하는데, 이는 영·유아에게 익숙한 신화, 전설, 민담, 명작동화 등의 프레임에서 비롯된 것이다. 이후 요정담fairy tale의 DB를 토대로 인물과 배경 등 이야기의 구성 요소를 선택 및 조합하도록 유도한다. 이때 마치 '스티커 놀이'를 하듯 이야기 요소들을 붙이는 방식을 적용해 사용자로 하여금 손쉽게 이야기를 구성할 수 있도록 한다. 여기에 청각적으로 배경음악을 더하는 것은 물론 사용자의 음성을 더하게 되면서 뻔할 수 있는 이야기가 나만의 독창적 이야기로 변모하게 된다.

툰튜브Toontube를 통해서 완성된 작품을 전 세계 사용자들과 공유할 수도 있다. 사용자들은 자연스레 다른 문화권의 창작자들이 동일한 애플리케이션을 활용해 얼마나 다양한 이야기를 창작할 수 있는지를 동일한 창작자의 입장에서 해석적으로 접하게 된다. 즉 하나의 애플리케이션을 통해서 창작자, 소비자, 평가자의 역할을 모두 수행해볼 수 있는 것이다. 이때 모든 텍스트는 이본이나 아류가 아닌 각각의 독특한 원본으로서 존재하게 된다. 이들은 동일한 애플리케이션에서 제공하는 이야기 원형을 활용하여 각자 전혀 다른 자신만의 창의적인 이야기를 애니메이션 형태로 창작하는 전 과정을 경험하게 되는 것이다.

모든 창작은 어렵다. 이야기 창작의 첫걸음을 떼는 것은 분명 어렵고도 용기가 필요한 일이다. 백지에서 명작을 만들어내기는 참으로 어렵다. 이때 레고처럼 이야기를 조립할 수 있도록 이야기 블록을 제시하면 이야기 창작의 진입 장벽이 낮아지게 된다. '보기'에만 중점을 둔 기존의 TV나 영화 등의 매스미디어와 달리 개인화된 스마트폰과 태블릿 PC 등은 터치를 기반으로 이야기 블록을 제시함으로써 사용자로 하여금 쉽게 콘텐츠 창작의 장 안으로 진입하도록 유도한다.

모든 이야기 요소에 자유도를 높이는 방식, 즉 아무런 규칙 없이 마음대로 아무거나 창작해보길 권하는 방식은 창의성을 함양하는 데에 있어서 오히려 부적합하다. 기본적인 멍석조차 깔려 있지 않을 경우 이야기 자체가 성립되지 않으므로 오히려 좌절감이나 잘못된 성취감을 안겨줄 수 있기 때문이다. 따라서 이야기를 시작하기에 앞서 반드시 이야기의 원형과 법칙을 알려줘야만 한다. 〈툰타스틱〉의 경우 최소한의 이야기 원형과 조건을 고정시킨 뒤 나머지 부분에서 자유도를 높이는 방식을 취하고 있다. 이 애플리케이션은 출시 후 지금까지 기술의 발달에 따라서 꾸준히 서비스 유형 자체도 업데이트되고 있다. 가령 초기부터 지금까지 장르별 이야기 아크는 동일하게 고정된 상태로 제공되는데, 초기 서비스 유형에서는 이야기 장르가 요정담 한 가지로만 설정되어 있고 발단set up, 갈등conflict, 도전challenge, 절정climax, 해결resolution의 기본 구조를 일률적으로 제공했으나, 기술이 발달함에 따라서 후기 유형에서는 이야기 장르의 가짓수를 다양하게 나누고 각각에 부합하는 이야기 아크를 제공하고 있다. 배경 역시 제한된 서사적 배경을 제시하고 선택할 수 있게만 한다.

또한 이 애플리케이션의 경우 사용자에게 일방적으로 이야기를 전달하는 것이 아니라 사용자에게 빈칸을 제공하고 그곳을 자신만의 상상력을 발휘해 채워 넣도록 유도한다. 초기 서비스 유형에서는 기술적인 한계로 인해 등장인물 역시 공주, 기사, 용, 해적 등 이른바 평면적이고 전형적인 인물군으로 한정되어 있었다. 그러나 기술이 발달함에 따라 후기 서비스 유형에서는 필요한 인물을 사용자가 직접 그리고 오려서 붙일 수 있게 되었다. 즉 이야기 아크 < 배경 < 인물 순서로 사용자의 자유도가 높게 나타나는데, 이는 구비문학 및 문자 문학을 모두 관통하는 이야기 창작의 기본 법칙이기도 하다. 이를 통해 사용자는 자연스럽게 이야기 원형을 지키면서 자신의 개성을 부여하고 이야기를 적절히 변형해 이른바 '잘 짜인 재미있는 이야기'를 만드는 법을 스스로 습득하게 된다.

이처럼 이야기 예술에 있어서 창의성이란 소수의 낭만주의적 천재만이 타고난 능력이라기보다 이야기의 원형과 최소 규칙을 지키는 가운데 대중으로부터 공감과 카타르시스를 이끌어낼 수 있도록 이야기를 변형하고 재구성할 수 있는 능력에 가깝다. 창의적인 작가란 좋은 이야기를 통해서 인간과 소통할 수 있는 능력을 갖춘 사람이다. 이를 위해서 스토리 리텔링 능력은 선택이 아닌 필수이다.

이야기 변형과 창의성 연습

그렇다면 과연 이야기에 있어서 창의성이란 무엇인가. 나아가 이야기를 통해서 창의성을 키우는 것이 가능할까. 앞서 언급한 바와 같이 이야기에 있어서 창의성이란 무에서 유를 창조하는 우발적인 재능이라고 보기 어렵다. 오히려 그것은 변하지 않는 문화적 가치와 변화하는 시대적 패러다임을 동시에 이해하는 능력, 인간의 본질적인 내면을 최신 기술을 통해서 재현할 수 있는 능력, 타인에게 공감을 불러일으킬 수 있는 설득력 있는 이야기를 구성하는 능력에 가깝다. 따라서 그런 창의성은 반복적인 연습을 통해서 어느 수준까지는 키워낼 수 있다. 이야기의 창의성에 대한 최종적인 평가는 소수의 비평가 집단을 통해서 이루어지지 않는다. 오히려 다수의 대중을 통해서 자연스럽게 평가된다. 이야기는 서로 주고받을 수 있을 때에만 유효한 예술 콘텐츠이다. 따라서 대중으로부터 공감과 카타르시스를 불러일으키는 이야기, 시대의 현실과 문제를 반영하는 이야기, 나아가 문제들에 대해서 구체적 대안을 제시하는 이야기가 재미있는 이야기인 동시에 좋은 이야기이다.

『이야기의 탄생』의 저자인 윌 스토Will Storr에 따르면 영화와 소설과 같은 허구적인 이야기가 인간에게 재미를 주는 이유는 바로 이야기의 기원이 원시시대와 맞닿아 있기 때문이다. 예로부터 인간은 영웅적 행위와 사악한 행위에 대한 이야기에 특정한 방식으로 대응하면서 진화해왔다.[15] 이 과정에서 인간은 자연스레 인과응보의 이야기, 영웅이 상을 받고 반사회적 인물이 벌을 받는 이야기를 보고

싫어 하게 된다. 이처럼 이야기는 인간 개인의 본래적 욕망을 표출하는 수단인 동시에 사회문제를 구체적으로 그려내는 사회적 산물이기도 하다. 따라서 낭만주의적인 창의성 개념만으로는 이야기의 창의성을 설명하기에 부족하다. 즉 이야기에 있어서 창의성이란 자의적이기보다는 개연적이고, 개인적이라기보다는 사회적이다.

따라서 이야기에서는 이야기의 원형을 유지하는 동시에 이를 변형하는 비율, 즉 밸런싱이 중요하다. 이야기의 가능 세계 이론을 제시한 앨리스 벨Alice Bell과 마리-로어 라이언Marie-Laure Ryan에 따르면 거대한 이야기의 세계에는 이야기 변형을 위한 원리가 있다. 이른바 '트랜스픽션transfiction'으로 지칭되는 이야기 변형의 원리를 벨과 라이언은 총 다섯 가지로 제시한다. 본래 트랜스픽션이란 두 가지 이상의 여러 이야기의 인물, 상상적 장소, 사건, 전체 허구 세계의 요소를 혼합 및 융합하는 것을 뜻한다. 다섯 가지 원리는 크게 ① 이야기 연장extension, ② 이야기 수정modification, ③ 이야기 전환transposition, ④ 이야기 통합mash-up, ⑤ 이야기 삽입embedding으로 구성된다.[16]

보다 구체적으로 살펴보면 다음과 같다. 첫째, 이야기 연장은 이야기 원형 및 원작에서 구축된 사실들을 근거로 삼아 새로운 이야기를 추가해나가는 방식이다. 전통적으로 TV나 영화와 같은 선형적인 서사에서 시리즈나 시즌제 이야기를 연속적으로 이어나가는 경우를 뜻한다. 이는 주로 성공한 원형의 세계관을 유지하는 가운데 이야기를 연장해나가는 것인 만큼 가장 잘 알려지고 안정적인 이야기의 확장 방식이라 할 만하다. 다만 검증된 기법인 만큼 하이퍼텍스트 기반의 디지털 패러다임을 잘 반영한 독창적인 시도라고 보긴 어렵다.

둘째, 이야기 수정은 이야기 원형 및 원작에서 결말이나 일정 부분을 수정해 대체하는 방식이다. 이때 수정의 범위는 부분적으로 제한되어 최소한의 이야기 원형을 유지해야 한다. 즉 이야기 블록 중 일부를 빈칸으로 두고 이에 창작자가 '만약에if'를 적용하면 이야기에 새롭게 독창성을 부여할 수 있게 된다. 가령 디즈니의 극장판 장편 애니메이션인 〈인어공주〉의 경우 본래 안데르센의 동화 『인어공주』에서 바다에 빠져서 자살하는 결론 부분을 디즈니 특유의 해피엔드로 수정함으로써 당시 대중들에게 각광받은 바 있다. 패러디나 리메이크 등의 기법 중 일부가 여기에 속한다고 볼 수 있다.

셋째, 이야기 전환은 이야기의 요소 중 시간 및 공간 등 배경을 바꾸는 방식이다. 예로부터 시대와 장소를 초월해서 늘 재미있게 여겨지는 이야기 장르 중 하나가 바로 범죄 수사 드라마이다. 사람이 사람을 죽이는 이야기는 금기의 소재이기에 끔찍하고 위험하다. 상대적으로 살인범을 잡는 과정에 집중하는 범죄 수사 드라마는 일종의 안전망을 두른 금기의 위반인 셈이다. 미국 CBS의 드라마 〈CSI〉 시리즈는 바로 이러한 범죄 수사 드라마라는 원형에 과학수사라는 소재를 접목해 전 세계적으로 인기를 구가했다. 이 드라마는 라스베이거스 시리즈의 성공 이후, 연이어 마이애미, 뉴욕 등 공간적 배경을 달리한 스핀오프spin-off 시리즈를 선보였다. 즉 라스베이거스 시리즈의 이야기 뼈대에 기반을 두되, 휴양도시인 마이애미, 9·11 이후의 뉴욕 등 지역적 특성을 차별점으로 부각시켜 이야기를 전환한 것이다.

이와 같은 이야기 전환은 특히 넷플릭스 등 글로벌 OTT 서비스가 대중화되면서 국가별, 문화권별로 다양하게 나타나고 있다. 가령 넷플릭스의 경우 유럽 기반의 다국적 드라마〈크리미널〉시리즈를 선보였다. 이 시리즈의 경우 기본적으로 동일한 취조 공간을 고정 항이자 원형으로 제시한다. 여기에 영국, 프랑스, 독일, 스페인의 각기 다른 사회 문화적 배경과 문제를 더함으로써 각 시리즈의 이야기를 차별화한다. 결국 사용자는 각 국가별 이야기를 동시다발적으로 비교 분석하면서 소비할 수 있게 되며, 각기 다른 이야기의 조각들이 결과적으로는〈크리미널〉이라는 이야기 세계를 구성하게 된다. 이처럼 이야기 변형의 기법은 하나의 텍스트에 하나만 적용되는 것이 아니고, 순차적 혹은 동시다발적으로 두 개 이상이 적용될 수도 있다.

넷째, 이야기 통합은 다른 서사의 장르나 양식을 하나의 텍스트 안에 혼합하는 방식이다. 가령 2차 창작에 해당하는 팬픽션의 경우 기존의 장르 문학의 관습을 깨고 새로움을 창출하는 방식으로 이와 같은 매시업을 적절히 활용한다. 가령 조엔 롤링의 판타지 소설『해리 포터』시리즈의 팬픽션을 살펴보면 로맨스, 호러, 스릴러, SF 등 다양한 장르가 혼합적으로 나타나고 있다. 이러한 2차 창작뿐 아니라 최근에는 영화나 드라마는 물론 게임 역시 기존의 고정적 장르의 체계 안에 머물기보다는 다양한 장르의 혼합을 통해서 새로운 장르를 창출하는 방향으로 발전 중이다.

다섯째, 이야기 삽입이란 이야기의 원형이 다른 이야기에서 픽션의 형태로 등장하는 방식이다. 고전적으로 이야기 삽입은 영화 속의 영화, 영화 속의 애니메이션 등으로 실현되어왔다. 코로나 대유행 이후 비대면의 가상 세계를 기반으로 삼아 이야기 삽입이 이뤄지는 경우도 나타나고 있다. 가령 디지털 게임의 배경을 무대로 삼아 실제 가수가 자신의 아바타를 통해서 공연이나 이벤트를 펼치는 '인게임 콘텐츠in-game content'도 등장했다.

이러한 수정의 원칙에 의거해 변형된 이야기를 접하게 되면 이야기의 수용자는 '최소한의 이탈 원칙the principle of minimal departure'[17]을 평가하게 된다. 최소한의 이탈 원칙이란 현실에 대한 지식이 소설에 대한 사실의 평가에 유사하게 적용되는 경우를 뜻한다. 무조건 하늘 아래 없던 새로운 이야기를 창작하는 것이 창의적인 것이 아니라는 뜻이기도 하다. 즉 최소한의 이탈 원칙을 지켜 변형된 이야기에 대해 수용자는 새로운 이야기가 이야기의 본질적 가치를 훼손하지 않는 가운데 창의적으로 잘 만들어졌다고 종합적인 평가를 내리게 된다.

이야기 변형의 원칙을 제시한 라이언에 따르면 내러티브란 완벽한 논리적 관계망으로 내면화되어 있지 않다.[18] 결국 인간이 만들어내는 이야기란 무한하다기보다는 유한하며, 완전한 세계라기보다는 불완전한 세계이다. 그렇기 때문에 이야기의 적극적인 수용자는 주어진 이야기를 단순히 소비하는 단계에서 그치지 않고, 이야기 세계에서 빈칸을 찾아내고 재해석과 재구성의 과정을 거쳐서 제3의 이야기를 창작할 수 있는 창의성을 함양하게 된다. 결국 가장 적극적인 이야기 수용자만이 이야기 창작의 주체로 거듭날 수 있는 기회를 갖게 되는 것이다. 한국 현대문학사에서 명문가로 잘 알려진 이

태준이 1948년 단행본으로 발간했던 『문장강화文章講話』에 따르면 좋은 글쓰기 비법은 다름 아닌 반복적 글쓰기와 지치지 않는 수정에 있다. 이는 비단 소설뿐 아니라 모든 예술 분야에서 창의성을 연습하고 키우기 위해 가장 중요하고 필수 불가결한 자질이자 과정이다.

이야기는 개인의 욕망과 집단의 무의식을 구조화하고 재현하는 예술이다. 그러므로 이야기는 어떤 예술 장르보다 개인과 사회와 긴밀하게 연계되어 있다. 따라서 창의성 역시 기본적으로 인간의 본질에 대한 이해, 집단의 심연에 대한 고민을 전제로 삼아야만 한다. 이와 더불어 우리는 구비문학과 인쇄 문학의 시대를 거쳐 가상 세계와 현실 세계가 혼합된 메타버스metaverse의 시대를 살아가고 있다. 따라서 개인과 사회, 기술과 예술, 과거의 신화와 미래의 상상력을 모두 오고 가며 아우를 수 있는 융합적 사고와 가치관이 필요하다. 이야기를 전개해나가는 데 있어서도 다성적인 언어를 활용해 멀티모달하게 표현하고, 무엇보다도 사용자와 적극적으로 상호작용하는 가운데 제3의 이야기를 재창조할 수 있어야 한다. 바로 지금 이 순간에도 메타버스의 공간에서는 재미있고 흥미진진한 이야기, 인간의 본질을 꿰뚫는 크고 작은 이야기가 생성되는 중이다.

글쓰기의 단계와 창의적 사고의 논리

김상환

"위대한 창조는 어른 속에서 다시 자라나는 아이와 더불어
겨우 싹트는 가능성이다."

김상환은 서울대학교 철학과 교수로 현대 철학의 다양한 통찰을 바탕으로 지금의 우리 모습과 시대를 진단하는 글을 써왔으며, 현대 철학의 흐름을 체계적으로 재구성하는 연구에 매진하고 있다. 지은 책으로 『왜 칸트인가』(2019), 『근대적 세계관의 형성』(2018), 『김수영과 『논어』』(2018), 『철학과 인문적 상상력』(2012) 등이 있고, 옮긴 책으로 『차이와 반복』 등이 있다.

나의 대학 시절 한국을 방문하여 여러 차례 강연회를 개최했던 네덜란드의 철학자 반 퍼슨van Peursen이란 분이 있다. 문화철학을 개척한 선구적인 학자로 꼽힌다. 최근 창의성과 관련된 자료를 뒤지다가 우연히 그의 글이 눈에 띄어 읽어보았다. 「학습 과정으로서의 창의성」[1]이란 논문으로 발달심리학에 기대어 학습의 진화 과정을 네 단계로 나누어 설명한다. 이후 나는 발달심리학 분야에서 발표된 유사한 내용의 글을 만나게 되어 반 퍼슨의 글과 비교하면서 읽어보았다. 그 글은 정신의 성숙을 세 단계로 나누어 조망하면서 창의적 지혜의 논리적 구조를 드러낸다. 아래의 글은 두 논문의 내용에 대한 소개이자 자유로운 주석이다.

학습의 네 단계와 창의적 글쓰기

창의적인 상상력은 천부적인 재능일 수 있다. 그러나 평범한 인간에게 창의성은 학습을 통해 획득해야 할 어떤 것이다. 반 퍼슨은 보통 사람이 후천적인 배움의 길에서 창의성에 도달하는 과정을 서술한다. 나는 그의 논문을 읽으면서 글을 배우고 쓰는 능력도 그가 말하는 네 단계를 거쳐 발달한다는 생각이 들었다. 그래서 그의 설명에 기대어 평소 글쓰기에 관해 가지고 있던 잡념들을 아래와 같이 정리해보았다.

학습의 첫 단계

학습의 첫 단계는 파블로프의 개 실험과 조건반사 이론으로 충분히 설명할 수 있다. 동물은 유전적으로 고착된 자극(S)과 반응(R)의 체계를 지닌다. 개는 배고픈 상태에서 먹이를 보면 침을 흘린다. 하지만 이런 유전적 반사(S-R)는 학습된 반사로 대체될 수 있다. 처벌과 보상에 따라 훈련을 반복하면 새로운 조건반사가 자리를 잡는다. 가령 먹이 대신 종소리가 침을 흘리게 만들 수 있다. 파블로프의 실험에서 대체되는 것은 반응(침)이 아니라 자극(음식, 종소리 등)이다. 자극이나 대상이 달라지더라도 학습 주체는 똑같이 반응할 수 있다. 이것을 도식화하면 $S_3, S_2, S_1 - R$로 표기할 수 있다. 도식의 왼쪽과 오른쪽은 각각 변화하는 자극(S_3, S_2, S_1)과 고정된 반응(R)을 표시한다.

글쓰기는 어떤 학습 과정에서 주어지는 능력이다. 글쓰기를 배울 때는 두 가지를 마음에 새겨야 한다. 먼저 좋은 생각이 있어야 좋은 글이 나올 수 있다. 남다른 체험에서 얻은 내용이든, 폭넓은 독서에 바탕을 둔 영감이든, 집중적인 고민의 산물이든 무엇이든지 좋다. 글로 옮길 수 있는 풍부한 아이디어가 있어야 한다. 그러나 생각이 많고 좋다고 해서 그대로 좋은 글이 나오는 것은 아니다. 글은 생각으로 통제되지 않는 고유한 자극과 반응의 메커니즘을 지닌다. 글은 생각의 논리와 구별되는 독특한 분절화의 형식에 따라 전개된다. 글을 쓰는 과정에서 내용이 바뀌거나 심지어 처음의 의도와는 완전히 다른 곳에 도착하는 이유는 여기에 있다. 많이 읽고 생각하다 보면 머릿속의 내용이 저절로 넘쳐 좋은 글이 된다고 믿는 사람은 평생 조야한 문장밖에 쓸 수 없다.

글을 쓴다는 것은 내용에 걸맞은 표현의 형식을 찾는 것이다. 주어진 내용을 정확하게 표현할 뿐만 아니라 때로는 아름답게, 때로는 극적으로, 때로는 내면적 울림의 효과를 가져오도록 표현할 수 있어야 한다. 이때 필요한 것이 진부함에 대한 반감이다. 진부함에 대한 반감은 새로움에 대한 동경과 짝을 이룬다. 그렇다면 새롭다는 것은 무엇인가? 물론 새로운 것을 기괴하거나 일탈하는 것과 혼동하지 말아야 한다. 새로운 것은 이전의 것과 다르되 모범이 될 만한 것이면 된다. 익히고 배워서 자기 것으로 하고 싶은 욕망을 불러일으키는 것이 새로운 것이다.

초보자에게 새로움은 다양함이다. 똑같은 내용을 언제나 유사한 말로 옮기기보다는 문맥에 따라 여러 가지 다른 말로 표현하면 새로운 느낌을 준다. 글쓰기를 처음 배우는 사람에게 제일 먼저 필요한 것은 자신이 알고 있는 표현에 만족하지 않는 것이다. 하나의 동일한 내용과 짝을 이룰 만한 더 좋은 표현들이 있는지 둘러보아야 한다. 멋진 표현을 만났을 때는 그것을 익혀 자기 것으로 만들어야 한다. 이런 수준에서 창조적 글쓰기는 대체의 유희로 나타난다. 기존의 말을 다른 말로 대체하는 유희인데, 멋진 은유와 환유는 그런 창조적인 대체의 유희에서 태어난다.

학습의 둘째 단계

학습의 둘째 단계는 스키너의 쥐 실험으로 설명될 수 있다. 미로 한가운데 있는 쥐에게 출구의 먹이를 찾도록 유도하는 실험을 반복하면 먹이를 찾는 속도가 점점 빨라진다. 다양한 시행착오를 겪으면서 쥐는 점점 능숙하고 용이하게 목표에 도달한다. 여기서 학습은 똑같은 자극에 대해 자신의 반응이나 선택을 교체하는 과정이다. 즉 자극이나 대상은 동일하게 남아 있는데, 그것에 관계하는 주체의 태도나 반응은 계속 달라진다. 어떤 자기 교정이 일어나는 것이다. 인지의 발달은 시행착오에 따른 그런 자기 교정에서 비로소 시작될 수 있다. 이것을 도식화하면 이전의 첫 번째 도식과 대칭을 이루는 $S-R_1, R_2, R_3$로 표시할 수 있다.

모든 배움의 과정은 능숙한 행위를 목표로 한다. 능숙한 행위는 당연히 훈련을 요구한다. 능숙하고 숙달된 동작은 기계적인 성격을 띤다. 기계적인 성격의 동작은 보통 습관이라 불린다. 모든 배움의 절차는 우리에게 능숙함을 보장하는 일정한 습관을 만들어가는 절차라 할 수 있다. 사람은 천성이라 불리는 자연적 본성을 지니지만, 동물과 달리 학습을 통해 얻은 습관적 본성을 지닌다. 인간은 습관적 본성이라는 제2의 천성을 바탕으로 동물의 왕국과 구별되는 문화의 왕국을 이룬다. 동물의 왕국이 본능의 왕국이라면, 문화의 왕국은 습관의 왕국이다. 글쓰기는 습관이되 습관의 왕국을 다시 상징의 왕국으로 만들어가는 습관이다.

습관을 뜻하는 영어 habitus는 한편으로는 소유한다habere는 의미를, 다른 한편으로는 거주한다inhabere는 의미를 동반한다. 사실 인간이 내면적으로 소유하는 것은 대부분 습관의 산물이다. 사람들 사이의 차이는 천성에서 비롯된 것보다는 습관에서 비롯된 것이 훨씬 많다. 이는 개인의 정체성 자체가 습관의 산물임을 의미한다. 사람의 사람됨은 무엇을 배우고 익히느냐에 따라 결정된다. 무엇에 습관을 들이고 무엇에 능숙해지느냐에 따라 주체의 본성이 달라진다. 문화가 인간이 자연에 거주하는 방식이라면 그 거주의 방식을 결정하는 것은 습관의 체계에 있다. 문화는 습관의 체계로 정의할 수 있다.

스키너는 습관을 들이는 과정을 동일한 자극에 대한 반응을 개선해가는 절차로 설명했다. 여기서 반응의 개선은 주체의 자기 교정을 의미한다. 습관은 주어진 자극에 반응하는 일정한 패턴이다. 자극과 반응의 패턴이 습관의 형태로 고정되기까지는 무수한 시행착오와 그에 따른 자기 교정의 절차가 있어야 한다. 글쓰기의 차원에서 습관은 최종적으로 스타일로 나타난다. 글쓰기의 습관은 스타일의 창조에서 완성된다.

이런 관점에서 보면 글을 쓴다는 것은 단순히 사물을 재현하거나 정보를 전달하는 것으로 그치는 것이 아니다. 글을 쓴다는 것은 가장 알맞은 표현을 찾으려 이미 쓴 글을 다시 고쳐 쓰는 것이다. 글을 고쳐 쓰기 위해서는 자기 자신으로 돌아가 생각을 고쳐야 한다. 글쓰기는 기존의 글을 고치면서 자기 자신을 고치는 수준으로 나아간다. 글을 이루면서 자기 자신을 이루는 데까지 이르러야 글쓰기의 참맛을 알 수 있다. 글쓰기의 즐거움은 성장의 체험과 이어져 있다.

학습의 셋째 단계

학습의 셋째 단계에서는 자극과 반응 양쪽이 모두 자유롭게 교체될 수 있다. 우리는 이것을 이전의 두 가지 도식을 합쳐놓은 S_3, S_2, S_1 ― R_1, R_2, R_3로 도식화할 수 있다. 이런 형태의 학습은 머릿속의 관념이나 상징이 자극과 반응 사이에 간섭할 때 일어날 수 있다. 가령 전쟁터에서는 깃발의 상징적 의미로 말미암아 무수한 군인이 목숨을 던진다. 이것은 동물에게서는 보기 힘든, 오직 인간에게서만 볼 수 있는 현상이다. 사실 문화권마다 상징체계는 다르다. 그런 만큼 동일한 대상도 서로 다르게 지각되고 서로 다른 반응을 초래한다.

성숙해가는 의식의 주체에게 배움의 과정을 끌고 나아가는 시행착오는 언어의 수준에서 일어난다. 실질적인 학습 체험은 기호나 상징을 통해 생략되거나 대체된다. 이 단계에서 자극과 반응 각각은 상호 대체 관계에 있는 다양한 항, 다양한 선택지로 불어난다. 자극과 반응이 모두 여러 가지 선택지 사이에서 일어나는 만큼 두 극의 관계는 반성과 기억에 의해 매개, 조정된다.

이 단계의 아이콘으로 우리는 플로베르 소설의 주인공 보바리 부인을 세울 수 있다. 보바리 부인은 실제의 현실을 살아간다기보다 책 속의 현실을 살아간다. 현실의 삶을 대신하는 이상적인 허구 속에 거주하는 보바리 부인에게 자극과 반응은 특정한 기호에 의해 통제된다. 이를 통해 대상은 최초의 자연적인 규정성을 상실하고 새로운 규정성을 얻는다. 가령 음식은 배고픔을 채우는 문맥에서 벗어나 심미적 향유의 수준에서 자극을 주는 대상으로 변모한다. 그런데 보바리 부인의 한계는 기존의 학습된 기호 체계를 벗어나지 못한다는 데 있다.

자극과 반응이 상징적 체계에 의해 매개되는 단계에서는 당연히 자극과 반응 사이의 거리가 점점 멀어진다. 책을 통해서가 아니라 경험을 통해 많은 정보와 기억을 누적한 사람도 주어진 자극에 직접 반응하지 않는다. 여러 가지 가능한 반응이 지닐 각각의 상징적 의미를 고려한 이후 대응한다. 선택을 위한 계산이 점점 복잡해지는 것이다. 반대로 판단의 배경을 이루는 정보의 성격이나 기억의 내용이 어떤지에 따라 동일한 반응을 위한 자극이 달라질 수 있다. 수용자는 사실보다는 상징적 의미에 치중하고, 자극은 문맥과 상황에 따라 서로 다른 상징적 가치를 지니게 되기 때문이다. 말 한마디로 천 냥 빚을 갚는다는 말은 이래서 나오는 것이다.

프로이트는 무의식을 발견하면서 양가감정을 설명하는 길을 열어놓았다. 무의식이 자극과 반응 사이에 개입할 때는 슬픔을 유발하던 것이 기쁨의 원인이 된다. 고통의 원인이던 것이 만족감의 원천으로 전도된다. 아프게 하면서 즐거움을 주는 역설의 대상이 되는 것이다. 고대인의 성격을 구성하는 것은 맑고 단순한 감정인 반면 현대인의 감정은 복잡하고 양가적이란 특징이 있다. 현대적인 글쓰기의 기준도 여기서 찾을 수 있다. 글쓰기의 현대성은 하나의 문장으로 여러 상반된 감정, 여러 대립하는 의미, 복수의 음색과 기조를 동시에 표현하는 데 있다. 그러나 이것은 현대성의 특징이라기보다 패러다임 전환기의 일반적인 특징일 수 있다. 하나의 문화적 패러다임이 절정기를 통과할 때는 언어의 혓바닥이 여럿으로 갈라진다. 언어가 입을 열 때마다 다수의 의미와 정념이 동시에 발화되는 것이다.

　상징적 체계에 의해 매개되는 학습의 단계는 여전히 습관의 개념으로 돌아가 설명할 수 있다. 왜냐하면 습관은 기계적인 동시에 무의식적인 선택의 기제에 해당하기 때문이다. 습관은 마치 세포막이나 피부처럼 자극과 반응 사이에 자리한 반투과성 선택 장치와 같다. 그런데 습관은 세포막이 그런 것처럼 선택 장치이기 이전에 먼저 보호 장치이다. 농부는 손발의 두툼한 각질 덕분에 불필요한 자극에서 해방되어 대지에 편안하게 거주한다. 이와 마찬가지로 감각상의 갖가지 습관 덕분에 인간은 불필요한 흥분과 본능적 자극에서 벗어나 선택된 대상에 집중하기에 이른다. 헤겔은 습관이 없다면 인간은 사소한 본능적 자극들 속에 함몰되어 정신착란이나 분열증에 빠질 것이라 했다. 습관이 가로막아주기에 정신은 수많은 자극에 무관심해지고, 그 결과 자신의 고유한 관심의 영역을 키워나갈 수 있다.

　언어는 자극과 반응을 일정한 강도와 방향에 따라 흐르도록 만드는 수로와 같다. 언어에 의해 자극과 반응은 일정한 패턴에 따라 재분할된다. 이런 점에서 언어는 습관의 연장선상에서 이해할 필요가 있다. 즉 언어는 배움의 절차 자체에 해당하는 습관화에 뿌리를 둔다. 언어는 습관이 만들어내는 관행의 한 종류다. 언어는 관행화된 기호, 약속된 기호다. 글쓰기란 약속된 기호에 의지하여 과거의 약속을 현재 속에 실행하고 미래에서 오는 새로운 약속을 현재 속에 기입하는 행위다.

학습의 넷째 단계

학습의 넷째 단계는 기존의 자극과 반응의 체계를 변형하거나 기존의 상징에 새로운 의미를 부여하는 능력과 관련된다. 가령 물질이라는 하나의 단어는 아리스토텔레스 체계, 뉴턴 체계, 아인슈타인 체계를 지나면서 전적으로 다른 의미를 지닌다. 전적으로 다른 의미를 지니면서 이전의 체계가 부딪힌 문제를 해결하는 위치에 자리하는 것이다. 쇠퇴기에 이른 체계는 기존의 약속을 깨뜨리는 사례들에 봉착하여 위기에 빠진다. 서로 배타적인 요구를 동시에 만족시키려는 노력 속에 쇠퇴기의 언어는 혓바닥이 쪼개지고 목소리가 갈라진다. 이런 국면에서 위대한 창조는 단순한 언어에 의해 일어난다. 혼돈에 종지부를 찍고 모순을 해결하는 간결한 구조에 의해 혁신이 일어나는 것이다.

이런 종류의 혁신은 단순히 자극과 반응을 자유롭게 대체하는 수준을 넘어 자극과 반응의 패턴 자체, 나아가 사고의 문법 자체를 재조직하는 데까지 이른다. 이는 장기짝을 바꾸는 게 아니라 장기판을 바꾸는 데까지 가는 학습 능력이다. 새로운 유형의 합리성을 조형하는 능력이자 새로운 역사적 시기를 열어놓는 능력이다. 이런 창의적인 학습 능력에 힘입어 인간의 문화는 혁명적인 도약이나 진보를 이루어왔다. 이른바 패러다임 전환이라는 것이 그것인데, 여기에 어울리는 도식은 앞의 도식에 판([ ])이 달라지는 모습을 더하여 $[_3 [_2 [_1 S_3, S_2, S_1 \longrightarrow R_1, R_2, R_3 \ _1] \ _2] \ _3]$로 그려볼 수 있다.

우리는 앞에서 습관이 지닌 해방의 힘을 강조했다. 하지만 궁극의 학습 단계에서는 습관이 행사하는 구속력을 강조하지 않을 수 없다. 습관화된 행위나 사고는 타성에 빠지기 쉽다. 습관으로 인해 다양한 가능성이 묵살되고 변화에 대한 저항이 커지게 된다. 습관은 일정한 시기의 문화적 생태를 떠받치는 두꺼운 지층으로 굳어지기도 한다. 위대한 창조는 그 묵직한 습관의 지층에 습곡과 변동을 일으키는 용암의 분출과 같다. 문제는 그런 분출이 일어나는 조건과 논리적 형식을 추려내는 데 있다.

앞에서 제시된 창조의 도식은 하나의 구조([$_1$ S$_3$, S$_2$, S$_1$ — R$_1$, R$_2$, R$_3$ 1])가 다른 하나의 구조([$_2$ S$_3$, S$_2$, S$_1$ — R$_1$, R$_2$, R$_3$ 2])에 의해 대체되는 모습을 보여준다. 우리는 그것을 하나의 평면이 다른 하나의 평면으로 대체되는 것으로 간주할 수 있다. 즉 구조는 개체들이 계열을 이루거나 관계의 그물을 형성해가는 표면과 같다. 창조적 사건은 그런 표면이 성립하는 순간을 가리킨다. 가령 무질서하게만 보이던 퍼즐 조각들이 통일성을 이루며 다시 모이는 순간, 우리는 질서가 자리한 평면을 발견한 셈이다. 알파벳의 조합 원리가 뇌리를 스치는 순간, 글자를 익히던 어린아이는 그 이전과는 다른 평면 위로 진입하게 된다. 일상어에 함몰되어 있던 청년과 원숙한 시인은 똑같은 모국어를 사용하고 있지만 서로 다른 평면 위에 서 있다.

글쓰기의 평면

그러므로 글을 쓴다는 것, 가령 시를 쓴다는 것은 일상의 언어를 일상과는 다른 평면으로 옮기는 것이다. 우리는 이런 이동과 번역을 다음과 같은 동요에 실어 노래할 수 있다.

나리, 나리 개나리
입에 따다 물고요.

병아리 떼 종종종
봄나들이 갑니다.

이 동요는 문학이 언어를 장난감처럼 가지고 노는 모습, 그러면서 동시에 어떤 먼 곳으로 길을 열어가는 모습을 연출하고 있는 것이 아닐까? "나리, 나리 개나리 입에 따다 물고요." 개나리 잎과 병아리 입이 혼동되는 이 대목은 기형도의 『입 속의 검은 잎』(1989)을 생각나게 한다. 이 시집에서 나뭇잎은 언어나 텍스트에 해당한다. 위의 동요에서도 개나리 꽃잎은 단어, 이름, 말 등을 상징하는 것으로 볼 수 있다. 개나리 꽃잎을 따서 입에 문다는 것, 그것은 글쓰기에 해당한다.

문학적 글쓰기, 시적 글쓰기는 일상어의 수풀에서 말을 따와서 일상과는 다른 세계로 가져간다. "병아리 떼 종종종 봄나들이 갑니다"의 의미는 여기에 있을 것이다. 그렇다면 일상어와 시적 언어, 개나리 가지에 붙어 있는 잎과 병아리 입에 물린 잎은 어떻게 다른가? 문학적인 언어를 문학적인 것으로 만들어주는 요소는 어디에 있는가? 문학은 일상어를 어디로 끌고 가는가? 사르트르의 문학론에서 이 모든 것은 "언어의 물질성" 혹은 "사물화"란 말로 풀이된다. 즉 병아리의 입, 시인의 입에 물릴 때 말은 어떤 사물이 되어 순수한 물질성을 드러낸다. 시적 언어는 물질화된 언어다.

이때 사물이 된다는 것은 의사 전달의 도구나 매체로서 지녔던 핵심적 기능이 정지한다는 것을 말한다. 일상어의 기능은 무엇인가를 지시하고 무엇인가에 대한 정보를 담는 데 있다. 이런 기능을 염두에 둘 때 시적 언어는 일종의 먹통이 된 기호다. 일상어와 유사하게 무엇인가를 지시, 전달하는 것 같지만 사실은 명확한 지시 대상이나 정보 내용을 지니지 않는다. 시적 언어는 고장 난 기호, 투명성을 잃어버린 매체라는 점에서 사물과 같다. 그런데 사물화된 말에서는 이상한 일이 벌어진다. 거기에서는 하나의 의미만이 아니라 복수의 의미를 동시에 담고 유지하는 중력이 발생한다. 사물이 되면서 언어는 무궁무진한 의미를 한 번에 담는 폭과 두께를 얻는다. 기호는 지시상의 정확성을 잃어버리는 대신 어떠한 지시 관계에 의해서도 제약되지 않는 무한한 상징성을 획득한다.

이것은 시적 유희 속에서 언어의 목적과 수단이 전도된다는 것을 의미한다. 일상에서 언어는 의미의 전달과 더불어 사라져야 할 매체이지만, 시적 유희 속에서 이 매체는 원래의 의미에 구속되지 않는 복수의 자율적인 의미 작용의 원점이 된다. 기표는 기의에 봉사하지 않는다. 오히려 스스로 기의를 생산하고 다른 기표들과 복잡한 은유적 연락망을 이루면서 독립적이고 통제 불가능한 역동성을 획득한다. 그 대신 일상의 명석판명한 분화의 질서, 그 낮의 질서는 대지의 저편으로 사라진다. 사물이 된다는 것은 즉자적인 것, 투시할 수 없는 것, 잠재적이고 무의식적인 것이 된다는 것이다. 물질화된 기호는 수많은 생각과 감정, 다양한 사물을 미분화된 상태 속에 끌어안고 있는 어떤 블랙홀과 같다. 블랙홀의 충만한 침묵, 무의미의 역동적인 의미 작용, 무엇인가를 끊임없이 말하는 고요. 이런 것들이 시적 언어의 고유한 차원이다.

시적 유희는 일상의 언어를 대낮의 광명이 사라지는 침묵의 밤으로, "비지非知의 암흑"으로 끌고 간다. 이것이 "병아리 떼 종종종 봄나들이 갑니다"의 속뜻이다. 봄나들이, 밤 나들이. 여기서 봄나들이는 자연의 심연, 무의식의 암흑 속에서 펼쳐지는 꿈으로의 여행이다. 바타유의 "밤의 사유"가 대변하는 것처럼 시인의 소풍은 원래 밤나들이로서 이루어진다. 시적 유희는 아폴론적 개방성의 세계에서 디오니소스적 개방성의 세계로 향하는 여정 속에서 이루어진다. 시적 글쓰기는 밤의 상상력 속에서, 심야의 기억 속에서 완료된다. 문학적 글쓰기는 언제나 두 평면 사이의 이행이고, 위대한 문학적 창조는 자연적 언어의 평면과 구별되는 새로운 평면의 수립과 같다.

성숙의 세 단계와 창의적 사고

학습 능력의 발달 과정은 정신의 성숙 과정 자체에 해당한다. 20세기의 발달심리학에 따르면 인간의 정신은 세 단계의 절차에 따라 성숙하고 마침내 지혜의 경지에 도달한다.[2] 이 세 단계의 여정을 밟아가며 한편으로는 창의성의 개념을, 다른 한편으로는 주체의 유형을 생각해보자.

성숙의 첫째 단계

첫째는 체계 내적intra-systemic 사고의 단계다. 여기서 개인은 단일한 체계의 규칙을 익힌다. 규칙에 충실하면서 사고의 일관성, 안정성, 정체성을 획득한다. 원칙 없는 사고의 혼돈, 줏대 없는 판단의 무질서에서 벗어나는 것이다. 이 단계의 주체는 이 세상의 문제 각각에 확실한 정답이 있다고 믿는다. 그러나 체계를 반성할 수 있는 상위의 관점이나 언어는 아직 결여하고 있다. 연령상 20대 초의 젊은 대학생들이 이런 유형의 정신이다. 그들이 보여주는 이상주의적 세계관은 자신이 속한 체계에 대한 확신에서 온다.

갓난아이의 정신은 밀가루 반죽과 같이 고정된 형태를 지니지 않는다. 성인의 정신이 지닌 일정한 형태는 교육과 학습의 산물이다. 인간의 정신이 고정된 형태를 얻는 과정은 사회화라는 말로 통칭된다. 사회화는 사회적 규범을 내면화하는 과정이다. 그 내면화 과정은 주체가 특정한 사회적 질서에 편입, 소외되는 절차다. 왜 소외라 하는가? 사회적으로 바람직한 습성을 얻기 위해 자연적으로 주어진 성질을 버려야 하기 때문이다. 인간은 사회화를 거쳐 일정한 정체성을 얻지만 그 정체성은 자연적인 본성을 포기한 대가로 주어진 제2의 천성이다.

인간은 처음부터 자율적 주체로 태어나는 것이 아니다. 정신분석이 설명하는 것처럼 처음부터 자기 욕망의 주인이 되기를 원하는 주체는 타인과 소통 불가능한 인간, 광인이 된다. 인간은 자율적 주체로 태어나기 전에 먼저 타인과 말이 통하는 합리적 주체가 되어야 한다. 합리적이고 따라서 기대 가능한 개인, 계산 가능한 행동의 주체가 되어야 한다. 그러나 그럴 수 있기까지 먼저 자신의 원초적인 욕망을 괄호 안에 묶고 타율적 훈육의 절차를 받아들여야 한다. 주체화는 예속화에서부터 시작된다.

정신분석은 주체 생산의 조건인 예속화를 오이디푸스콤플렉스의 통과로 설명한다. 오이디푸스콤플렉스를 통과하기 이전의 어린아이는 백지상태가 아니라 무정부 상태에 놓여 있다. 어린아이의 신체는 그 전체가 성감대로서 다양한 종류의 부분 충동들로 우글거린다. 부분 충동들은 서로 다른 대상과 배타적인 목표를 추구하므로 혼돈으로 빠져든다. 구강기, 항문기, 성기기라는 성 발달 단계는 부분 충동들이 일정한 성감대를 중심으로 통합되는 과정이다. 유아의 신체는 오이디푸스콤플렉스를 통과하면서 생식기를 중심으로 일사불란한 질서를 획득한다. 오이디푸스콤플렉스를 통과한다는 것은 자신의 고유한 욕망을 아버지로 대표되는 규범적 체계에 양도한다는 것이며, 거기서 새로운 종류의 욕망을 배우고 습득한다는 것이다.

인간의 정신도 마찬가지다. 정신이 사고 능력이라면 사고는 생각의 내용에 일관된 질서를 부여하는 규칙을 전제한다. 단일한 체계의 규칙을 전제하지 않는 사고는 무정부 상태를 벗어날 수 없다. 합리적 질서에 도달할 수도 없다. 생각은 창의적이기 이전에 먼저 합리적이어야 한다. 그리고 합리적일 수 있기 위해서 생각은 먼저 특정한 체계의 규칙에 자발적으로 복종해야 한다. 인간은 수동적 복종을 자발적 추구로, 타율적 강제를 자발적 입법으로 전도시키는 가운데 처음으로 자유를 맛본다. 그러나 타율적 복종을 받아들이는 단계에서도 이미 어떤 해방감이 주어진다. 그것은 무질서나 무의미에서 벗어나는 해방감이다.

이런 해방감은 소명 의식으로 발전한다. 이것은 주체가 자신에게 질서와 의미를 선물한 기존의 규칙을 적극적으로 옹호하는 단계의 일이다. 이 단계에서 주체는 기존의 규칙을 옹호, 전파하기 위해 그 규칙을 입증하는 사례를 끊임없이 찾아낸다. 한 걸음 더 나아가 규칙에 어긋나는 일들을 사정없이 비판하는가 하면 규칙에 흠이 발견되는 즉시 그것을 제거하거나 정당화하는 것을 주저하지 않는다. 주체는 자신에게 일관된 정체성을 선물한 규칙을 일반화, 이상화, 절대화하는 작업에서 자유의 길을 찾는다. 여기서 우연은 필연으로, 서사의 얼개는 논증적 연역으로, 상관성은 인과성으로 전도된다.

성숙의 둘째 단계

둘째는 체계 간inter-systemic 사고의 단계다. 여기서는 단지 하나의 체계만 있는 게 아니라 서로 다른 복수의 체계가 있다는 것이 자각된다. 복수의 체계 간 갈등이 쟁점으로 떠오르기도 한다. 기존의 단일한 체계를 반성할 수 있는 상위의 시각과 메타언어는 이런 체계 간 사고에서 점진적으로 발전해간다. 이 단계의 주체는 모든 문제에는 복수의 답이 가능하다는 믿음에 도달한다. 그러나 체계 간 갈등을 용인할지언정 아직 해결하지는 못하고 있다. 연령상 40-50대의 중년이 이런 유형의 정신이다. 이들이 터득한 다각적 비판 능력이나 갈등 조율 능력은 자신이 속한 체계의 구속력에서 벗어나 자유로운 시선의 입지를 구축한 결과다.

답은 한 가지가 아니라 여럿일 수 있다는 믿음이 생기기 위해서는 먼저 진리가 거짓으로, 거짓이 진리로 전도되는 경험이 있어야 한다. 그러나 이런 전도의 경험으로 인하여 허무주의의 함정에 빠지지 말아야 한다. 기존의 기준을 반증하는 사례들은 오히려 더 큰 진리를 긍정하는 상향적 판단으로 나아가는 계기가 되어야 한다. 단일 체계 내에서 성립하는 진리가 있는가 하면 복수의 체계 사이에서 성립하는 진리도 있다. 이것을 깨닫기 위해서는 형식논리의 사유를 버리고 변증법적 사유를 연습해야 한다.

체계 간 사유가 변증법적 사유를 요구한다면 변증법적 사유에서 긍정은 부정의 부정, 즉 A=-(-A)이다. 여기서 진리는 부정된 오류(부정된 진리의 부정)라는 의미에서 전도된 오류다. 이와 마찬가지로 오류는 부정된 진리(부정된 오류의 부정)라는 의미에서 전도된 오류다. 진리는 오류에 의해, 오류는 진리에 의해 매개되어 있다. 진리와 오류는 서로에 의해 매개되면서 상승적으로 진화한다. 변증법적 관점에서는 진리만이 아니라 오류나 가상도 발전해간다. 거짓의 진화가 없다면 참된 진실도 진화할 수 없다. 이와 마찬가지로 진리가 자라나므로 오류 또한 커질 수밖에 없다.

변증법적 사유는 논증적이라기보다 서사적이다. 변증법적 매개의 관계에 놓이는 항들은 어떤 이야기, 역사가 된다. 어떤 것을 변증법적으로 서술한다는 것은 그것을 기복이 심한 서사적 구도 속에 무대화한다는 것과 같다. 가령 헤겔의 논리학에서 사물의 외적 규정들은 그것의 본질과 대립하면서 가상으로 전락한다. 그러나 가상화Erscheinen는 나타남을 의미한다. 본질은 본질상 보이지 않는 것이므로 어떤 형태를 띠고 나타나기 위해서 자신을 비본질적인 요소로 만들어야 한다. 그것이 가상화다. 가상화는 본질의 본질이다. 본질이 가상화를 본질로 한다는 발견이 이루어지면서 가상은 본질의 내면을 구성하는 필연적 계기로 반전된다. 변증법의 묘미는 대립과 모순을 찾는 데 있는 것이 아니다. 그것은 오히려 안에서 바깥을 찾거나 바깥에서 안을 찾는 데 있다. 외부적 대상에서 주관적 내면성을 발견하거나 주관적 내면성에서 외부적 대상을 발견하는 변증법적 서사에서 주체와 객체를 가르는 대립의 경계는 끊임없이 다시 그려진다.

공자는 아는 자[知之者], 좋아하는 자[好之者], 즐기는 자[樂之者]를 구별했다. 아는 자와 좋아하는 자는 전형적인 체계 내적 사유의 주체에 해당한다. 아는 자는 체계의 규칙을 수동적으로 익히는 주체, 타율적 훈육을 거친 주체다. 좋아하는 자는 능동적으로 규칙에 복종하는 주체, 외부의 규칙을 자율적 입법의 대상으로 내면화하는 주체다. 반면 즐기는 자는 특정 체계를 조직하는 이항 대립의 질서에서 벗어나 있다. 특정 규칙에 얽매이지 않으면서 무질서로 전락하지 않는다. 즐김의 주체는 체계 내적 사유를 넘어서는 것처럼 체계 간 사유도 넘어설 수 있다. 이는 변증법적 사유를 넘어선다는 것과 같다.

성숙의 셋째 단계

마지막 셋째는 서로 다른 체계들이 상호 변형, 화해하는 통합적 단계다. 여기서 인간은 역사를 변화시키는 창의적인 지혜를 발휘한다. 이 단계에서 창의적인 지혜가 건너야 하는 마지막이자 최대의 간극은 로고스와 뮈토스, 논리-추상적인 사유와 서사-감성적인 사유의 차이에 있다. 우리는 여기서 개념적 논증과 서사적 연출이 서로를 촉발하고 변용하는 놀라운 지혜를 기대할 수 있다. 연령상 50-60대의 노년에게서 기대할 수 있는 이 최후의 단계에서는 논증하는 사고와 시적 상상력이 서로 얽히며 하나가 된다.

논리-추상적인 사유는 과학에 의해, 서사-감성적인 사유는 예술에 의해 대변된다. 과학과 예술은 유의미한 새로움을 추구한다는 점에서 같다. 과학적 상상력과 예술적 상상력은 미지의 것으로 향한다는 점에서 창의적 상상력이라는 상위의 범주 아래 함께 묶일 수 있다. 이때 우리는 두 가지 물음과 마주치게 된다. 하나는 과학적 상상력과 예술적 상상력의 상호 변별적 특징을 어떻게 개념화할 수 있는가라는 물음이다. 다른 하나는 양자를 하나로 묶는 창조적 상상력 일반의 형식적 패턴을 어떻게 그려볼 수 있는가라는 물음이다.

첫 번째 물음과 관련해서 우리는 예술적 상상력과 과학적 상상력의 변별적 차이를 이렇게 정리해볼 수 있다. 과학적 상상력은 인과적 질서의 테두리 안에서 펼쳐진다. 반면 예술적 상상력에서 사물들은 인과적 질서가 아니라 상관적 질서를 이루며 모여든다. 상관적 질서란 사실의 질서라기보다 상징의 질서다. 사실은 인과적 효력을 미치는 서로 다른 사물들 사이에서 성립한다. 반면 상관적 질서에 놓인 사물들은 사실의 변화가 아니라 의미의 변화를 가져온다. 가령 그림에 더해진 하나의 점이나 획은 다른 부분에 영향을 미치되 그 영향은 상징적 의미의 증감으로 나타난다.

동양의 과학은 상관적 질서를 인과적 질서와 구별하지 않는다는 특징이 있다. 그렇기 때문에 과학적 사실은 한편으로는 윤리적 가치로 심화되고 다른 한편으로는 예술적 상징으로 비상한다. 이것은 로고스와 뮈토스, 논증과 서사를 구별하지 않는다는 것과 같다. 현대의 인식론적 지형에서 과학적 상상력은 재현 가능한 논증으로 귀착되어야 한다. 반면 예술적 상상력은 어떤 이야기를 일으켜 세우는 가운데 완성된다. 여기서 이야기는 유한한 요소들이 상관적 질서를 이루면서 무한한 반향을 일으키는 상징적 지시를 잉태해야 한다. 그리고 그런 이야기를 구축하기 위해 예술은 과학과는 다른 종류의 언어를 사용해야 한다.

과학의 언어는 수학적 언어다. 수학적 언어는 예술적 언어와 비교할 때 두 가지 특징을 지닌다. 한편으로 그것을 구성하는 기호들은 그 자체로 고유한 의미를 지니지 않는다. 아무런 의미가 없는 것이다. 이는 시적 단어가 다가多價의 의미를 지니는 것과 대조를 이룬다. 다른 한편으로 수학적 언어는 대단히 엄밀한 통사적 연결을 추구한다는 특징이 있다. 이는 시적 문장에서 단어와 단어의 연결이 논리적 비약에 가까울 만큼 대단히 느슨하다는 것과 대조를 이룬다. 수학적 언어는 의미론적인 축에서는 대단히 빈약한 덕분에 통사적인 축에서 기계적 정확성을 구현할 수 있다. 반면 통사적 연결이 취약한 시적 언어는 기계적 정확성 대신 다의적 상징성을 구현한다. 이는 의미론적인 축에서 구성되는 복잡한 은유적 연락망 덕분에 가능해진다.

서로 다른 문법을 배경으로 하는 과학과 예술은 분명 서로 다른 지평에 서 있다. 서로 다른 세계를 이루고 있는 두 영역을 하나로 통합한다는 것은 불가능에 가깝다. 그럼에도 불구하고 그것들이 각각 대변하는 로고스와 뮈토스, 논리-추상적인 사유와 서사-감성적인 사유는 서로를 자극하고 보완할 수 있다. 과학이든 예술이든 분야를 막론하고 새로운 시대를 여는 위대한 창조의 배후에는 서로 배타적인 것처럼 보이는 두 유형의 사유가 함께하고 있다. 창조적인 상상력은 마지막에 가서 논리와 신화, 개념과 정념, 논증과 서사, 인과성과 상관성의 이분법을 뛰어넘으면서 전개된다. 우리는 경계가 소거되어 창조적인 상상력이 펼쳐지는 그런 사태를 즐김의 개념과 밀접한 관계에 있는 유희의 개념에 담을 수 있다.

창조와 유희

니체의 차라투스트라는 정신의 발전 단계를 세 가지로 나누었다. 그리고 그 세 단계의 정신을 각각 낙타, 사자, 어린아이로 묘사했다.

먼저 무거운 짐을 지고 물 없는 사막을 건너는 낙타는 인내와 복종의 주체를 상징한다. 낙타 유형의 주체에게는 자신이 이겨낸 과제의 무게가 행복의 무게와 비례한다. 그는 스스로 견디는 고통의 강도가 쾌락의 강도 자체가 되는 피학적 주체다. 반면 우렁찬 목소리로 자신의 존재를 과시하고 날카로운 이빨과 발톱으로 사냥에 나서는 사자, 그는 기존의 권위에 도전하는 주체를 상징한다. 사자 유형의 주체는 자신의 고유한 주장을 펼치는가 하면, 날카로운 비판의 칼날을 세워 자신과 어긋나는 주장을 갈기갈기 찢어놓는다. 그는 스스로 무너뜨린 대상의 크기에 비례하여 쾌락의 양이 증가하는 가학적 주체다.

그러나 창조하는 정신은 낙타도 아니고 사자도 아니다. 그것은 어린아이다. 아이는 짐을 지거나 인내하지 않는다. 주장하거나 싸우지도 않는다. 다만 놀고 있을 뿐이다. 그렇다면 논다는 것은 무엇인가? 아이의 유희는 낙타의 수동적 역량이나 사자의 능동적 역량과 비교할 때 어떤 특징이 있는가? 놀이에 빠져 있을 때 우리는 단순히 능동적인 것도, 그렇다고 수동적인 것도 아니다. 다만 돌아가고 있는 팽이처럼 능동적이면서 수동적이고, 수동적인데 동시에 능동적이다. 놀이 속에서는 능동과 수동의 식별이 불가능해지고, 그와 마찬가지로 주체와 객체의 구별도 모호해진다. 유희의 주체는 능동과 수동, 고통과 쾌락, 주체와 객체, 내면과 외면의 대립 저편에 있다.

서양의 문법에는 중간태 middle voice라는 것이 있다. 불어나 독일어의 재귀동사에서 볼 수 있는 중간태는 능동태와 수동태를 동시에 겸한다. 유희의 특성은 이런 문법상의 중간태로 설명할 수 있다. 하지만 중간태로 설명할 수 있는 것은 유희만이 아니다. 가령 촉각의 경우를 보자. 손으로 사물을 만질 때, 나아가 한 손으로 다른 한 손을 만질 때 손은 능동적이면서 수동적이다. 주체인가 하면 또한 객체이기도 하다. 손은 만지면서 만져지고, 만져질 때는 스스로 만진다. 우리는 촉각 속에서 주-객 분리 이전으로 돌아간다.

촉각의 덩어리라 할 우리의 몸도 마찬가지다. 몸은 지각의 대상이지만 동시에 주체다. 그렇기 때문에 몸은 주-객의 분리를 전제하고 관찰자의 시선을 고집하는 과학의 눈으로는 온전히 파악할 수 없다. 과학의 눈으로 파악할 수 없는 또 하나의 사례로는 사랑 같은 것이 있다. 사랑에 빠졌을 때 우리는 놀이에 빠졌을 때처럼 우리 자신을 잃어버린다. 그러나 자신을 잃어버릴수록 자신을 다시 찾는다는 것이 사랑의 역설이다. 사랑에 빠진 사람은 자신을 상실하되 사랑의 대상 속에서 자신을 다시 만난다. 더구나 거기에는 헌 몸을 버리고 새 몸을 얻는 놀라움이 있다. 평범했던 자기를 잃고 뜨거운 자기를 얻는 것이다.

이런 역설은 사랑만이 아니라 모든 희로애락喜怒哀樂의 정념 속에서 발견할 수 있다. 근대 정념론의 출발점에 있는 데카르트는 자기 이전의 수많은 정념론이 모두 실패했던 이유를 한 가지로 집약했다. 정념의 세계에서 수동태와 능동태는 언제나 자리를 바꿀 수 있음을 간과했기 때문이라는 것이다. 사실 사랑은 우리를 한없이 수동적인 위치로 몰고 가지만 그 사랑 속에서 우리는 다시 위대한 능동적 주체로 태어난다. 슬픔이나 기쁨 같은 정념 속에서도 마찬가지다. 정념은 이성적 사고를 마비시킨다는 점에서 우리를 노예 상태로 빠뜨린다. 그러나 위대한 결단과 행동은 뜨거운 정념의 힘이 없다면 결코 일어날 수 없는 사건이다.

여기서 다시 공자가 구별했던 세 유형의 인간으로 돌아가보자. "아는 자는 좋아하는 자만 못하고, 좋아하는 자는 즐기는 자만 못하다." 여기서 아는 자, 좋아하는 자, 즐기는 자는 각각 수동태, 능동태, 중간태에 놓여 있는 주체라 할 수 있다. 즐김의 주체는 대상에 관계하되 온몸으로 관계한다. 그러므로 사랑에 빠진 듯, 놀이에 빠진 듯 자신을 상실하되 대상 속에서 다시 자신을 만난다. 일상의 자기를 잃어버리는 대신 자신이 몰랐던 자기, 자기 이상의 자기를 획득한다. 향유 속에서 인간은 정념의 주체로 태어날 뿐만 아니라 사회화 과정에서 거세되었던 자신의 고유한 욕망을 회복한다. 니체가 말하는 아이-되기의 의미는 여기에 있다.

우리는 앞에서 정신적 성숙의 마지막 단계가 무엇인지 알아보았다. 그것은 로고스와 뮈토스, 개념적 논증과 감성적 서사를 단순한 언어 속에 통합하는 창조적 지혜의 단계다. 그런 위대한 창조는 아무에게나 기대할 수 없다. 그것은 적어도 아는 자나 좋아하는 자로 머물러 있는 사람에게는 결코 기대할 수 없는 사건이다. 물론 즐긴다고 해서 그대로 위대한 창조로 나아가는 것은 아닐 것이다. 하지만 위대한 창조는 오로지 향유의 주체로까지 변신한 사람들 사이에서만 일어날 수 있는 어떤 것이다. 향유의 주체는 노는 아이와 같은 유희의 주체와 짝을 이룬다. 위대한 창조는 어른 속에서 다시 자라나는 아이와 더불어 겨우 싹트는 가능성이다. 성숙은 미숙한 아이의 어른-되기에서 시작되지만 마지막에 가서는 어른의 아이-되기 속에서 완성된다.

주체의 세 유형

우리는 공자처럼 향유의 주체를 다른 유형의 주체보다 상위에 두는 사례를 라캉의 정신분석에서 찾을 수 있다. 여기서 주체는 소외, 분리, 환상이라는 세 단계를 거치면서 향유의 주체로 태어난다. 이것은 공자가 제시한 주체의 세 유형과 겹칠 뿐만 아니라 니체가 설명한 정신적 형태 변화의 세 단계와도 이어지는 이야기다. 그러나 새로 추가되는 이야기도 있다. 그것은 향유의 주체가 빠져드는 위험에 관한 이야기다. 이 점에 주목하면서 이상의 주체 형성 담론을 정신분석의 관점에서 다시 종합해보자.[3]

1) 소외의 주체

라캉이 말하는 소외는 앞에서 언급된 성숙의 첫째 단계(체계 내적 사고)에 해당한다. 그것은 아이가 특정한 체계의 규칙에 편입되어 일관성을 띤 주체(아는 자, 낙타)로 태어나는 과정이다. 하나의 체계에 편입되기 위해서 개인은 자신의 무의식적 욕망을 포기해야 한다. 인류학과 정신분석에서 그것은 근친상간의 금지나 오이디푸스콤플렉스의 통과로 설명된다. 이런 욕망의 포기는 존재(실체 혹은 실재)의 상실과 같다. 주체는 자신의 존재를 포기하는 대가로 비로소 합리적 규칙(언어)의 세계로 진입할 수 있고, 따라서 타인과 의사소통할 수 있다.

데카르트는 주체의 특징을 사유와 존재의 일치에서 찾았다. 그리고 이것을 "나는 생각한다, 고로 존재한다"라는 말로 정식화했다. 그러나 라캉은 소외 단계의 주체에서 사유와 존재의 불일치를 보았다. 그리고 이것을 "나는 존재하지 않는 곳에서 생각하고, 생각하지 않는 곳에서 존재한다"라는 말로 정식화했다. 생각한다는 것, 합리적으로 생각하고 의사소통한다는 것은 특정한 언어 체계 안으로 소외되어 있다는 것이다. 그리고 이것은 자신의 존재에 해당하는 무의식적 욕망을 포기했다는 것과 같다. 소외의 주체가 자신의 무의식적 욕망으로 복귀한다면 이는 합리적 사유(혹은 의미)의 저편에 서게 되는 것이다. 즉 이는 광기에 빠지는 것과 같다. 그러나 주체가 소외의 단계에 머문다면 평균적인 인간, 규격화된 인간으로 그치게 된다. 그리고 극단적으로는 마마보이와 같은 타율적 인간으로 전락하게 된다.

2) 분리의 주체

라캉이 말하는 분리는 앞에서 언급된 성숙의 둘째 단계(체계 간 사고)와 유사하다. 이것은 자신이 속한 체계(대타자)의 불완전성을 발견할 때 시작된다. 모든 문제에는 복수의 답이 가능하다는 것을 알 때, 나아가 답이 없을 수도 있다는 생각이 들 때, 그때 체계는 어떤 결여나 틈을 안고 있는 것처럼 보인다. 체계에 완전히 구속되어 있던 주체는 그런 틈을 통해 체계의 구속력에서 차츰 벗어나 자유의 공기를 호흡하기 시작한다. 공자는 그런 주체를 아는 자로, 니체는 사자로 설정했다. 그러나 라캉은 여기에 기독교 전통의 윤리를 관통하는 소명 의식을 위치시킨다. 주체는 대타자의 호명에 응답할 때 강렬하게 자신의 존재감을 느끼고, 그런 확실한 자기감정 속에서 향유의 주체로 변모해간다는 것이다.

그렇다면 어떤 성격의 소명 의식인가? 그것은 체계(대타자)의 균열을 봉합하는 것에서 자신의 존재 이유를 찾으려는 태도다. 주체는 이제 체계 안에서 노출되는 혼란을 일거에 해소하고자 한다. 모든 문제에 하나의 정답이 기다리는 아름다운 체계를 회복하는 일에서 자신의 숭고한 사명을 발견한다. 물론 그런 사명을 완수하는 길은 하나가 아니라 여럿이다. 가령 주체는 오로지 자신만이 체계의 모순을 해소할 수 있다고 믿을 수 있다. 이것은 독재자에게서 볼 수 있는 태도다. 독재자는 과거의 전제군주처럼 천명이 자신에게 주어져 있다고 믿는다. 반면 다른 사람을 구세주로 간주하거나 특정한 이데올로기에서 구세救世의 가능성을 볼 수도 있다. 이 경우 주체는 믿음의 대상을 세상의 중심에 세우기 위해 무엇이든 마다하지 않는다. 목숨만이 아니라 오명汚名까지 무릅쓴다. 대의의 실현을 위해 불가피하다고 간주되는 '더러운 손'을 자처한다. 소설 속의 고문 기술자가 좋은 사례다. 조직의 이름으로 자행되는 비인간적인 폭력은 이런 주체에 의해 일어난다.

그러나 소명 의식이 나쁜 결과만을 초래하는 것은 아니다. 역사의 위대한 업적은 대부분 소명 의식에서 비롯되었다고 해도 과언이 아니다. 인간은 소명 의식 속에서 인간 이상의 인간이 될 수 있다. 동물과 인간을 가르는 중요한 차이가 윤리에 있다면, 모든 윤리는 소명 의식의 산물이다. 인간은 소명 의식 속에서 정신적 직립 동물로 다시 태어난다. 그렇다면 패륜으로 가는 소명 의식과 윤리로 가는 소명 의식을 어떻게 구별할 수 있는가? 소명 의식의 반反윤리적 전도를 어떻게 막을 수 있는가? 우리는 여기서 윤리학의 핵심 문제와 마주친 셈이다.

3) 환상의 주체

라캉에 의하면 소명 의식의 주체는 환상의 주체다. 그리고 환상의 주체인 한에서 어떤 기만의 주체다. 이때 환상은 어떤 가상적인 대상과 마주하는 것에서부터 시작된다. 라캉이 욕망의 대상-원인이라 부르는 그 대상은 두 가지 특징을 지닌다. 하나는 대타자(상징체계, 법)의 결핍을 메워 그것을 완전하게 한다는 점이다. 여기서 주체는 대타자로부터 사랑을 받는다는 행복감에 젖어 든다. 다른 하나는 주체의 무의식적 욕망 전체를 유인하고 활성화한다는 점이다. 여기서 주체는 그 어느 때보다 살아 있다고 느끼고, 그래서 본래의 자기를 되찾았다는 확신을 얻는다.

욕망의 대상-원인 앞에서 대타자와 완전한 합일을 이루면 주체는 존재의 충만감을 누린다. 주체가 자신의 재능을 최대한 발휘하고 창의력을 발산할 수 있는 것도 이 지점이다. 물론 그런 대상의 자리에 놓이는 것은 사람마다 다를 수 있다. 누구에게는 악기나 축구공이, 누구에게는 친구나 연인이 될 수 있다. 누구에게는 종교 지도자나 아이돌이, 누구에게는 가족이나 조국이 그런 위치에 놓일 수 있다. 무의식적 욕망 전체에 활력을 불어넣는 대상의 주위를 돌면서 주체가 충만한 존재감을 꿈꾸고 즐기는 것, 그것이 환상이다.

소외에서 벗어난 분리의 주체는 이런 환상의 주체다. 왜냐하면 그런 환상이 분리의 조건이기 때문이다. 환상을 구조화하는 가상적인 대상과 만나야 주체는 비로소 소외 상태에서 벗어나 분리의 단계에 접어들게 된다. 주체가 체계의 구속력에서 벗어나기 위해서는 그 체계와 분리된 욕망의 대상을 가져야 한다. 이는 사회로부터 학습된 타율적 욕망에서 벗어나 자발적 욕망의 주체가 됨을 의미한다. 누구나 평균적으로 욕망하는 대상이 아니라 자신만의 특색 있는 욕망의 대상을 가지게 된 것이고, 그런 대상 앞에 설 때에야 대타자와 더불어 합일의 상태를 맛볼 수 있는 것이다.

앞에서 예로 든 소명 의식의 주체는 그런 환상의 주체다. 능력 있는 독재자나 고문 기술자뿐 아니라 위대한 학자나 성인도 그런 환상의 주체라는 점에서는 같다. 타인을 학대하는 사람이건 타인에게 희생을 아끼지 않는 사람이건 마찬가지다. 어느 경우이건 스스로 살아 있다고 느끼고 때로는 비범한 능력을 발휘하기 위해서는 환상의 주체가 되어야 한다. 환상의 주체가 될 때에야 우리는 비로소 수동적인 인간에서 능동적인 인간으로, 아는 자에서 좋아하는 자로 변모할 수 있다. 그리고 마침내 즐기는 자가 되기 위한 문턱에까지 도달할 수 있다.

환상의 통과

그러나 그 최후의 문턱을 넘기 위해서는 만족시켜야 할 조건이 있다. 그것은 환상에 내재하는 기만성을 깨닫는 것이다. 어떤 기만인가? 이것을 위해 데카르트의 주체와 라캉의 주체를 비교해보자. 데카르트의 주체가 코기토cogito의 주체라면 라캉의 주체는 환상의 주체(욕망의 대상-원인을 향유하는 주체)다. 그런데 코기토의 주체는 사유와 존재의 일치를 확신하기 위해 속이지 않는 신의 존재를 증명해야만 했다. 반면 환상의 주체는 자신의 충만한 존재감을 위해 신에 해당하는 대타자를 속인다. 환상의 주체에 대해 신은 속이는 신이 아니라 속는 신이다.

대타자에 대한 주체의 기만은 대타자에 대한 왜곡된 사랑에서 비롯된다. 그것은 본질상 균열투성이인 대타자에게 깔끔하고 완결된 형상을 부여하려는 조작의 의지에서 오는 사랑이다. 환상의 주체는 자신을 통해서 대타자의 욕망(결핍)을 메우고, 그렇게 완전해진 대타자에게 자신이 찾던 이상적인 정체성(존재의 기표)을 얻는다고 믿는다. 이런 믿음은 자신의 욕망과 대타자의 욕망이 행복하게 일치한다는 감정과 함께 간다. 이런 믿음과 감정 속에서 두 가지 일이 일어난다.

첫째, 대타자가 한없이 이상화된다. 전지전능하고 무한히 선한 존재라고 전제되는 것이다. 만일 이런 전제가 깨진다면 주체가 대타자로부터 얻게 되는 이상적인 정체성이 무너지게 된다. 거꾸로 대타자를 완전한 존재로서 지탱해준다고 여기던 자신의 가상적인 대상이 무의미해지고, 따라서 그 대상을 핵으로 하던 환상에서 김이 빠진다. 그러므로 둘째, 주체는 대타자에 대한 기만적 사랑에 빠진다. 이때 사랑은 자신을 대타자의 욕망에 철저히 종속시키려는 욕망, 대타자의 전제된 완전성을 지키기 위해서 무엇이든 희생하고 대신하려는 의지다.

사랑의 형태를 띠는 주체의 기만은 자신의 환상을 계속 지키려는 방어와 저항이다. 자신의 환상을 유지하기 위해 자기를 속이고 대타자를 속이는 것이다. 그러나 이 세상의 어떠한 대타자도 절대적으로 완전할 수 없다. 그렇다고 절대적으로 불완전하다고 말할 수도 없다. 무의식은 언어(상징체계로서의 대타자)에 의해 구조화되지만 언어는 어떤 균열에 의해 구조화된다. 대타자는 근본적으로 애매함을 본질로 한다. 그러나 주체는 자신의 무의식적 욕망 전체에 불을 지피기 위해 대타자를 이상화하고, 그렇게 이상화된 대타자를 위해서 그 무엇도 희생할 수 있다는 기만적인 사랑의 태도를 취한다. 그러나 주체가 자신의 이상적인 정체성을 획득할 뿐만 아니라 자신의 무의식적 욕망 전체에 생기를 불어넣는 길은 그런 기만적인 사랑을 내포하는 환상에 도달하는 방법밖에 없다. 비범하고 창의적인 주체도 환상의 주체일 때에만 가능하다.

그러므로 환상의 주체이면서 어떻게 윤리적인 주체일 수 있는가라는 문제가 남는다. 사실 대의를 앞세운 수많은 테러와 학살이 환상의 주체, 소명 의식의 주체에 의해 자행되었다. 창의성은 선행에서만이 아니라 악행을 통해서도 발휘되어왔다. 우리가 자신의 재능과 잠재력을 펼치면서 위대한 성취를 이루기 위한 조건은 절대 악을 불러들이는 조건과 크게 다르지 않다. 둘 사이에 차이가 있다면 그것은 윤리적 선택의 차이일 수 있다. 그러나 이보다 중요하고 앞서야 하는 것은 우리가 환상의 주체로서 스스로 빠져드는 기만의 위험을 자각하는 것이고, 그 기만의 노예이기를 그치는 것이다. 이 모든 것을 위해서는 대타자와 우리 자신에 대한 형이상학적 훈련이 필요하다. 진정한 의미의 즐기는 자, 세상이 바라고 기다리는 낙지자樂之者는 어떤 형이상학적 통찰 속에 환상을 통과하는 주체, 다시 말해서 환상의 한계를 알면서 자기의 고유한 욕망의 대상을 향유하는 주체일 것이다.

간시대적 자아

최용호

"간시대적 자아는 '마지막 어휘'를 찾고자 자신의 삶을
끊임없이 재서술하는 지극히 사적인 작업에 몰두하는
자아를 가리킨다."

최용호는 한국외국어대학교에서 불어를 전공하고, 프랑스 파리 10대학에서 소쉬르의 시간 개념에 관한 논문으로 언어학 박사 학위를 받았다. 현재 한국외국어대학교 프랑스학과 교수로 재직 중이다. 지은 책으로 『소쉬르는 이렇게 말했다』(2017), 『노랑 신호등』(공저, 2012), 『서사로 읽는 서사학』(2009), 『의미와 설화성』(2006), 『광고 커뮤니케이션 문화마케팅』(2005), 『텍스트 의미론 강의』(2004), *Le temps chez Saussure*(2002) 등이 있고, 옮긴책으로 『신앙과 지식/세기와 용서』(공역, 2016), 『정념의 기호학』(공역, 2014), 『일반 언어학노트』(공역, 2007) 등이 있다.

간시대의 인간학

이 글의 제목으로 제시한 '간間시대적 자아'는 두 시대 사이에 낀 존재를 가리킨다. 이 존재를 '사이-존재'라는 이름으로 부르도록 하자. 세계화, 다문화 사회, 초연결망 환경, 포스트휴먼, 트랜스휴머니즘 등으로 불리는 우리 시대에 이른바 '사이-존재론'이라는 말이 현대인의 실존 양식을 포괄적으로 규정하는 개념으로 주목받고 있다. 레이먼드 윌리엄스Raymond Williams의 표현을 빌리자면 각 시대마다 그 시대의 고유한 '감정의 구조Structure of feeling'를 대변하는 인물들이 존재한다. 예를 들어 20세기 후반 프랑스 문학을 대표하는 소설가 조르주 페렉의 『사물들』의 주인공 제롬과 실비는 제2차 세계대전 이후 산업사회에서 소비사회로 접어든 서구의 사회상을 증언하는 인물들이다. 이들은 상품이라는 물신에 사로잡힌 후기 자본주의의 소시민적 삶을 대변한다. 오늘날 '사이'라는 존재론적 범주가 규정하는 현대인의 삶의 조건은 무엇인가? 이러한 삶의 조건을 대표하는 인물들은 어떤 인물들인가? 이른바 사이-존재론이 우리 시대 인간학의 새로운 전망으로 제시될 수 있다면 서사학적 관점에서 이러한 전망이 인물 연구에 어떤 시사점을 제공할 것인가?

현대인과 '사이'의 시공간적 경험

서동은은 「사이-존재로서의 인간」에서 하이데거의 현존재 Dasein의 현現Da이 '사이'로 풀이될 수 있음을 역설한다.[1] 서동은은 하이데거의 Dasein의 Da를 '사이'라는 용어로 번역할 것을 제안하면서 이 용어에 공간적 의미뿐만 아니라 시간적 의미도 부여한다. 주지하다시피 Dasein은 인간을 가리키는 하이데거의 전문용어다. 인간人間의 간間이 '사이'를 뜻하고 인간이 살아가는 삶의 터전Da으로서 시간時間과 공간空間도 모두 '사이'라는 뜻을 함축하고 있음을 상기할 때 서동은이 제안한 한국어 번역어는 — 하이데거의 사상에 충실한지와는 별도로 — 본질적인 통찰을 담고 있는 것으로 보인다. 그에 따르면 '사이-존재'에서 '사이'는 두 가지 관점에서 풀이될 수 있다. 하나는 공간적인 것이고 다른 하나는 시간적인 것이다. 요컨대 '사이-존재'는 두 공간성 사이에 그리고 두 시간성 사이에 낀 존재를 말한다. 우리 시대 현대인이 공유하는 삶의 방식이 존재한다면 그것은 이처럼 '사이에 낀' 시공간적 경험으로 요약될 수 있을 것이다. 이는 우리 시대가 그 어느 때보다도 더욱 과도기적 양상을 띠고 있음을 시사한다.

> 우리 역시 디지털적 미래인의 도래를 준비하는 운명에 처한 불완전한 존재들, 과도기적 존재들이었다.[2]

프랑스 소설가 미셸 우엘벡Michel Houellebecq은 『어느 섬의 가능성』에서 구인류는 멸종 위기에 처해 있고 "디지털적 미래인"은 아직 도래하지 않은 상황에서 과도기적 삶을 살아가는 이른바 신인류를 "과도기적 존재"라고 부른다. 과도기적 경험은 '사이'의 경험이다. 여기서 '사이'는 시간적이고 공간적인, 한마디로 시공간적인 것으로 이해되어야 한다. 우리 시대 '사이-존재'라는 이름의 이러한 "불완전한 존재들"이 겪고 있는 시공'간'적 경험들을 먼저 사이-공간성과 사이-시간성이라는 두 가지 관점으로 나누어 각각 살펴보고, 이어서 이러한 존재 방식이 서사적 인물의 유형 및 구성에 미치는 영향을 검토하고자 한다.

사이 - 공 간 성

우리 시대 — 이제 지난 시대라고 말해야 할지도 모르지만 — 두 공간성 사이에 낀 경험을 체현한 대표적인 인물들은 한편으로는 인류학자, 다른 한편으로는 식민지 피지배자라는 두 범주로 나누어 살펴볼 수 있다. 이들은 비록 다른 방식이기는 하지만 모두 서로 다른 두 사회 사이에 낀 경험을 대변한다.

인류학자의 사이-공간성: 이중화된 이중의 움직임

츠베탕 토도로프는 『우리와 그들』[3]에서 사이-공간에서 벌어지는 사건을 "행복한" 인류학자의 경험을 통해 이중의 움직임으로, 좀 더 정확히 표현하자면 이중화된 이중의 움직임으로 서술한다.[4] 인류학자의 경험은 '멀리하기'와 '다가가기'라는 이중의 움직임으로 전개된다. '일차적 멀리하기'는 타자에 대한 호기심이 생겨 자기가 속한 사회와 모종의 거리감을 느낀 인류학자가 모국을 떠나는 움직임을 가리키고, '일차적 다가가기'는 낯선 이국적 사회 안으로 직접 들어간 그가 그 사회에 동화하려는 움직임을 말한다. 이러한 일차적 이중의 움직임 이후에 이차적 이중의 움직임이 이어진다. 말하자면 이중의 움직임이 이중화되는 것이다. '이차적 멀리하기'는 이국적 사회에서 다시 자기 집으로 돌아온 인류학자가 자기가 속한 사회를 이전과는 다른 시선, 다시 말해 이국적 시선으로 바라볼 수 있게 됐음을 말한다. '이차적 다가가기'는 고국으로 되돌아온 인류학자가 다시 이국적 사회로 떠나는 움직임으로 해석되지 않는다. '이차적 다가가기'는 ― 고향이든 타향이든, 자국이든 타국이든, 문명이든 야만이든 ― 특정 사회를 향해 떠나는 움직임이 아니라 이전과는 전혀 다른 차원의 움직임, 즉 "공통의 의미"를 향해 떠나는 움직임을 뜻한다. 이러한 "공통의 의미"가 두 사회 사이에 벌어진 틈, 말하자면 지속적인 번역 작업이 이루어지게 될 상호 이해 및 소통의 장소, 이른바 사이-공간에서 발견될 수 있으리라는 게 토도로프의 생각이다. 인류학자가 두 사회를 오가면서도 정신착란에 빠지지 않을 수 있는 것은 이처럼 사이-공간이 무엇보다 "보편적 의미"가 (재)구성될 번역 공간으로 존재하기 때문이다.

　　인류학자의 경험을 서사학적 관점에서 재서술해보자. 주인공이 자기가 속한 사회를 떠나 이국적 사회 안으로 들어가고 다시 이국적 사회에서 고향으로 되돌아오는 일련의 움직임은 이른바 탈서사화denarrativization를 수반하는 과정으로 풀이될 수 있다. 주인공은 ― 베네딕트 앤더슨Benedict Anderson의 표현을 빌리자면 '상상의 공동체'로 존재하는 ― 자국 사회의 서사와 이국 사회의 서사를 비록 불완전하고 어쩌면 불가능할지라도 동시에 탈서사화하는 것이다. 하이데거의 Dasein의 Da는 피와 땅을 함께 나눈 민족 서사에 깊이 뿌리를 내리고 있다. 서동은이 번역어로 제시한 '사이'가 가령 이중의 탈서사화가 실행되는 '우리와 그들 사이'로도 해석되는 것이라면 그 해석이 과연 하이데거적인지는 논란의 여지가 있다. 사이-공간은 '우리 함께miteinander'처럼 세인世人에 국한되는 것이라기보다 '우리와 그들 사이'에 벌어진 틈을 부단히 드러내는 것이다. 토도로프는 바로 이 틈에, 다시 말해 이중으로 탈서사화된 사이-공간에 보편 서사의 가능성이 존재할 것으로 기대한다.

식민지적 주체의 사이-공간성: '새로운 인간'의 가능성

지난 세기 인류학자보다 먼저 이러한 사이-공간에 대한 경험을 격렬하게 그리고 절망적으로 체현한 인물이 식민지적 주체라는 데에는 아마 이견이 없을 것이다. 탈식민주의의 고전으로 손꼽히는 『검은 피부 하얀 가면』(1952)에서 프란츠 파농Frantz Fanon은 그가 꿈꾸는 '새로운 인간' ― 다르게 말해 새로운 보편 ― 의 출현 가능성을 흑과 백이라는 마니교적 이분법에 대한 이중의 탈서사화에서 찾는다.

그러나 흑인은 그렇지 못하다. 백인은 두말할 필요도 없다.
흑과 백. 양자는 모두 그들이 각각 숭배하는 조상들의 비인간적 목소리를 등지고 진정한 대화를 시도해야만 한다. 대화를 통해 하나의 객관적 목소리를 수렴해야만 한다. 그전에 소외를 극복하려는 자유로운 시도를 멈추지 말아야 한다. 인생의 노정을 새롭게 출발하는 자에겐 언제나 우여곡절이 있게 마련이다. 우연이라는 바다에서 익사하기 십상이다. 인간의 비극은 한때 그가 어린아이였다는 점이다.[5]

흑과 백 양자가 "각각 숭배하는 조상들의 비인간적 목소리"를 동시에 탈서사화할 때 "객관적 목소리"로 서술될 보편 서사의 가능성이 비로소 열리게 될 것이라는 게 요절한 혁명가의 꿈이다. 탈식민주의 서사, 페미니즘 문학, 소수자 담론, 심지어 좀비물 등에서 다양한 형상으로 무대화된 흑인, 정치적 망명자, 이주민, 여성, 난민 등은 식민지적 주체와 '사이에 낀 경험'을 공유하는 이른바 경계인들이다. 그런데 과연 탈서사화된 이 사이-공간에서 보편 서사가 생성될 수 있는가? 보편 서사라는 표현 자체가 형용모순이 아닌가?

제3의 공간

호미 바바Homi Bhabha는 『문화의 위치』에서 제3의 공간이라는 개념으로 이 질문에 다가간다. "가변적인 경계선상의 경험은 식민자와 피식민자의 사이에 낀 공간을 열어놓는다. 그것은 식민지적 계기의 '현재'에서 연출되는 문화적이고 해석적인 미결정성의 공간이다."[6] 이 문장은 상술한 "행복한" 인류학자의 경험과 두 가지 측면에서 차별화된 지점을 노정한다. 첫째, 토도로프가 서술한 이중의 탈서사화가 "행복한" 인류학자가 실행하는 것이라면 호미 바바가 주목한 이중의 탈서사화는 행복과는 전혀 무관한 식민지 피지배자가 절망 속에서 실행하는 것이다. 둘째, 인류학적 탈서사화로 열린 공간이 보편적 의미가 재구성될 변역 공간으로 간주된다면, 탈식민적 탈서사화로 열린 공간은 말하자면 연출된 미결정성의 공간으로 정의된다. 요컨대 호미 바바가 정식화한 제3의 공간은 — 최인훈의 『광장』의 주인공 이명준이 선택한 남도 북도 아닌 제3의 중립국에 가까운 것이라기보다는 — 위장과 모방, 압축과 전치가 끊임없이 펼쳐지는 혼종성의 공간인 것이다. 토도로프가 기대하는 '보편적 의미'나 파농이 꿈꾸는 '진정한 대화'는 여기서 끊임없이 지연될 수밖에 없다. 제3의 공간에서 호미 바바가 겨냥한 것은 보편 서사의 가능성이 아니라 서사의 보편성을 뒤엎는 수사학적인 전복의 힘인 것이다. 이러한 전복의 전략은 역설적으로 보편 서사의 가능성이 전제될 때, 나아가 그것이 더욱 강화되는 조건하에서만 지속적으로 효과를 발휘할 수 있다. 이중의 탈서사화가 실행되는 사이-공간은 보편적이든 전복적이든 어쨌든 새로운 삶의 가능성이 무대화되는 예외적 공간으로 이해될 수 있다. 흥미롭게도 우리 시대는 이러한 예외적 공간이 지속적으로 확장되는 것을 경험하는 시대다. 이러한 경험을 통해 오늘날 타자성은 행복한 인류학자의 시대와 다르게 점점 더 이해 가능한 범주 안으로 들어오게 된다.

사이-시간성: 자아의 준안정성

'간시대적 자아'는 무엇보다 사이-시간성을 경험하는 사이-존재다. '간시대성'은 한 시대와 또 다른 시대 '사이'에 벌어진 틈을 지칭한다. '한 시대'는 이미 지나간 시대를 뜻하고 '또 다른 시대'는 아직 오지 않은 시대를 가리킨다. '간시대성'은 이처럼 '이미'와 '아직'이라는 두 시간 부사에 의해 붙잡힌 특별한 시간성으로 정의될 수 있다. 이 특별한 시간성을 살아가는 존재가 이른바 '간시대적 자아'인 것이다.

19세기 프랑스 낭만주의 문학을 대표하는 대문호 샤토브리앙은 『르네』라는 작품에서 주인공 르네의 입을 빌려 프랑스대혁명 이후 혼란스러운 정국을 다음의 문장으로 요약한다. "오래된 것 가운데 확실한 것이 하나도 없고 새로운 것 가운데 아름다운 것이 하나도 없다." 이 문장 속에 간시대적 자아의 이른바 '준準안정적 meta-stable' 심리 상태가 잘 표현되어 있다.[7] 사이-시간성에 대한 경험이 준안정성에 대한 경험과 다르지 않다고 할 때 간시대적 자아와 관련하여 두 가지 질문이 곧바로 제기된다. 첫째, 준안정성이라는 개념이 자아의 개념에 제공하는 새로운 전망은 무엇인가? 둘째, 다른 시대와 구별되는 우리 시대의 준안정성을 특징짓는 것은 무엇인가?

자아의 준안정성에 대한 개인적 대응: 자서전 쓰기

리처드 로티 Richard Rorty는 『우연성 아이러니 연대성』에서 자아가 본질로 고정되어 있는 것이 아니라 지속적으로 준안정적 상태에 놓여 있는 것임을 역설한다. 그는 자아를 본질로 규정하는 문화를 철학적 문화라고 부르고 이를 문학적 문화와 구분한다. 그에 따르면 오늘날 철학적 문화는 더 이상 성립될 수 없고 자아를 창조나 생성의 대상으로 간주하는 문학적 문화만이 유효한 것으로 인정받을 수 있다. 문학적 문화는 영원불변한 진리를 찾는 것이 아니라 자유를 요구하며 자신의 삶을 재서술할 '마지막 어휘final vocabulary'를 찾는 것으로 만족하는 문화를 가리킨다. 이러한 마지막 어휘도 사실은 궁극적이거나 최종적인 것이 아니라는 점을 분명히 인식하고 있어야 한다. "이 단어들은 모두 본래적인 현존재의 자기 자신에 대한 의미를 어떤 어휘도 최종적인 것으로 남을 수 없다는 것을 알면서도 마지막 어휘가 없이는 지탱해나갈 수 없는 것으로 표현하도록 상정되어 있다. 즉 현존재 자신의 준안정성을 표현하도록 되어 있다."[8] 간시대적 자아는 '마지막 어휘'를 찾고자 자신의 삶을 끊임없이 재서술하는 지극히 사적인 작업에 몰두하는 자아를 가리킨다.

앞에서 인용한 미셸 우엘벡의 『어느 섬의 가능성』은 로티의 문학적 문화가 독특한 방식으로 구현된 미래 사회의 한 단면을 보여준다. 이 사회는 불멸이라는 인류의 오랜 꿈이 기술적으로 성취된 유토피아 사회다. 유전자 코드 복제 기술 덕분에 처음으로 인류에게 불멸의 가능성이 열린 것이다. 이때 곧바로 제기되는 문제는 다음과 같다. 복제된 자아가 자신의 인격을 지속적으로 보존하는 것이 어떻게 가능할 것인가? 이 문제에 대한 해법으로 제시된 것이 바로 자서전 쓰기다. 육체노동이 필요 없는 유토피아에서 신인류가 해야 할 유일한 일은 자신의 인격을 보존하기 위해 자신의 조상이 남긴 "삶의 이야기"를 읽고 논평하는 것이다.[9] 이미 사라진 구인류의 시대와 아직 도래하지 않은 미래인의 시대 사이에 낀 "과도기적 존재들"

은 읽고 쓰고 논평하는 문학적 행위로 자신의 기억을 잃지 않은 채 준안정적 삶을 감내한다. 문제는 다음과 같다. 자서전이라는 이러한 "삶의 이야기"는 로티의 "마지막 어휘"와 마찬가지로 오늘날 준안정성이 제기하는 문제에 대한 개인적 대응에 지나지 않는다.

자아의 준안정성에 대한 사회적 대응: 초월 개체화

질베르 시몽동Gilbert Simondon은 『형태와 정보 개념에 비추어 본 개체화』에서 준안정성이 제기하는 문제에 대한 또 다른 접근 방식, 다시 말해 사회적이고 집단적인 접근 방식을 전개한다. 그는 먼저 존재론적 범주를 크게 네 가지 유형으로 나눈다. 물리학적, 생물학적, 심리학적, 사회학적 범주가 그것이다. 그가 여기서 다루고자 하는 존재론은 이른바 "정보적 존재론Ontologique informatique"이다.[10] 그의 정보적 존재론이 오늘날 다시 주목받고 있는 이유는 이처럼 존재론적 사유를 정보 기술과 결부하여 논의를 전개하고 있기 때문이다. 그에 따르면 — 물리적이든 생명적이든 정신적이든 집단적이든 — 개체는 고정불변한 상태가 아니라 언제든지 전前 개체pré-individual의 상태로 되돌아갈 수 있는 준안정적 상태에 놓여 있다. 전 개체는 다름 아니라 에너지 포텐셜potentiel이 집약된 상태를 가리킨다. 이러한 전 개체를 개체로 변환시키는 것이 개체화 작용이다. 요컨대 개체화는 전 개체의 에너지 포텐셜의 일부를 현실화함으로써 개체를 생성하는 작용으로 이해된다. 이러한 작용의 결과 새롭게 생성된 개체는 준안정적일 수밖에 없는 것이다.

여기까지는 로티가 주장한 — 지극히 개인주의적인 — 자아의 우연성 테제와 크게 다르지 않은 것으로 보인다. 시몽동은 여기서 한 걸음 더 나아가 1차적 개체화와 2차적 개체화를 구분한다. 1차적 개체화는 지금까지 언급한 개체적 차원에서 전개된 작용을 뜻한다. 2차적 개체화는 개체를 넘어서는 새로운 차원에서 이루어지는 것으로 시몽동은 이를 초월 개체화transindividuation라고 부른다. 초월 개체화는 정신적일 뿐만 아니라 집단적인 개체화로 이해된다. 이러한 2차적 개체화를 실행하는 존재자는 개체와 구별되는 주체로서의 — 하이데거의 현존재에 가까운 — 존재자다. 시몽동의 용어를 빌리자면 로티가 역설한 자아 창조는 주체가 아닌, 집합적 차원이 결여된 개체에 불과한 것이다. 주체가 성립될 수 있는 선험적 조건은 집단적인 것이다. 개체를 이처럼 집단과 연결함으로써 주체의 생성을 유도하는 것이 기술이다. 이는 중요한 문제를 제기한다. 다름 아닌 의미의 문제가 그것이다. 시몽동에 따르면 — 정보의 한 형태이지만 또한 기존의 정보 개념을 넘어서는 — 의미는 개인적 차원에서가 아니라 오직 사회·기술적 차원에서만 생성될 수 있다.[11]

정보적 존재론의 관점에서 볼 때 개인적 차원에 머물러 있는 로티의 '마지막 어휘'는 무의미한 것일 수밖에 없다. 왜냐하면 의미는 개체 초월적으로, 다시 말해 "존재자들을 관통해서" 존재하는 것이기 때문이다. 주체는 이러한 의미 속에서 살아간다. "개체에 있어 또는 차라리 주체에 있어서 어떤 방식으로 살아남는 유일한 기회가 의미가 되는 것, 자신의 무엇인가가 의미가 되게끔 하는 것이다."[12] 이러한 의미론적 삶의 방식은 2차적 개체화를 거쳐야 한다. 말하자면 사이-시간성은 기존의 의미론적 세계가 무너지고 새로운 초월 개체화가 전개되는 시기에 해당한다. 이 시기는 의미론적으로 준안정적일 수밖에 없다. 시몽동의 사유가 실체론에 심각한 타격을 가한 이유는 이처럼 개체화의 관점에서 개체를 다룰 뿐만 아니라 초월 개체화의 관점에서 개체화를 다루기 때문이다. 지금까지의 논의를 정리하면 다음과 같다. 준안정 상태에 처한 자아는 고정불변한 것이 아니라 생성 중인 것이며 생성의 과정은 이중의 차원에서, 다시 말해 개인적인 차원과 사회·기술적인 차원에서 동시에 전개된다.

사이-시간의 새로운 주체성: 개체와 가분체

이제 앞에서 제기한 두 번째 질문을 살펴보도록 하자. 우리 시대의 사이-시간성을 특징짓는 것은 무엇인가? 이 질문에 올바르게 대답하기 위해서는 우리 시대를 이전 시대뿐만 아니라 다음 시대와도 구별시켜주는 종별성이 드러나야 한다. 하지만 '이미'와 '아직'이라는 두 시간성 사이에 낀 시대는 이러한 구별을 내리기 어려운 모호함을 그 특징으로 한다. 이러한 상황 속에서 우리가 살아가는 현실에 대한 비판적 진단만이 이 질문에 대한 유일한 접근 방식이다. 무엇보다 현대인의 삶에서 점점 더 그 비중을 더해가는 사회·기술적 조건이 오늘날 주체성 형성에 미치는 영향을 검토할 필요가 있다. 이탈리아 사회학자 마우리치오 라자라토Maurizio Lazzarato가 『기호와 기계』에서 전개한 우리 시대에 대한 거시적인 비판적 독해는 몇 가지 흥미로운 시사점을 제공한다. 특별히 그는 우리 시대 경제의 위기에 대단히 참신한 — 기호학적인 — 시각에서 접근하고 있는데 이는 주목할 만하다. 그에 따르면 경제의 핵심 문제는 노동이나 상품의 교환이 아니라 주체의 생성과 관련되어 있다. 오늘날 경제가 위기에 처한 것은 주기가 빨라진 경제 위기 때문이 아니라 더 이상 생성할 주체의 모델이 존재하지 않기 때문이다. 요컨대 우리 시대의 핵심 문제는 주체성 생산의 문제인 것이다.[13]

　라자라토는 펠릭스 과타리의 용어를 빌려 현대인의 주체성을 두 가지 차원으로 나누어 분석한다. 하나는 개체individu의 차원이고 다른 하나는 가분체可分體dividu의 차원이다. 개체는 사회적 복종을 통해 (재)생산되는 개인으로서의 주체성을 확보한 존재를 가리킨다. 사회계약론에 따르면 서구의 근대국가는 주지하다시피 개인이 주권자에게 자신의 권한을 위임함으로써 형성된다. 서구 민주주의를 대표하는 주체라는 개념은 이처럼 라자라토가 사회적 복종이라고 부른 것과 깊이 관련되어 있다. 이와 다르게 가분체는 미디어 기술 환경 속에서 — 구글이나 유튜브, 페이스북 등 온라인상에서 작업한 활동 내역이나 흔적이 모두 클라우드에 데이터로 저장되듯 — 말하자면 빅 데이터로 존재하는 디지털 실존 방식을 가리킨다. 이러한 가분체로서의 삶은 라자라토의 표현을 빌리자면 기계적 예속 상태에 놓여 있다. 그에 따르면 사회적 복종이 '기호'의 지배를 받는 것이라면 기계적 예속은 '기계'의 지배를 받는 것이다. 우리 시대에 이러한 복종과 예속이 주체를 지불 불능의 상태에서 벗어나지 못하도록 묶어두는 강력한 권력의 기제로 작동한다는 것이 라자라토의 진단이다. 시몽동이 사회·기술적 차원에서 전개되는 초월 개체화를 통한 주체성의 생산에 착목했다면 라자라토는 동일한 차원에서 주체성의 위기에 주목한다.

> 최근의 위기와 함께 복종과 예속이 작동시키는 기호론적·훈육적 절차는 채권자/채무자 관계의 생산과 재생산에 수렴하고 있다. 이런 역할과 기능을 충족하기 위해서 부채와 그것의 주체적 반복, 즉 부채인간이 필요한 것이다.[14]

위에서 라자라토가 명명한 이른바 부채인간은 새로운 주체성의 모델이라기보다 주체성의 위기의 형상에 지나지 않는다. 오늘날 주체성의 위기는 우리의 실존이 점점 더 가분체로 변형됨에 따라 우리의 의지와는 무관하게 우리의 삶이 타자의 손에 의해 조작될 수 있음을 강조한다. 그런데 더욱 심각한 것은 이러한 조작의 주체가 특정인이 아니라 점점 더 시스템 자체로 수렴되어가고 있다는 사실이다. 우엘벡이 『어느 섬의 가능성』에서 도래할 것으로 내다본 "디지털적 미래인"은 가분체의 형태로 이미 도래했는지도 모른다. 다른 시대와 구별되는 우리 시대의 간시대적 자아가 겪는 준안정성은 이러한 가분체적 실존 양식과 관련된 것으로 다루어져야 한다. 문제는 이러한 실존 양식이 시스템 전체에 대한 안목을 심각하게 결여하고 있다는 점이다. 우리 시대가 다가올 내일에 대해 그 어느 시대보다도 더욱 예측 불가능한 상태에 놓여 있는 것은 이 시대가 가일층 가분체적 삶에 대한 지배력을 확대해가고 있는 시스템에 대해 총체적 시야를 확보하지 못하고 있기 때문이다.

아즈마 히로키는 『동물화하는 포스트모던』에서 일본의 서브컬처에 대한 분석을 통해 거대 서사가 붕괴된 오늘날 기호와 기계라는 초월 개체화의 두 기제가 아무런 모순을 일으키지 않고 작동하고 있다는 점에 주의를 환기하고 이러한 새로운 유형의 주체성을 해리성 인격 장애로 진단한다.[15] 흥미로운 점은 이들이 이러한 정신착란을 겪으면서도 토도로프의 행복한 인류학자와 마찬가지로 여전히 행복감에 취해 있다는 것이다. 포스트모던 시대에 독자들의 호기심을 자극하는 것은 캐릭터의 정체성이나 플롯의 통일성 혹은 주제의 일관성이 아니라 이들을 구성하는 이른바 '모에 요소'라는 서사적 조각들 — 고양이 귀, 메이드 의상, 핑크색 머리 등 — 이다. 어쩌면 기계적 예속 상태를 끊임없이 즐기는 것이 문학적 문화와는 또 다른 방식으로 오늘날 사이-시간성에서 비롯된 준안정성을 살아가는 간시대적 자아의 윤리인지도 모른다.

사이-존재의 실존 양식

지금까지의 논의를 간략하게 요약해보자. 우리 시대에 사이-공간성에서 타자가 이해 가능한 범주 안으로 들어오게 됨에 따라 점차 사라진다면, 사이-시간성에서는 주체가 계산 가능한 기계적 범주에 포획됨에 따라 가분체의 형태로 해체되어간다. 이러한 사이-존재의 실존 양식이 오늘날 인물 연구에 어떤 시사점을 제공하는가? 두 가지 측면에서 이 질문에 간략하게 대답하고자 한다. 하나는 사이-공간성과 관련된 것이고 다른 하나는 사이-시간성과 관련된 것이다.

사이-공간성과 이해 가능한 타자

주지하다시피 20세기는 한마디로 타자의 세기다. 앞에서 지적했듯이 오늘날 타자는 더 이상 낯선 존재가 아니라 이해 가능한 범주 안으로 들어왔다고 말할 수 있다. '우리'와 '그들' 사이에 벌어진 틈이 점점 더 확대될수록 이 두 진영을 갈라놓은 선이 점점 더 흐릿해지고 있는 것이다. 이국적 사회에 대해 모종의 호기심을 느꼈던 인류학자의 행복한 시대는 저물었다. 물론 아직까지 할리우드 영화에서 볼 수 있는 것처럼 타자의 범주가 우주로 확대될 수도 있지만 외계인조차도 더 이상 이해 불가능한 존재는 아니다. 타자는 이제 — 프랑스 비평가 모리스 블랑쇼가 『문학의 공간』에서 섬세하게 구분하려고 했던 것처럼 — 외부에 존재하는 것이 아니라 점점 더 내부에 존재하는 것으로 다루어진다. 20세기 정신분석학이 선도적인 그리고 결정적인 역할을 수행할 수 있었던 것은 바로 이러한 내부의 타자를 기술하는 강력한 모델을 제공했기 때문이다. 그런데 오늘날 이러한 내부의 타자도 더 이상 이해 불가능한 것으로 분류되지 않는다. 예를 들어 오늘날 사이코패스는 두려운 존재이기는 하지만 미지의 존재는 아니다. 그런 존재가 있을 수 있다는 사실은 의학적으로 이해 가능한 범주 안에 들어와 있다. 우리가 보기에 이러한 변화는 인물 연구에 크게 두 가지 시사점을 제공한다. 하나는 오늘날 인물 설정이 중층 결정되어 있다는 점이다. 일반적으로 통속극에서는 줄곧 '우리'는 선으로 '그들'은 악으로 묘사되어왔다. 여기서 악은 한 사회가 외부에 존재하는 것으로 간주하는 타자성이 투사된 것으로 이해될 수 있다. 그런데 이러한 타자성이 이해 가능한 범주 안으로 들어오게 되면서 선악의 구분이 모호해지기 시작한 것이다. 예를 들어 크리스토퍼 놀란의 〈배트맨 비긴즈〉(2005)의 주인공 브루스 웨인이 옹호하는 선은 어둡게 느껴지고 토드 필립스의 〈조커〉(2019)의 주인공 아서 플렉이 드러낸 광기는 충분히 공감이 가는 것이다. 이 두 주인공은 선과 악이라는 격정극의 이분법을 넘어서서 모두 중층 결정된 복합적인 인물상을 구현하고 있다. 넷플릭스 오리지널 드라마 〈스위트 홈〉을 보면 무리를 이끄는 리더인 의과대학생 은혁도 합리적인 만큼 비인격적이고 잔인한 판단을 내리는 복합적인 인물로 설정되어 있다. 은혁뿐만이 아니라 이 드라마에 등장하는 모든 인물이 중층 결정되어 있다. 박완서가 "문학의 특권이자 자부심"으로 제시한 "작가의 눈"이 대중문화에서도 발견되고 있는 것이다.[16]

다른 하나는 인물 설정이 이처럼 중층 결정됨에 따라 통속적인 대중문화가 선과 악의 대립이라는 단순한 플롯에서 벗어나 좀 더 본격문학에 가까운 형태로 구현되기 시작했다는 점이다. 오늘날 대중문화와 본격문학과의 거리가 점점 더 좁혀지고 있는 것은 우리 시대가 대중문화의 시대이기 때문이기도 하지만 이처럼 타자성이 이해 가능한 것으로 점차 우리 사회에 수용되어가고 있기 때문이기도 하다.

사이-시간성과 약화된 주체

우리 시대는 타자성과 함께 주체성도 약화된 시대다. 기계적 예속 상태에 놓인 가분체는 주체로서 행동하는 것이 아니라 정보로서 항상 조작될 위험에 처해 있다. 오늘날 대중 미디어가 개인에게 최적화되는 방향으로 진화하고 있긴 하지만 여기서 개인은 철저하게 프로파일링되어 여러 범주로 세분화되면서 하나의 시스템 안으로 편입된다. 이러한 변화가 인물 유형 및 형성에 미치는 영향을 크게 두 가지 관점에서 살펴볼 수 있을 것이다. 첫째, 개인의 역량보다는 집단이나 시스템의 구성 요소로서 인물이 서사에 반영되어 나타난다는 점이다. 지난 세기에 발자크의 『고리오 영감』의 주인공 라스티냐크가 혈혈단신으로 파리와 맞대결을 펼치고자 했다면 오늘날 〈스위트 홈〉에서 괴물과 맞대결을 펼치는 주인공은 괴물화를 극복하고 주민들을 돕는 현수가 아니라 그린 홈 주민들 전체다. 현수도 개인으로서가 아니라 집단의 구성원으로서 활동한다. 이 드라마의 괴물들 역시 욕망이라는 사회 시스템이 만들어낸 결과물로서 이해해야 한다. 둘째, 하나의 세계관이 더 큰 세계관 안으로 통합되면서 한 세계의 영웅이 더 큰 세계의 구성 요소로 재설정되는 일이 발생한다는 것이다. 슈퍼히어로들이 한꺼번에 등장하는 〈어벤져스〉 시리즈는 이러한 세계관의 통합을 잘 보여주는 단적인 사례다. 국내에서도 웹툰을 중심으로 여러 세계관을 하나로 통합하는 〈슈퍼스트링 프로젝트〉와 같은 새로운 시도들이 이루어지고 있다. 예를 들어 네이버 웹툰 〈부활남〉과 〈테러맨〉이 〈테러대부활〉이라는 하나의 세계관으로 통합된 경우가 이에 해당한다. 이처럼 개인은 집단이나 시스템으로 통합되고 하나의 세계는 더 큰 세계로 통합되는 것이다.

우리 시대의 과제: 새로운 주체와 보편의 발명

요컨대 오늘날 인물은 한편으로 성격이 점점 더 두터워지면서 복합적인 양상을 띠고, 다른 한편으로 개성을 드러낼 때조차 집단의 구성 요소로서 총체화되어 나타난다. 사이-존재론이 제시하는 새로운 인간학에서 타자성은 약화되고 주체성은 분산된다. 타자성이 약화되면 약화될수록 보편성은 더욱 강화되는 것이 사실이다. 하지만 오늘날의 보편성은 형식적인 보편성에 그치고 그 내용이 채워지지 못하고 있다. 주체성이 분산되면 분산될수록, 다시 말해 우리의 삶이 가분체로 프로파일링될수록 우리의 삶은 더욱 투명해진다. 문제는 우리의 삶이 투명해지면 투명해질수록 우리 삶을 지배하는 시스템은 더욱 불투명해진다는 사실이다. 유럽의회에서 알고리즘의 작동 원리에 대해 질문할 권리를 법적으로 보장한 것은 이러한 불투명성이 제기하는 문제의 심각성을 방증한다. 미셸 푸코의 마지막 작업이 주체의 문제에 할애된 것은 간시대를 살아가는 우리에게 시사하는 바가 적지 않다. 우리 시대에 주체를 어떻게 재발명할 것인가? 우리 시대에 보편을 어떻게 재정의할 것인가?

이 질문에 직접 대답하기보다 하나의 사례를 통해 우회하는 방식으로 접근해보자. 드니 빌뇌브 감독의 〈그을린 사랑〉의 주인공 나왈은 기독교 민병대와 이슬람 테러 집단 사이를 오가며 이 두 공동체의 서사를 동시에 탈서사화한다. 그녀의 아들 아부 타렉도 두 공동체 사이를 오가지만 그는 이슬람 테러 집단에서는 저격수로, 기독교 민병대에서는 고문 기술자로 활약하며 이 두 상상의 공동체의 서사를 더욱 강화하는 방향으로 나아간다. 나왈이 실행한 이중의 탈서사화로 이 두 적대적 집단 사이에 하나의 틈이 형성된다. 이 틈이 지닌 역량은 이 영화에서 잔인하기로 소문난 크파 리얏 교도소를 배경으로 초점화된다. 이 교도소는 번역 공간도 수사학적 공간도 아니다. 여기서 나왈은 행복한 인류학자나 식민지 피지배자가 아니라 '노래하는 여인'으로 살아가며 15년 동안 혹독한 고문 속에서도 사이-시간성의 긴장을 견뎌낸다. 나왈이 흥얼거린 노래는 번역도 아니고 위장이나 모방도 아니다. 그녀의 몸짓이 들뢰즈와 과타리가 『천 개의 고원』에서 리토르넬로라고 부른 것에 가까운 무엇인가로 이해될 때 좀 더 선명하게 그 행위의 윤곽이 드러난다. 리토르넬로는 반복되는 후렴구를 가리키는 용어로 들뢰즈와 과타리는 이 용어에 새로운 전망을 부여한다. 카오스의 상황에서 풍경과 리듬을 부여하는 역할이 그것이다. 나왈의 콧노래는 크파 리얏이라는 죽음의 공간을 다른 차원의 공간으로 변형시킨다. 이 카오스의 공간에서 그녀가 시도한 것은 보편적 의미를 찾는 번역이나 전복을 위한 수사학적 전략이 아니다. 연상호 감독의 〈부산행〉 마지막 장면에서 수안이가 어두운 터널을 지나가면서 부른 노래처럼 그것은 미결정성의 공간에 어떤 리듬을 부여하는 미학적 움직임으로 간주될 수 있을 것이다. 이 작은 떨림에 사이-공간성과 사이-시간성을 살아가는 간시대적 자아의 새로운 삶의 가능성이 존재하는 것이 아닐까? 들뢰즈의 말대로 인류의 역사가 문제들의 구성으로 전개된다면 앞에서 제기한 질문들이 오늘날 서사에서 어떻게 구성되고 재구성되는지를 계속 물어야 할 것이다.

서사는 경험을 어떻게 구성하는가:
제롬 브루너, 「현실의 서사적 구성」 리뷰

장태순

"서사의 시간은 물리적 시간이 아니라 '인간의
시간'(리쾨르)이며, 그 중요성은 사건들의 의미에 의해
결정된다."

장태순은 서울대학교 물리학과를 졸업하고 같은 대학교 철학과에서 석사 학위를, 파리 8대학(생드니) 철학과에서 박사 학위를 받았다. 프랑스 현대 철학과 예술철학을 주로 공부하고 있다. 고등과학원 초학제연구단과 서울대학교 철학사상연구소의 연구원을 지냈고, 현재 덕성여자대학교 철학과 조교수로 재직 중이다. 지은 책으로『철학, 혁명을 말하다』(공저, 2018),『체계와 예술』(공저, 2017),『동서의 학문과 창조: 창의성이란 무엇인가?』(공저, 2016),『현대 정치철학의 모험』(공저, 2010)이 있고, 옮긴 책으로『비미학』(2010)이 있다.

교육학자이자 심리학자인 브루너는 「현실의 서사적 구성」에서 정신의 본성과 성장에 대한 새로운 패러다임을 제시하고자 한다. 그는 먼저 정신에 대한 연구의 역사를 개괄하고 한계점을 지적한다. 계몽주의 시대 이래로 정신에 대한 연구는 인간이 어떻게 세상에 대한 '참된' 지식을 얻는지에 집중되었다. 경험주의와 합리주의 전통은 정신의 서로 다른 점을 강조했지만, 양쪽 모두 목표는 우리가 어떻게 '현실'에 도달하는지를 발견하는 것이었다. 이런 입장은 심리학의 발전에 지대한 영향을 미쳤다. 그 영향은 20세기까지 계속되어 합리주의적 입장은 게슈탈트 이론이나 피아제의 발달심리학으로, 경험주의적 입장은 미국의 학습이론으로 이어졌다. 그러나 이런 입장들에 대한 비판도 증가하고 있다. 일례로 정신의 성장과 지식의 획득이 문화적 도구들이라는 보조 수단을 통해서 이루어진다는 입장이 있으며, 이런 입장은 인간의 정신이 현실을 구성한다는 또 다른 입장과도 맥을 같이한다.

브루너는 이 글에서 정신의 성장과 발전에 필수적인 문화적 도구 중 하나인 서사를 탐구한다. 인간 과학에서 "인지 혁명"이 일어난 이후 '현실'이 앎의 행위 속에서 어떻게 재현되는지가 중요한 문제가 되었다. 심리학자들은 1980년대에 서사가 재현의 형식일 뿐 아니라 현실을 구성하는 도구일 수 있다는 점에 눈을 떴고, 문학 이론이나 역사 기록historiography 분야가 자신들의 작업과 긴밀히 연관되어 있다는 것을 발견하였다. 중요한 것은 어떻게 서사가 구성되는지가 아니라 현실을 구성하는 도구로서 서사가 어떻게 작동하는지이다.

브루너는 이 글에서 서사의 10가지 특징을 서술한다. 그는 이 서술에서 인간 사고의 서사적 양상과 서사 담화를 구분하지 않겠다고 말한다. 이 두 가지는 서로 뗄 수 없게 얽혀 있기에 서사의 정신적 과정과 그것을 표현하는 담화 형태 중 어느 쪽이 더 기본적인지를 구분하려는 것은 헛된 일이다. 왜냐하면 사회적 사건에 대한 우리의 경험은 우리가 사용하는 서사의 형태를 띠게 되기 때문이다. 또한 그는 자신이 서술하는 내용이 새로운 것이 아니며, 서사학이나 비평, 또는 다른 사회과학 분야에서 이루어진 논의들의 메아리일 뿐이라고 말한다. 그가 제시하는 서사의 10가지 특징은 다음과 같다.

서사적 통시성 Narrative diachronicity

서사는 시간을 거치며 일어난 사건의 기술이다. 따라서 필연적으로 지속적이다. 서사의 시간은 물리적 시간이 아니라 "인간의 시간"(리쾨르)이며, 그 중요성은 사건들의 의미에 의해 결정된다. 윌리엄 라보프William Labov는 시간적 순서temporal sequence를 서사의 핵심 요소 중 하나로 보았고, 이런 시간성을 서사 담화 자체 안에 위치시켰다. 서사의 시간성과 순서를 담화에서 표현하는 방법은 플래시백이나 플래시 포워드, 시간적 제유 등 여러 가지이다. 넬슨 굿맨Nelson Goodman에 따르면 서사는 인간에게 일어난 사건을 통시적 순서로 구성하고 재현하는 방법들의 총체로 이루어진다. 비언어적 매체도 서사적 통시성의 관습을 가지고 있다. 만화나 성당의 스테인드글라스도 왼쪽에서 오른쪽 또는 위에서 아래라는 순서를 가지고 있다. 이 모든 서사를 표현하는 형식은 사건들을 시간에 따라 늘어놓는

'정신적 모델'이다.

특수성 Particularity

서사는 특수한 사건들을 구성 요소로 삼는다. 그러나 이 사건들은 서사의 목적이라기보다는 수단이다. 모든 이야기는 결국 일반적인 유형에 속하게 된다. 소년이 소녀에게 구애하거나, 악당은 벌을 받거나 하는 식이다. 이런 의미에서 이야기 속의 특수한 요소들은 보다 넓은 유형의 한 가지 사례로 존재한다. 예를 들어 소년이 소녀에게 구애하는 이야기에서는 소녀에게 줄 선물이 있어야 한다. 이 선물은 꽃이나 향수일 수도 있고, 귀금속 장신구일 수도 있다. 이중 어떤 것이든 선물의 적절한 사례 또는 상징이 될 것이다. 특수한 요소들은 이야기 속에 들어가면서 상징적 지위를 얻게 된다. 그리고 이야기 속의 특수한 요소들은 이야기에서 빠져 있을 때 채워 넣어질 수 있다. 이야기의 '암시성'은 이야기 속의 특수한 요소들이 가지는 상징적 성격에서 온다.

지향적 상태 수반 Intentional state entailment

서사는 인물들이 어떤 설정하에서 행위하는 것이며, 인물들에게 닥치는 일은 믿음, 욕망, 이론, 가치 등에 매여 있는 그들의 지향적 상태와 관계가 있다. 동물이나 무생물이라도 이야기의 '인물'이 되면 이런 지향적 상태가 부여된다. 그러나 지향적 상태는 결코 사건들의 흐름을 완전히 결정하지는 못한다. 이야기의 등장인물들에게는 어느 정도의 행의 주체성이 있고, 행위 주체성이 있다는 것은 선택의 여지, 즉 자유가 있다는 의미이기 때문이다. 이야기의 독자나 청자가 인물의 지향적 상태로부터 예측할 수 있는 것은 그 인물이 상황을 어떻게 느낄지, 또는 어떻게 파악할지이지 어떻게 행동할지는 아니다. 서사는 인물이 왜 그런 행동을 했는지를 해석할 수 있는 근거를 제공해줄 뿐이다. 해석은 사건이 일어난 '원인'이 아니라 '이유'에 관심이 있다.

해석(학)적 구성 가능성 Hermeneutic composability

'해석(학)적'이라는 말은 텍스트 또는 텍스트와 유사한 것이 있어서 그것을 통해 누군가가 어떤 의미를 표현하려고 했고, 그것으로부터 누군가가 의미를 읽어내려고 한다는 뜻이다. 이것은 텍스트가 표현하는 것과 의미하는 것이 같지 않음을 함축하며, 어떤 표현의 의미를 하나로 결정할 수도 없음을 의미한다. 이런 해석(학)적 입장은 진리를 보장하는 '합리적' 방법도 없으며 텍스트의 구성 요소들을 검증할 수 있는 경험적 방법도 없음을 의미한다. 이것은 이른바 '해석(학)적 순환'이라는 딜레마에 봉착하게 만든다. 텍스트의 부분과 전체는 상호 의존적이다. 이야기에서 이것은 잘 드러난다. 인물과 사건에 대한 설명 중에서 완성된 이야기 또는 플롯에 해당되는 유의미한 것들만이 선택되고, 이야기 전체는 이렇게 선택된 구성 요소들에 의존하여 구성된다. 하나의 이야기는 부분과 전체가 함께 살아 있을 수 있도록 만들어질 때에만 '실현된다'. 이런 해석(학)적 특성은 서사를 이해할 때와 구성할 때 모두 중요하다. 서사를 구성하는 것은 사건들을 선택하여 적당한 순서로 배열하는 것이 아니다. 사건 자체가 전체 서사에 의거하여 구성될 필요가 있다.

다시 "해석(학)적 구성 가능성"으로 돌아가본다면 이야기를 만들고 그것을 이야기로서 이해하는 것은 지식을 이런 해석의 방식으로 처리하는 인간의 능력 덕분에 가능하다. 더 놀라운 것은 경험을 이야기의 형태로 구성하는 능력은 매우 어릴 때부터 나타난다는 사실이다. 그러나 전통적인 합리주의자와 경험주의자는 모두 이런 인간의 능력에 관심을 기울이지 않았다. 많은 문학 이론가와 심리철학자들은 우리가 지식을 이야기로 이해하는 것은 애매함이 지나치게 많은 경우에 한해서라고 주장한다. 하지만 이에 대해 두 가지 반례를 들 수 있다. 하나는 매우 숙달된 이야기꾼이 단 하나만의 해석을 강요하는 경우 narrative seduction이고, 다른 하나는 사회적으로 당연한 해석이 정해져 있는 경우 narrative banalization이다.

해석은 성서 주석에서부터 시작되는 긴 역사를 가지고 있으며, 이야기의 전달 과정에서 고려해야 할 많은 문제를 제기한다. 이 글에서는 두 가지만 지적하겠다. 해석에서 첫 번째로 고려해야 할 문제는 의도이다. 듣고 해석하는 이의 의도만큼이나 말하는 이의 의도도 이야기에 반영되어 있다. 두 번째로 고려할 문제는 화자와 청자의 배경지식이다. 배경지식과 관련하여 힐러리 퍼트넘Hilary Putnam이 제시하는 두 가지 원칙은 '선의 추정의 원칙Principle of Benefit of Doubt'과 '합당한 무지의 원칙Principle of Reasonable Ignorance'이다. 전자는 전문가가 모든 것을 알고 있다고 생각하지 않는 것이며, 후자는 어떤 화자도 모든 것을 알고 있지는 않다고 생각하는 것이다. 의도와 배경지식을 고려하는 것은 해석의 기초일 뿐 아니라 이야기를 어떻게 받아들이고 어떻게 할지를 정하는 중요한 바탕이 된다.

정전성과 위반 Canonicity and breach

위에서 말한 모든 조건에 맞는다고 해서 다 이야기가 되는 것은 아니다. 어떤 일들은 이야기할 만한 것이 아니고, 그런 것들을 말하면 이야기 같다는 말 대신 '핵심이 없다 pointless'는 말을 듣게 된다. 에티켓을 설명하는 책에 등장하는 상황이 그런 예이다. 서사는 이런 서술을 배경으로서 필요로 하지만 그것 자체가 서사를 이루지는 않는다. 말할 만한 가치가 있는 이야기는 정전화正典化된 내용의 '정통성 legitimacy'을 위반하고 벗어나야 한다. 이것은 라보프가 "위기 촉발 사건 precipitation event"이라고 부른 것과 관계가 있다.

라보프는 서사 구조의 두 가지 구성 요소를 발견했다. '무엇이 일어났는가'와 '왜 그것이 이야기할 가치가 있는가'가 그것이다. 그는 첫 번째를 위해 환원 불가능한 항목들의 연쇄라는 개념을 제안했다. 두 번째를 위해서는 정전성 내의 위반의 요소들을 포착하고 그가 가치 평가라고 부른 것을 사용하고자 했다. 가치 평가는 어떤 이야기의 이야기할 만한 정도 tellability를 보장하기 위한 것이다. 가치 평가의 언어는 처음부터 끝까지 항목들의 연쇄의 언어와 대조되기 위해 만들어졌다. 서사의 위반 요소는 언어학적 수단을 통해서도 만들어질 수 있다. 러시아 형식주의자들은 서사의 플롯인 파불라와 이야기 방식인 수제를 구별했다. 츠베탕 토도로프는 창의적 서사는 새로운 플롯을 만들어내는 것이라기보다는 이미 익숙한 플롯들을 불확실하고 문제적으로 만들어서 독자가 신선한 해석을 하도록 만드는 것이라고 말했다.

지시성 Referentiality

한 서사가 받아들여질 수 있는지의 여부, 또는 허구의 리얼리즘(또는 서사적 '진실')은 현실성이나 검증 가능성으로 결정되는 것이 아니라 핍진성verisimilitude으로 결정된다. 허구는 자신만의 세계를 창조한다. 허구 속의 장소(예를 들어 제임스 조이스의 더블린)는 허구 속의 인물들만큼이나 현실이 아니다. 서사적 허구와 서사적 진실의 경계는 우리가 상식적으로 믿는 것처럼 명확하지 않다. 왜 이 구분이 본질적으로 (만들고 유지하기) 힘든가? 한 가지 이유는 앞에서 말한 서사의 해석(학)적 구성 가능성이다. 그로 인해 '의미'와 '지시'의 관습적인 구별에 문제가 생기기 때문이다. 어떤 이야기의 '의미'는 그것의 지시 대상이나 구성 성분들의 지시성을 변화시킬 수 있다.

장르적 성격 Genericness

이야기의 장르는 텍스트 자체의 성질이자 서사를 이해하는 방법이다. 매리 매카시Mary McCarthy는 여러 장르의 단편소설을 썼는

데, 그중 일부를 여주인공의 나이 순서대로 묶고 사이 이야기를 첨가하여 『가톨릭 소녀 시대의 회상Memories of a Catholic Girlhood』이라는 제목으로 출판했다. 그후로 독자들은 그의 새로운 이야기를 자전적인 것으로 간주하게 되었다. 작가와 독자들에게 편안하고 관습적인 모델을 제공하는 장르는 사건에 의미를 부여하는 해석적 작업을 제한한다. 우리는 타인에게뿐 아니라 (남의 이야기를 들을 때) 자기 자신에게도 이 의미 부여 작업을 행한다. 심리적 관점에서 볼 때 장르는 무엇인가? 장르는 단순히 인간이 처한 어려움의 관습적인 재현인가? 물론 가족의 다툼, 연애의 우여곡절 등 그런 어려움이 있는 것은 사실이다. 하지만 장르는 플롯(파불라)일 뿐 아니라 이야기하는 방식(수제)이기도 하다. 서유럽 문학에서 서사의 내적 전환은 최근의 발명인 묵독의 부상과 함께 일어난 일이다. 서사 장르는 인간의 곤경을 구성하는 방식일 뿐 아니라 정신을 사용하기 위한 지침을 제공하는 것이기도 하다.

규범성 Normativeness

앞에서 위반에 대해 이야기했지만 위반은 규범을 전제한다. 많은 학자가 서사는 문화적 정당성cultural legitimacy과 관련된다고 말한다. 위반 개념이 어떻게 받아들여지는지를 보면 서로 다른 문화적 강조점이 드러난다. 케네스 버크Kenneth Burke의 드라마의 5요소를 살펴보자. 5요소는 행위자agent, 행위act, 상황scene, 목적purpose, 수단agency이며, 문화적 관습에 의해 결정된 '비례'를 통해 이들은 균형을 이룬다. 이 비례의 균형이 깨졌을 때 문제trouble가 생기며, 드라마에 엔진을 제공하는 것은 문제이다. 버크의 강조점은 파불라이고, 이것은 문화적 세계와 그 세계의 규범에 따른 배열이다. 그런데 20세기 후반에 다른 흐름이 생겨났다. 서사의 규범성은 불변하는 것이 아니다. 규범성의 형태는 시대의 주요 관심사와 서사를 둘러싼 환경과 함께 변한다. 또한 서사에서 문제가 반드시 해결되어야 하는 것도 아니다. 서사는 기이함을 담고 있도록 디자인되어 있다. '옳은 방향으로' 가야 이야기가 끝나는 것이 아니다. 프랭크 커모드Frank Kermode가 "위로하는 플롯consoling plot"이라고 부른 것은 해피엔드가 아니라 문제를 이해하는 것이다. 문제는 해석이 가능해짐으로써 견딜 수 있는 것이 된다.

맥락 민감성과 협상 가능성 Context sensitivity and negociability

앞에서 해석(학)적 구성 가능성을 이야기하면서 거론했던 서사 의도와 배경지식의 문제에서 출발해보자. 오늘날에는 과거처럼 독자가 글 앞에서 모든 불신을 멈추고 '벌거벗은' 상태가 될 수 있다고 보지 않는다. 그런 상태는 잘해야 이상적인 상태이고 최악의 경우 서사적 이해의 과정을 왜곡시킨다. 우리는 불가피하게 서사를 우리 자신의 말하는 방식과 닮게 만들고, 우리의 배경지식을 바탕으로 화자의 의도를 고려한다.

브루너는 맥락 민감성이 일상생활에서 서사적 담화를 유효한 문화적 협상의 도구로 만든다고 본다. 우리는 각자 자기주장을 해도 차이를 해소하기 위해 법적으로 충돌하는 경우는 거의 없다. 이성적 판단 기준으로는 정합성의 원리와 검증의 원리 중 어느 기준이 언제 우세한지를 결정할 수 없다. 우리는 한 가지 이야기의 경쟁하는 두 버전을 배타적으로 받아들이지 않는 관점을 고려할 수 있다. 관점들의 상호작용을 통해 '서사적 진실'에 도달할 수 있다. 인류학자들도 문화에 대한 실증주의적 기술에서 해석적 기술로 전환하고 있다. 객관적인 범주가 아니라 '의미'를 찾아야 하고, 외부자(인류학자)가 어떤 가정에 의해 부과한 의미가 아니라 그 문화 고유의 의미 협상 과정에 익숙한 내부의 참여자들이 도달한 의미를 찾아야 한다. 이런 관점에서 볼 때 서사적 언급의 맥락 의존성이 문화적 협상을 가능하게 하는 것이다. 문화적 협상은 성공적일 때 한 문화가 도달할 수 있는 일관성과 상호 의존성을 가능하게 한다.

서사의 자연 증가 Narrative accrual

이야기는 어떻게 커지는가? 과학 지식은 특수한 경험적 발견을 포괄하는 일반 원리의 발견을 통해 축적되어간다. 그러나 서사가 커지는 과정은 과학과는 다르며, 과학자의 관점에서는 근본이 없는 것으로 보일 것이다. 하지만 서사는 확실히 커지며, 그 증가는 결국 우리가 문화, 역사 또는 전통이라고 부르는 것을 창조한다. 한 개인의 일상에서 벌어지는 일들은 어느 정도 일관성이 있는 자서전으로 탈바꿈한다. 가족 안에서 일어나는 일들도 서로 연결되고 공유된 이야기들의 덩어리 corpus를 만들어낸다. 사회제도는 예전에 일상적이었던 일들에 특별한 지위를 부여하며 전통을 발명한다. 법학의 '선례 구속성의 원리'는 하나의 법 해석이 이루어지면 이후의 법 해석들도 그것과 유사하게 이루어지도록 강제하는 방식으로 전통을 만든다.

이야기를 더 큰 규모로 성장하도록 인도하는 전략은 어떤 것이어야 할까? 한 가지는 '역사 인과적 함축historical-social entailment'이라고 부를 수 있는 것으로, 페르디난트 황태자의 암살이 제1차 세계대전을 일으켰다거나 샤를마뉴의 대관식이 유럽연합의 첫걸음이 되었다는 식의 엉터리 인과관계를 제시하는 것이다. 이것은 물론 잘못되었지만 인간에게 이런 식으로 이야기를 확대하려는 욕망이 있는 것은 분명한 사실이다. 다른 전략은 '동시대성에 의한 일관성coherence by contemporaneity'으로, 같은 시대의 일들이 모두 연결되어 있다는 생각이다. 이런 생각은 개인적인 이야기를 역사적인 규모로 끌어올린다. 브루너는 19살에 자신이 처음으로 학술적인 글을 썼던 때가 체임벌린과 히틀러가 뮌헨 협정을 맺은 시점이라는 것을 나중에 알게 되면서 두 가지를 연결시킨 경우를 예로 든다.

이렇게 성장한 서사는 문화적으로 공유되면서 '외부성'과 강제력을 가지게 된다. 레이건 전 대통령 부부는 전국적으로 유명한 TV 드라마에서 한 인물이 시력을 잃게 되었을 때 그 역할을 맡은 배우에게 동정의 편지를 보냈다고 한다. 그러나 이것은 보기 드문 경우가 아니다. 문화가 창조하는 것은 과거에 일어난 일들을 현재와 연속성을 갖게 하는 어떤 통시적 구조(역사 또는 전통)에 편입시켜 이야기를 성장시키는 "국지적local" 능력이다. 과거의 끊임없는 구축과 재구축은 정전성의 형태를 제공하여 언제 위반이 일어났으며 그것을 어떻게 해석해야 할지를 알아보게 한다.

　　이 글의 최초 전제로 돌아가보자. 그것은 인간의 지식과 기술에는 특정한 영역이 있으며 그 영역은 문화적 도구들에 의해 지탱되고 조직된다는 것이었다. 이런 관점을 받아들일 때 도달하는 결론은 정신의 본성과 성장을 이해하기 위해서는 분석 단위를 고립된 개인으로 한정해서는 안 된다는 것이다. 반대로 인간 정신의 선천적 능력은 문화적 상징체계의 도움 없이는 발현될 수 없음을 받아들여야 한다. 상징체계 중 다수는 주어진 문화 내에서 독자적으로 작동하지만 언어나 노동의 분업 방식, 사회적 믿음과 절차 등은 널리 공유된다. 이중 사회적 믿음과 절차는 서사적으로 조직된 영역이다. 브루너는 자신의 글에서 서사적 원리에 따라 구성된 '현실' 세계의 몇 가지 특징을 기술하였다. 그러나 이것은 시작에 불과하다. 그는 자신의 목표는 서사가 어떻게 인간 경험의 구조를 조직하는지를 상세하게 보이는 것이라고 말하며 글을 맺는다.

4부 서사의 응용

디지털 시대와 영화 서사

장태순

"영화는 의심할 바 없는 '이야기하는 예술'이 되었으며,
이 점이 영화를 가장 대중적이면서도
가장 창조적인 예술로 만들었다."

장태순은 서울대학교 물리학과를 졸업하고 같은 대학교 철학과에서 석사 학위를, 파리 8대학(생드니) 철학과에서 박사 학위를 받았다. 프랑스 현대 철학과 예술철학을 주로 공부하고 있다. 고등과학원 초학제연구단과 서울대학교 철학사상연구소의 연구원을 지냈고, 현재 덕성여자대학교 철학과 조교수로 재직 중이다. 지은 책으로 『철학, 혁명을 말하다』(공저, 2018), 『체계와 예술』(공저, 2017), 『동서의 학문과 창조: 창의성이란 무엇인가?』(공저, 2016), 『현대 정치철학의 모험』(공저, 2010)이 있고, 옮긴 책으로 『비미학』(2010)이 있다.

영화는 탄생한 지 120년 남짓 된 새로운 매체이지만, 서사 매체로서 영화가 전달하는 서사는 다른 매체를 통한 서사와 근본적으로 다르지 않다. 이와 마찬가지로 디지털 매체의 등장 이후 그 매체의 독특함으로 인한 새로운 서사 방식이 영화에 영향을 미쳤지만, 그런 서사 방식이 예전에 전혀 존재하지 않았던 것은 아니다. 서사는 인간의 역사만큼이나 오래된 것이며, 그 시간 동안 수많은 변형과 실험을 거쳐왔으므로 하늘 아래 완전히 새로운 서사는 거의 존재하지 않는다. 그럼에도 매체의 변화로 인해 서사의 어떤 특징이 두드러지는 현상은 존재한다. 이 글에서는 영화라는 매체의 등장으로 인해 두드러지게 된 서사의 특징과 디지털 매체의 등장으로 인해 눈에 띄게 된 서사의 특징을, 그리고 그것이 영화에 어떻게 반영되었는지를 주로 다룰 것이다.

영 화 서 사 담 론 의 특 징

19세기 말에 탄생한 영화는 본래 운동을 기록하는 장치로 출발했지만,[1] 최초로 영화를 제작하고 상영했던 뤼미에르 형제 이래로 대중을 위한 구경거리 spectacle라는 위치를 차지하고 있다. 세계의 모습을 기록하여 보여주는 초기 영화는 구경거리로서의 기능에는 충실했지만 서사를 전달하지는 않았다.[2] 그러나 편집이라는 새로운 기법이 발명되면서 영화를 통한 이야기 전달이 가능해졌고, 얼마 지나지 않아 대부분의 영화가 서사를 전달하게 되었다. 영화를 대중과 무관한 순수예술로 만들려고 했던 아방가르드 영화나 실험 영화의 작가들은 영화에서 서사를 제거하고 영화를 순수한 이미지의 예술로 만들려고 했으나, 이런 시도는 많은 사람의 지지를 얻지 못했을 뿐 아니라 예술적으로도 성공하지 못했다. 영화는 의심할 바 없는 '이야기하는 예술'이 되었으며, 이 점이 영화를 가장 대중적이면서도 가장 창조적인 예술로 만들었다.

서사적 예술 또는 서사 매체로서의 영화는 다른 서사 매체들과 공유하는 점도 있지만 다른 점도 있다. 서사를 '이야기'와 '서사 담화'로, 즉 '무엇을 이야기하느냐'와 '어떻게 이야기하느냐'로 나눈다면,[3] 영화는 다른 서사 매체들과 이야기에서는 차이가 없지만 서사 담화에서는 차이를 보인다고 할 수 있다. 전통적인 서사 매체들과 비교한다면 영화는 대체로 소설과 연극의 중간에 위치한다고 할 수 있다. 영화는 연극처럼 상영 시간의 제약을 받지만, 이야기 속 시간과 공간을 거의 무한히 보여줄 수 있다는 점에서는 소설과 유사하다. 영화는 연극처럼 인물과 사건, 소리와 장면을 관객에게 직접 제시하지만, 소설처럼 이야기 속 사건과 인물들 사이를 자유롭게 오고 가며 서사적 움직임을 원하는 대로 조정할 수 있다. 영화는 상연 시간의 길이와 흐름에 매여 있던 연극적 서사 담화의 제약에서 벗어나 산문적 서사 담화에서 볼 수 있는 유연성을 획득한 독특한 매체이다. 이것을 가능하게 한 것은 다양한 길이의 필름을 조합하는 기술인 편집이다. 편집은 서로 다른 시간과 공간에서 촬영한 영상들을 한 편의 영화로 조립하면서 작품 전체에 부분들에서는 찾을 수 없는 새로운 의미를 부여하는 기법으로 영화 서사에서 핵심적인 장치 중 하나이다.

영화가 전달하는 이야기와 서사 담화는 각 작품마다 다르지만, 양식style에 있어서는 어느 정도 공통점을 가진다고 할 수 있다. 그중 가장 지배적인 것은 고전적 할리우드 양식이라고 부를 수 있는 것으로 1910년대부터 1960년대까지 할리우드의 스튜디오에서 제작한 영화들의 공통적인 양식이다. 이 양식은 할리우드뿐 아니라 전 세계 상업 영화의 표준적인 양식이 되었으므로 영화를 대표하는 양식이라고 부를 수 있을 것이다.[4] 고전적 할리우드 영화에는 문제를 해결하거나 목표를 달성해야 할 인물이 등장하는데, 이 인물은 서사의 주된 인과적 동력이며 관객이 동일시하는 주요 대상이 된다. 서사 담론은 평온함, 혼란, 투쟁, 혼란의 제거로 구성되며, 이 모범적인 패턴은 하나의 공식으로 강조되어왔다. 이야기 구성에서 가장 중요한 원리는 인과성으로 공간과 시간 역시 인과성에 종속된다. 공간은 사실적이면서도(신문사에는 책상과 타자기, 전화가 있어야 한다) 구성 요소들이 이야기 구성에서 필수적인 역할을 해야 한다(책상과 타자기는 인물이 기사를 쓰는 데 필요하며, 전화는 인물들을 인과적으로 연결하기 위한 매체이다). 시간은 이야기 속 시간의 순서와 빈도, 지속 시간을 재현하면서 이야기의 인과관계를 명백히 드러낼 수 있어야 한다. 특히 시간의 경우 마감 시간은 많은 영화에서 전형적인 장치로 쓰인다. 고전 할리우드 영화의 서사 담론은 이중적인 인과 구조를 가지고 있어서 두 개의 플롯 라인 중 하나는 이성애적 로맨스를 전개하고 다른 하나는 일, 전쟁, 모험 등의 다른 영역을 전개한다.[5] 각 플롯 라인은 고유의 목표와 장애를 가지고 있고, 장애의 해결은 동시에 이루어지기도 하지만 순차적으로 이루어질 수도 있다. 두 플롯 라인은 구분되어 있지만 완전히 독립적이지는 않으며, 때로는 상호 의존적이다. 영화의 모든 기술은 인물이 이야기의 정보를 충실히 전달하게 하기 위해 쓰이며, 그 결과 인물의 몸과 얼굴이 관심의 초점이 된다. 모든 기법과 양식은 관객이 이야기가 진행되는 시공간을 혼란 없이 이해하도록 하기 위한 것이다. 그 결과 양식과 서사 담화는 거의 눈에 띄지 않게 된다.

고전 할리우드 영화의 이야기는 여러 특징을 가지고 있지만 그중 아마도 가장 중요한 특징은 수목형 플롯 구조일 것이다. 대부분의 할리우드 영화는 위에서 서술한 두 개의 플롯만 가지고 있지는 않다. 일반적인 할리우드 영화에는 주인공 이외에도 서너 명에서 10여 명에 이르는 조연이 등장하며, 그들 중 일부는 영화 속에서 자기만의 이야기를 펼친다. 그러나 조연들의 이야기는 주인공의 두 가지 플롯에 통합되거나 그로부터 갈라져 나오는 '곁가지 플롯' 또는 보조 플롯이다. 주 플롯은 반드시 명확하게 제시되어야 하지만 보조 플롯은 부분적으로만 제시되거나 암시될 수도 있다. 또한 보조 플롯의 제시는 주 플롯과 관련이 있는 범위로 최소화되어야 한다. 관련성은 서사적인 것일 수도 있고(조연의 친구가 한 행위가 주인공에게 영향을 미치는 경우) 주제적인 것일 수도 있다(가족 사랑을 이야기하는 영화에서 주인공의 가족 이야기와 조연의 가족 이야기가 병치되는 경우). 결론적으로 할리우드 영화는 다양한 플롯을 포함하고 있지만 두 개의 주된 플롯 이외의 것들은 주 플롯에 통합되는 방식으로 구조화되며, 보조 플롯들은 주 플롯을 강조하는 방식으로만 기능한다.

디지털 시대의 영화 서사

디지털 매체의 등장은 영화의 서사에도 변화를 가져왔다. 디지털 매체가 새로운 이야기 구조나 서사 담화를 만들어낸 것은 아니지만 그것은 이미 존재하던 이야기에 새로운 서사 담화를 제공하거나 특정한 서사 담화를 주도적인 것으로 만들었다.

다중 플롯 구조

디지털 매체의 서사가 지니는 대표적 특징으로 서사 텍스트의 쌍방향성과 비선형성이 자주 언급된다.[6] 쌍방향성은 비디오게임과 같은 디지털 서사 매체에서 잘 드러나는데, 게임에서 서사의 수용자인 플레이어는 스스로 텍스트의 일부를 구성하거나 조합하여 텍스트를 완성할 수 있다. 비선형성은 비디오게임 또는 하이퍼텍스트 소설에서 찾아볼 수 있는 것으로 서사의 수용자는 텍스트 안에서 이동하면서 하나 이상의 이야기를 받아들이거나 스스로 서사 담화를 구성할 수 있다.

흥미롭게도 디지털 서사 매체가 본격적으로 등장할 무렵의 영화 서사에서도 이런 특징을 찾아볼 수 있다. 1990년대 이후 영화의 중요한 특징 중 하나는 다중 플롯 구조이다. 한 편의 영화가 하나 이상의 이야기를 전하는 것은 이제 흔한 일이 되었다. 전통적인 할리우드 영화에서처럼 주 플롯을 위해 보조 플롯들이 존재하는 구조가 아니라 어느 것이 주 플롯인지를 특정할 수 없도록 여러 플롯이 병렬적으로 진행되는 영화가 늘어났다. 이런 서사 방식을 택한 영화 중 가장 유명한 것은 퀜틴 타란티노의 〈펄프 픽션〉(1994)이지만, 클레르 드니의 〈잠이 오지 않아〉(1994), 왕가위의 〈아비정전〉(1990)과 〈타락천사〉(1995), 홍상수의 〈돼지가 우물에 빠진 날〉(1995), 더그 라이먼의 〈고Go〉(1999), 알레한드로 곤잘레스 이냐리투의 〈아모레스 페로스〉(2000)와 〈바벨〉(2006), 구스 반 산트의 〈엘리펀트〉(2003), 리처드 커티스의 〈러브 액츄얼리〉(2003), 민규동의 〈내 생애 가장 아름다운 일주일〉(2005), 세드릭 클라피쉬의 〈사랑을 부르는 파리〉(2008) 등 국적과 영화 경향(상업 영화 또는 예술영화)에 상관없이 다양한 영화에서 이런 구조를 찾아볼 수 있다.[7] 이 영화들에서는 여러 명의 인물이 각각 자신의 이야기 속에서 주인공 역할을 하며, 인물들은 서로 아는 사이로 다른 이야기에 영향을 미치거나 서로를 모른 채 스쳐 지나가기도 한다. 고전적 할리우드 영화의 선형적 서사에 익숙한 관객들은 이런 비선형적이고 다중적인 서사 방식을 처음에는 낯설어했지만 다중 플롯 구조가 하나의 서사 방식으로 자리 잡은 뒤에는 거의 문제없이 받아들이고 있다. 이런 서사 방식은 선형적인 서사가 보여줄 수 없는 인물과 사건의 입체적인 성격을 보여준다는 커다란 장점을 가지고 있으며, 그런 이유에서 '서사의 큐비즘'이라는 별명이 생기기도 하였다.

다중 플롯 구조의 영화 중에서 두 가지는 별도로 언급할 만하다. 하나는 〈펄프 픽션〉이다. 이 영화는 세 개의 플롯을 순서대로 전개하고 있는데, 세 서사에는 모두 빈센트 베가(존 트라볼타 분)라는 갱단원이 등장하며 그중 첫 번째와 세 번째에서 그는 주인공이다. 다른 다중 플롯 영화들의 경우 서사마다 주인공이 달라지는 경우가 대부분인데, 이렇게 한 주인공이 짧은 시간 안에 세 개의 서로 다른 플롯에 포함되어 있다는 점은 독특하다. 다른 영화는 폴 토머스 앤더슨의 〈매그놀리아〉(1999)이다. 이 영화는 아홉 개의 플롯이 병렬적으로 진행되는 영화지만 '개구리 비'라는 기상천외한 사건이 모든 이야기를 하나로 묶는 끈 역할을 하고 있다. 더구나 아홉 개의 이야기가 모두 용서와 화해라는 주제를 담고 있다는 점에서 이 영화는 다중 플롯 영화 중에서 가장 고전적 할리우드 영화에 가까운 플롯 구조를 가지고 있다.

최근에 많이 보이는 다중 플롯 구조 영화의 또 다른 양상은 여러 편의 영화가 같은 서사 세계를 공유하는 경우이다. 이런 서사 방식은 발자크의 『인간 희극』 연작에서도 찾아볼 수 있듯이 오래된 방식이다. 동일한 서사 세계를 공유하는 연작은 호메로스의 『일리아스』와 『오디세이아』, 또는 아이스퀼로스의 '오레스테스 3부작'이나 소포클레스의 '오이디푸스 3부작'에서부터 시작되었으나, 이런 연작의 경우 같은 인물의 동일한 서사를 연장한 것에 불과했다. 반면 최근의 다중 플롯 연작 영화는 같은 세계 속에서 사건이 벌어진다는 점만을 공유할 뿐 각 작품의 주요 인물이 서로 다르고 주 플롯도 연결되지 않는다. 이런 연작으로는 〈어벤져스〉(2012)로 통칭되는 마블 시네마틱 유니버스(MCU)의 슈퍼히어로 연작이 대표적인 예이다. MCU 연작의 경우 거의 모든 슈퍼히어로가 자신을 주인공으로 하는 한 편 이상의 영화를 가지고 있으며, 모든 슈퍼히어로가 등장하는 〈어벤져스〉 시리즈는 전체 연작을 묶는 끈 역할을 하고 있다. 그런 점에서는 〈매그놀리아〉와 상당히 유사한 구조를 가지고 있다고도 볼 수 있다.

그 밖에 기존의 연작 영화에 제작자 또는 팬들에 의해 보조 플롯이 추가되어 수많은 플롯의 우주가 만들어지는 경향이 있다. 〈해리 포터〉 시리즈의 스핀오프나 〈스타워즈〉 시리즈의 스핀오프가 대표적인 경우이다. 스핀오프 시리즈들은 보조 서사 또는 부수 서사로 취급되어왔으나, 본 서사가 완결된 상태에서 보조 또는 부수 서사들이 끊임없이 성장하게 되면 어느 쪽이 주 서사인지 구분할 수 없는 상태가 된다. 마치 줄기의 성장이 멈춘 고목에서 가지들이 무수히 뻗어 나온 경우와 같다. 이런 식의 서사 구성은 트랜스미디어 전략을 사용하는 현재의 콘텐츠 전략과도 맞아떨어지는 21세기형 서사로 자리 잡고 있다.[8]

반복적 플롯 구조

다음으로 살펴볼 것은 반복적 플롯 구조이다. 서사에서 반복은 다양한 방식으로 사용된다. 전통적으로는 어떤 대상이나 목표를 찾는 탐색담quest story에서 같은 질문("파랑새가 어디에 있는지 아시나요?")을 반복하는 것이 대표적인 경우이다. 이 경우 반복은 서사의 중간에 위치하며, 서사가 제기하는 문제를 해결하기 위한 방법이다. 이런 구조, 즉 '상황과 문제의 제시, 반복을 통한 문제 해결 시도, 문제 해결'의 구조에서 반복되는 중간 부분만으로 서사 구조를 만든 영화들이 있다. 이런 영화에서는 완전히 똑같은 상황이 반복되며, 거기서 주인공이 어떤 행동을 선택하는지에 따라 서사의 전개가 달라진다. 이런 서사 구조를 SF의 하위 장르인 '타임 루프물'이라고 부르기도 한다. 이 유형의 영화 중 처음으로 잘 알려진 것은 〈사랑의 블랙홀〉(1993)이다. 이 영화에서 주인공은 알 수 없는 이유로 같은 날을 반복해서 살게 되며, 어떻게 이 상황에서 빠져나갈 수 있는지도 알지 못한다. 하지만 결국 그가 진정한 사랑을 찾으면서 반복은 끝나고, 그는 정상적인 시간의 흐름 속으로 돌아오게 된다. 이런 기계적인 반복은 게임의 서사 구조와 완전히 동일하다. 지난 세기말부터 이런 영화들이 자주 등장하게 된 것은 아마도 그 때문일 것이다. 영화의 서사를 게임 속 상황으로 간주할 때 이해 가능한 영화로는 〈롤라 런〉(1998), 〈소스 코드〉(2011), 〈어바웃 타임〉(2013), 〈엣지 오브 투모로우〉(2014), 〈당신, 거기 있어줄래요〉(2016), 〈하루〉(2017), 〈7번째 내가 죽던 날〉(2017), 원작 소설이 실사영화와 애니메이션으로 여러 번 각색된 〈시간을 달리는 소녀〉 등이 있다. 〈롤라 런〉에서 주인공 롤라는 같은 상황을 세 번 반복하여 목표에 도달한다. 이런 영화에서는 주인공의 선택이 미래를 바꿀 수 있으며, 반복되는 상황들은 서로 공존 불가능한 배타적인 상황이다.[9]

영화뿐 아니라 일본의 서브컬처 콘텐츠에서도 타임 루프물을 대단히 많이 접할 수 있다. 잘 알려진 것으로는 애니메이션 〈Re: 제로부터 시작하는 이세계 생활〉(2012), 〈엣지 오브 투모로우〉의 원작인 『All You Need Is Kill』 등이 있다. 마블 시네마틱 유니버스의 슈퍼히어로 영화 중 하나인 〈닥터 스트레인지〉(2016)에도 타임 루프가 등장한다. 타임 루프물은 주인공이 스스로 루프를 끝내고 시작할 수 있는가, 시간상 이전으로 돌아가도 기억이 계속 유지되는가 등에 따라 여러 가지로 나눌 수 있다. 〈어바웃 타임〉과 〈시간을 달리는 소녀〉는 특정 시간의 반복을 스스로 시작하고 그칠 수 있는 경우이며, 반복만으로 이야기가 진행되지는 않는다.

다중 세계 서사와 다중 인격 서사

디지털 매체의 영향을 받은 또 다른 서사 유형은 한 인물이 둘 이상의 세계를 오가는 다중 세계 서사다. 다중 세계 서사는 고전 서사의 꿈속 이야기에서 원형을 찾아볼 수 있으며, 1990년대부터 가상 현실을 매개로 하는 가상 세계와 현실 세계의 관계를 다루는 영화가 급격히 증가하면서 21세기 영화 서사의 한 가지 유형으로 자리 잡았다. 가상 세계를 통한 다중 세계 서사를 대표하는 영화는 워쇼스키 자매의 〈매트릭스〉(1999)이며, 비슷한 시기에 발표된 데이비드 크로넨버그의 〈엑시스텐즈〉(1999), 조세프 루스낵의 〈13층〉(1999), 카메론 크로우의 〈바닐라 스카이〉(2001) 등도 같은 유형의 영화이다. 다중 세계를 다룬 최초의 영화들은 주인공이 가상 세계 속에 있다는 것을 모르고 있다가 나중에 알게 되는 설정이었다.[10] 이후에 나온 가상 세계 영화에서는 제임스 카메론의 〈아바타〉(2009)나 스티븐 스필버그의 〈레디 플레이어 원〉(2018)처럼 인물들이 자발적, 의식적으로 가상 세계로 들어가는 경우도 있다.[11] 가상 세계는 등장하지 않지만 꿈의 세계를 다루는 크리스토퍼 놀란의 〈인셉션〉(2010)도 이런 유형의 영화로 분류할 수 있을 것이다.

다중 세계 서사와 비슷한 유형으로 다중 인격 서사가 있다. 한 인물이 둘 이상의 다른 인격을 가지고 있지만 스스로는 그런 사실을 모르고 있거나 통제할 수 없는 경우로 고전 서사 중에서는 『지킬 박사와 하이드 씨』나 알프레드 히치콕의 〈사이코〉(1960)가 대표적인 예이다. 하지만 최근 들어 다중 인격을 다룬 영화가 증가하게 된 것은 많은 사람이 사이버 세계에서 여러 가지 다른 캐릭터로 생활하게 된 디지털 환경과 밀접한 관계가 있다.[12] 다중 인격을 다루는 영화로는 〈프라이멀 피어〉(1996), 〈헐크〉(2003), 〈아이덴티티〉(2003), 〈엑스텐션〉(2003), 〈23 아이덴티티〉(2016) 등이 있다.

지금까지 살펴본 것처럼 디지털 매체의 등장은 영화의 서사에 다양한 영향을 미치고 있으며, 급격히 변화하는 디지털 환경은 앞으로도 영화 서사에 새로운 가능성을 가져올 것이 예상된다. 최근에도 미하엘 하네케의 〈해피 엔드〉(2017)처럼 (세로로 긴) 스마트폰 영상만으로 이루어진 영화나 아니시 샤건티의 〈서치〉(2017)처럼 컴퓨터의 모니터 화면 위에서 모든 사건이 벌어지는 데스크톱 영화 또는 온스크린 영화가 시도되고 있다. 영화는 연극의 직접성과 소설의 자유로움을 모두 가지고 있는 서사 매체이므로 매체와 환경의 변화에 유연하게 반응하며 새로운 서사 양식을 발명해낼 것이다.

법정 서사의 증거력

최용호

"법정은 기소인과 변호인이 서사성을 두고 경합을 벌이는
서사적 각축장과 다르지 않다."

최용호는 한국외국어대학교에서 불어를 전공하고, 프랑스 파리 10대학에서 소쉬르의 시간 개념에 관한 논문으로 언어학 박사 학위를 받았다. 현재 한국외국어대학교 프랑스학과 교수로 재직 중이다. 지은 책으로 『소쉬르는 이렇게 말했다』(2017), 『노랑 신호등』(공저, 2012), 『서사로 읽는 서사학』(2009), 『의미와 설화성』(2006), 『광고 커뮤니케이션 문화 마케팅』(2005), 『텍스트 의미론 강의』(2004), Le temps chez Saussure(2002) 등이 있고, 옮긴 책으로 『신앙과 지식/세기와 용서』(공역, 2016), 『정념의 기호학』(공역, 2014), 『일반 언어학 노트』(공역, 2007) 등이 있다.

1

제롬 브루너는 『이야기 만들기』에서 "아이스퀼로스나 소포클레스와 같은 위대한 사람들이 만든 극이 존재하기 이전의 고대에, 아테네 사람들은 종종 법정으로 갔다"[1]는 사실에 주의를 환기한다. 물론 극이 만들어진 이후에도 법정에 대한 관심과 열기는 결코 식지 않았다. 계속해서 브루너는 다음과 같이 자문한다. "소설가와 극작가는 어째서 법정에 대해 저항할 수 없는 매력을 느끼는 것일까?"[2] 비단 소설가와 극작가만이 아닐 것이다. 도스토옙스키는 『카라마조프 씨네 형제들』에서 서술자의 입을 빌려 법정 서사의 "저항할 수 없는 매력"을 다음과 같이 생생하게 증언한다.

무엇보다도 먼저 법정으로 들어가기 전에, 그날 특별히 나를 가장 놀라게 했던 사실부터 말해보겠다. 놀란 사람은 나 한 사람만이 아니었으리라. 후에 알고 보니 사실은 모든 사람이 놀라움을 금치 못했었다. 예컨대 그것은 이 사건이 누구에게나 대단한 흥미를 끌었다는 것, 모든 사람이 공판이 시작되기를 초조하게 기다렸다는 것, 그리고 이 사건이 많은 사람 사이에서는 지난 두 달 동안 공통적인 화젯거리가 되고 추측과 규탄과 상상의 대상이 되어왔다는 것은 이미 널리 알려진 사실이다. 또한 이 사건이 러시아 전역에서 일대 센세이션을 일으켰다는 것도 모두 잘 알고 있었지만, 이 사건이 이 고장 사람들은 말할 나위 없고 전국 방방곡곡에 걸쳐 남녀노소 할 것 없이 모든 사람을 열광과

흥분과 충격 속으로 몰아넣으리라고는 이날 법정이 열리기 직전까지만 해도 누구 하나 예측하지 못했던 것이다. 특히 이날에는 이 지방 현청 소재지에서뿐 아니라, 그 밖의 러시아의 다른 많은 도시에서도, 심지어 모스크바나 페테르부르크에서까지 공판을 구경하기 위해 이 고장으로 몰려들었다.[3]

아버지와 아들이 한 여인을 두고 치정극을 벌이다가 결국 아들이 아버지를 살해한 현대판 오이디푸스 사건에 사람들은 아마도 거부할 수 없는 매력을 느꼈을 것이다. 그러나 법정 서사의 매력은 이러한 소재의 측면에만 있는 것은 아니다. 좀 더 본질적인 것은 다시 브루너의 말을 빌리자면 "법적인 변론과 문학적인 스토리텔링이 내러티브라고 하는 매체를 공유하고 있다는 것, 역사적으로 확립된 것과 상상적으로 가능한 것 사이의 쉽지 않은 제휴를 끊임없이 작동하게 하는 하나의 형식이라는 점이다."[4] 요컨대 법 이야기 자체가 흥미를 끌 뿐만 아니라 허구적 이야기와 긴밀한 관계를 맺으면서 인류의 문화사에서 중요한 서사적 역할을 수행하는 것이다.

우리가 이 글에서 다루고자 하는 것은 '법적인 변론'이 '문학적인 스토리텔링'과 공유하는 서사성에 관한 것이다. 법적인 서사성을 어떻게 규명하고 정의할 것인가? 이어지는 논의에서는 이 질문에 대한 대답이 특별히 세 가지 측면에서 제시될 것이다. 먼저 법정 자체가 하나의 서사적 구조물로 이루어져 있다는 사실에 주의를 환기하고자 한다. 예를 들어 "인물 간의 아곤agon",[5] 즉 경합(갈등)이 서사성을 정의하는 구성적 요소라고 할 때 법정 서사처럼 아곤적 성격이 잘 드러난 서사는 찾아보기 어렵다. 거칠게 말해 법정은 기소인과 변호인이 서사성을 두고 경합을 벌이는 서사적 각축장과 다르지 않다. 다음으로 좀 더 미시적으로 검사와 변호사 사이에서 법적 공방이 오고 가는 가운데 증거력이 확보되어가는 역동적 과정을 말과 사물의 관계라는 시각에서 조명하고자 한다. 이를 통해 법적 차원에서 말과 사물이 맺고 있는 길항 관계 혹은 긴장 관계가 드러날 것이다. 끝으로 이 글에서 새롭게 제안하고자 하는 법 서사와 법정 서사의 구분을 통해 브루너가 "역사적으로 확립된 것과 상상적으로 가능한 것 사이의 쉽지 않은 제휴"라고 규정한 내러티브적 작동 기제를 좀 더 거시적 차원에서 조감하는 작업을 진행할 것이다. '법정 서사'가 법정에서 구축되는 서사라면 '법 서사'는 법 자체의 성립과 관련된, 이를테면 기원적 혹은 ― 벤야민의 용어를 빌리자면 ― 법 정초적 서사를 지칭한다. 데리다가 『법의 힘』에서 법은 법 자체를 문제 삼을 때 정의로울 수 있다는 해체적 논리를 베풀었을 때 바로 이러한 구분이 전제되어 있음을 알 수 있다. 이 글에서 보기에 향후 '법 서사학Legal narratology'에서 다루어야 할 중요한 문제가 바로 이 구분과 관련되어 있다. 법정 서사는 법 서사를 지속적으로 참조하면서 (재)구축된다는 것이 이 글의 작업가설이다. 우리의 논의를 위해 전거로 삼고자 하는 텍스트는 앞에서 인용한 도스토옙스키의 『카라마조프 씨네 형제들』 제12편 「잘못된 재판」이다. 카뮈의 『이방인』 2부나 카프카의 『소송』도 법정 서사를 다루고 있는 대표적인 작품이지만 법정에서 이루어지는 '법적인 변론' 과정을 서사학적으로 생생하게 재연한 것으로 ― 법정 서사의 교과서라고 할 수 있는 ―「잘못된 재판」에 견줄 만한 텍스트는 흔치 않다는 것이 이 글의 생각이다.

2

「잘못된 재판」에 등장하는, 바꿔 말해 법정을 구성하는 요소들은 대략 다음과 같다. 재판관, 검사, 변호사, 피고, 배심원, 증인, 증거물, 자문단, 방청인 등이다. 법정 자체가 하나의 서사적 구조물이라는 말은 이들이 법정에서 수행하는 역할들이 서사성을 함축하고 있다는 말이다. 앞서 언급했듯이 서사성을 정의하는 중요한 요소들 가운데 하나가 바로 '아곤'이다. 아곤은 극 중에서 인물들 간의 갈등을 나타내는 그리스어다. 갈등이나 다툼이 없다면 독자는 이야기에 중요한 무엇인가가 빠져 있다는 느낌을 받게 된다. 포터 애벗H. Porter Abbott은 『서사학 강의』에서 여기에는 좀 더 근본적인 이유가 존재한다고 지적한다.

> 인류의 역사가 기록되기 시작한 이후로 아곤 혹은 갈등은 서사에서 매우 중요한 특징으로 여겨져왔으며, 따라서 갈등은 문화적으로 중대한 목적에 기여하고 있다고 추측해볼 수 있다. 매우 그럴듯한 설명 가운데 하나는 문화를 파괴해버릴 수도 있는(혹은 적어도 그 문화의 생존을 어렵게 만들 수 있는) 위험한 갈등을 재현함으로써 서사는 그와 같은 갈등을 인식하게 만들 뿐 아니라 가능하다면 그 갈등을 해결할 수 있는 방법까지 제안한다는 것이다. 이런 관점에서 볼 때, 서사의 갈등은 단순히 특정 인물(또는

실체)에 국한되는 것만은 아니다. 서사적 실체들이 겪게 되는 갈등이 절정에 이를 때 우리는 가치, 관념, 감정 그리고 세계관과 관련된 갈등들까지도 함께 발견하게 된다.[6]

법정은 철저하게 아곤적으로 구성되어 있다는 점에서 근본적으로 서사적이다. 이어지는 논의에서는 법정 서사의 아곤성이 구축되는 고유한 방식을 검토하기 위해 그레마스Greimas가 정식화한 행위소 모델을 참조하고자 한다.

행위소 모델은 '발신자-대상(메시지)-수신자'라는 커뮤니케이션의 축과 '주체-대상'이라는 의지vouloir의 축 그리고 '조력자-주체-적대자'라는 능력pouvoir의 축으로 구성되어 있다. 이 모델이 함축하는 바는 모든 서사는 발신자가 대상에 대한 정보를 수신자에게 전달하고 정보를 전달받은 수신자가 주체로 거듭나면서 대상을 획득하고자 시도하는 가운데 한편으로 도움을 받을 수도 있고 다른 한편으로 장애물에 부딪힐 수도 있다는 것이다. 모든 서사에 이러한 구조가 등재되어 있다는 것이 그레마스의 보편 서사학적 기획의 초기 가설이다. 법정 서사의 아곤성이 행위소 모델을 떠안고 있는 이 세 축, 그러니까 커뮤니케이션의 축, 의지의 축, 그리고 능력의 축에 어떻게 개입하는지를 하나하나 살펴보도록 하자.

행위소 모델

발신자 → 대상 → 수신자
↑
조력자 → 주체 ← 적대자

먼저 살펴볼 축은 '발신자 → 대상 → 수신자'라는 커뮤니케이션의 축이다. 커뮤니케이션은 발신자가 대상에 대한 정보, 즉 메시지를 수신자에게 전달하는 과정으로 이루어져 있다. 원고가 소송을 제기하고 검사가 기소함으로써 법정이 열리게 된다. 행위소 모델에 따르면 원고가 발신자 역할을 수행하고 검사가 수신자 역할을 수행하는 것이다. 「잘못된 재판」에서는 형사사건이 다루어지고 있기 때문에 ― 원고가 살해당해 소송을 제기할 수도 없지만 ― 검사가 직접 공소를 제기하는 발신자 역할까지 떠맡는다. 원고가 검사에게 전달하는 메시지는 넓게 보자면 정의에 대한 것으로 압축될 수 있다. 정의가 심각할 정도로 훼손됐다는 그의 호소가 메시지의 핵심 내용인 것이다. 「잘못된 재판」에 등장하는 검사가 발신자로서 강조한 것도 바로 이 메시지다. "이 순간 여러분께서는 정의를 부르짖는 신성한 법정에 와 있다는 것을 결코 잊어서는 안 될 것입니다."[7] 법정 서사가 아곤성을 지니게 되는 것은 이러한 발신자 곁에 그와는 정반대의 메시지를 송출하는 이른바 반反발신자가 공존하기 때문이다. 반발신자 역할을 수행하는 것은 다름 아닌 피고다. 피고는 변호사에게 사건을 의뢰함으로써 역시 훼손된 정의에 대한 복원을 도모한다. 「잘못된 재판」에서 피고 드미트리 카라마조프는 자신이 아버지와 다투고 심지어 폭행까지 했다는 사실은 인정하지만, 결코 아버지를 살해하지는 않았다고 시종일관 변론한다. 그의 관점에서 무고한 자에게 씌워진 친부 살해라는 혐의는 훼손된 정의와 다르지 않다. 피고는 ― 「잘못된 재판」에서 변호사에게 변론을 의뢰한 사람은 피고 자신이 아니라 피고의 친척, 좀 더 정확히 말해 피고의 약혼녀 카테리나 이바노브나이다 — 이에 대한 메시지를 변호사에게 전달하는 것이다. 아래와 같이 법정 서사의 커뮤니케이션의 축은 철저하게 아곤적으로 구조화되어 있다.

원고 vs 피고 → 정의 → 검사 vs 변호사

「잘못된 재판」의 후반부는 검사의 논고와 변호사의 변론으로 구성되어 있다. 법정 서사에서 흥미로운 지점은 수신자 역할을 맡은 검사와 변호사가 배심원 — 또는 방청인 — 앞에서 최종 진술을 하면서 발신자의 위치에 선다는 것이다. 앞으로도 살펴보겠지만 기호학적으로 좀 더 정확히 언급하자면 검사와 변호사가 주체로서 수행한 서사 프로그램의 결과에 대한 판결을 배심원에게 요청하는 것이다. 이러한 커뮤니케이션의 과정을 정식화하면 다음과 같다.

검사 vs 변호사 → 정의 → 배심원

「잘못된 재판」에 참여한 배심원단은 "보잘것없는 이 지방 관리와 장사꾼 두 명, 농부와 장인匠人 여섯 명"[8] 등 모두 12명으로 검사 측 배심원과 변호사 측 배심원이 동수로 구성되어 있다. 위의 도식에서 수신자를 아곤적으로 구성하지 않은 것은 검사의 논고와 변호사의 변론 중에서 하나는 진실로 다른 하나는 거짓으로 판결이 내려져야 하기 때문이다. 배심원들 사이에 의견을 달리하는 부분이 있더라도 배심원단은 최종심급으로, 하나의 수신자로 간주되어야 하는 것이다.

    법정에서 검사와 변호사는 이처럼 순차적으로 수신자와 발신자의 역할을 수행한다. 한편으로 수신자 역할을 수행하는 것은 의지의 축에서 주체로서의 역할을 떠안기 위함이고, 다른 한편으로 발신자 역할을 수행하는 것은 주체로서의 역할을 수행한 뒤 그 수행 결과에 대한 판결을 받기 위함이다. 법정 서사에서 검사와 변호사에게 맡겨진 좀 더 핵심적인 역할은 주체로서의 역할인 것이다. 커뮤니케이션의 축에서 이들이 수행하는 수신자와 발신자의 역할은 잠정적인 것에 불과하다. 이와 다르게 원고와 피고가 맡게 되는 발신자 역할과 배심원단이 맡게 되는 수신자 역할은 본질적인 것이다. 원고와 피고는 이들이 속한 사회에서 정의의 훼손이 발생했다는 메시지를 송출하는 발신자로서 이들이 속한 사회를 대표한다. 마찬가지로 배심원단은 이러한 훼손에 대한 검사와 변호사의 상반된 진술을 듣고 평가해야 하는 수신자로서 이들이 속한 사회를 대표한다. 「잘못된 재판」에 초빙된 배심원들의 면면에 대해 "그따위 하찮은 관리들이나 농사꾼들이 어떻게 이 사건의 개요를 파악할 수 있겠습니까?"[9]라고 사람들이 쑤군대는 것도, 그리고 검사가 배심원들을 향해 "지금 이 순간 여러분께서는 러시아 전체를 대표하고 있습니다"[10]라고 말하면서 그들의 숭고한 의무를 일깨우는 것도 모두 이들이 자신들이 속한 사회를 대표하는 자들로 법정 서사에 개입하기 때문이다. 전반부와 후반부로 나뉜 법정 서사의 커뮤니케이션의 축을 하나로 묶으면 다음과 같다.

사회 → 정의 → (검사와 변호사) → 정의 → 사회

이 축이 의미하는 바는 사회에서 발생한 정의의 문제는 사회에서 해결하고 판단해야 한다는 것이다. 바로 여기에 브루너가 주목한 법과 정의의 가장 심오한 의미가 놓여 있다. "법을 대중에게 되돌려 준다"[11]는 것이 바로 그것이다. 앞서 지적했듯이 검사와 변호사가 ― 위의 도식에서 괄호로 표시된 것처럼 ― 잠정적으로 발신자와 수신자의 역할을 순차적으로 맡은 것은 이 사회에서 부여한 특별한 역할을 본격적으로 수행하기 위함이다. 다름 아닌 주체로서의 역할이 그것이다.

우리가 두 번째로 살펴볼 축은 의지의 축이다. 의지의 축은 '주체-대상'의 관계로 이루어져 있다. 이 둘은 이접離接disjonction 또는 연접連接conjonction 관계에 놓여 있다. 이접은 주체와 대상이 분리된 상태, 다시 말해 주체에게 욕망의 대상이 결핍된 상태를 가리키고 연접은 주체와 대상이 결합되어 있는 상태, 다시 말해 결핍된 욕망이 충족된 상태를 가리킨다. 이 축에서 전개되는 이른바 서사 프로그램은 이접 관계를 연접 관계로, 또는 연접 관계를 이접 관계로 변형시키는 변형 프로그램으로 정의된다.

법정 서사에서는 커뮤니케이션의 축과 마찬가지로 의지의 축도 철저하게 아곤적으로 구축되어 있다. 즉 한편으로 주체와 반反주체가 경합하고 다른 한편으로 허구와 사실이 대립한다. 반주체는 주체와 동일한 대상을 두고 경합을 벌이는 주체를 가리킨다. 「잘못된 재판」에서 이 사건의 변론을 맡은 변호사는 "널리 명성을 떨치고 있는"¹² 페추코비치다. 「잘못된 재판」의 서술자는 페추코비치와 이 사건의 담당 검사 이폴리트 키릴로비치 간의 갈등을 법정 안에서뿐만 아니라 법정 밖으로까지 확대하면서 주체와 반주체의 아곤성을 강조한다. 검사와 변호사라는 법정에서의 역할이 아곤적일 뿐만 아니라 페추코비치와 키릴로비치라는 두 사람 사이의 개인적 관계가 아곤적으로 설정되어 있는 것이다.

> 이 지방의 검사는 페추코비치와 법정에서 맞서는 것이 두려워 떨고 있다느니, 이들 두 사람은 페테르부르크에서 법조계에 첫 발을 내디뎠을 때부터 서로 적수였다느니, 유달리 자존심이 강한 이폴리트 키릴로비치는 자기 재능을 인정받지 못한 연유로 해서 늘 누군가에게 모욕을 받고 있다는 자괴감에 빠져 있는 터였는지라 그로서는 절호의 기회가 될 이번 카라마조프 가의 사건을 계기로 수단을 발휘하여 행운을 붙잡겠다고 잔뜩 벼르고 있지만 장애가 될 듯한 페추코비치가 두려워 초조해 있다느니 갖가지 소문이 그칠 새 없이 나돌고 있었다.¹³

의지 축에서는 주체의 대상을 획득하기 위한 서사 프로그램이 동원된다. 그레마스 기호학에서 서사 프로그램은 주체와 대상의 관계로 정의되는데 여기서 주체와 대상의 이접 관계를 연접 관계로 변형시키는 것이 관건이다. 그런데 법정 서사에서는 하나의 주체, 예를 들어 '검사'나 '변호사'가 하나의 대상, 다시 말해 '정의'를 단순히 획득하는 것으로 서사 프로그램이 완수되지 않는다. 여기서 주체가 가동하는 서사 프로그램은 반주체와 대상과의 연접 관계를 이접 관계로 변형시킴으로써 주체와 대상과의 연접 관계를 획득하는 방식으로 전개된다. 주체가 반주체의 서사 프로그램을 무너뜨려야만 자신의 서사 프로그램을 완수할 수 있다는 말이다. 반주체가 가동하는 서사 프로그램도 동일한 방식으로 진행된다. 바로 이러한 점이 법정 서사가 다른 서사와 구별되는 지점이다. 법정 서사의 서사 프로그램을 정식화하면 다음과 같다. (주체는 S_1으로, 반주체는 S_2로 표기하고, 대상은 O로 표기한다. ∩와 ∪는 각각 연접과 이접을 가리킨다.)

주체의 서사 프로그램 **반주체의 서사 프로그램**
$S_1 \rightarrow [(S_2 \cap O) \rightarrow (S_2 \cap O)]$ $S_2 \rightarrow [(S_1 \cap O) \rightarrow (S_1 \cup O)]$

법정 서사는 이를테면 성배 찾기와 같은 탐색 서사가 아니다. 위의 두 서사 프로그램에서 변형은 단순히 대상의 획득으로 이루어지는 것이 아니라 주체나 반주체가 수행한 변형을 다시 변형시키는 것으로 전개된다. 즉 상대방의 서사를 무너뜨림으로써 자신의 서사의 서사성을 구축하는 방식으로 서사 프로그램이 작동하는 것이다. 이러한 서사를 '서사성 서사'라고 불러도 좋을 것이다. 서사성 서사는 서사성 구축 자체가 하나의 서사인 서사를 가리킨다. 이러한 서사성 서사의 범주에 속하는 것으로는 법정 서사와 더불어 피분석가의 서사의 분열된 서사성을 재구축하는 이른바 정신분석학 서사가 존재한다.

웨인 부스Wayne C. Booth의 용어를 빌리자면 검사는 변호사를 "신뢰할 수 없는 서술자"로 만들려고 하고 변호사는 검사를 "신뢰할 수 없는 서술자"로 만들려고 한다. 예를 들어 키릴로비치는 페추코비치의 웅변술에 현혹되지 말 것을 배심원들에게 주문한다. "여러분은 재능이 뛰어난 그 유명한 변호인의 입에서 무슨 말이 떨어지더라도 … 또한 아무리 여러분의 감정을 뒤흔드는 웅변이나 감동에 넘치는 호소 따위가 그의 입에서 쏟아져 나오더라도 이 순간 여러분께서는 정의를 부르짖는 신성한 법정에 와 있다는 것을 결코 잊어서는 안 될 것입니다."[14] 이에 맞서 페추코비치는 검사가 전개한 심리 해부를 허구적인 것으로 몰아세운다.

> 배심원 여러분, 제가 이처럼 심리 해부를 시도해본 것은 인간 심리라는 것은 여러 측면에서 얼마든지 해석될 수 있다는 것을 알리기 위해서입니다. 요컨대 심리 해부란 사람의 수완으로 해석하기 나름인 것입니다. 심리란 가장 주의 깊은 사람들에게 이르기까지도 은연중에 소설가로 만들 위험성을 내포하고 있습니다.[15]

피고가 돈을 훔치기 위해 아버지를 살해했다는 검사의 주장에 대해서도 변호사는 그의 주장이 진실이나 사실이 아니라 소설의 범주에 속한 것이라고 폄훼한다. "이것은 소설의 범주에 속하는 일입니다. 무엇이 강도 당했음을 증명하려면 그 강도 당한 물건을 제시하든가, 적어도 그것이 실재했다는 확실한 증거를 내놓지 않으면 안 됩니다."[16] 브루너는 앞서 인용한 책에서 "변호사와 판사가 자신들이 위대한 이야기꾼으로 칭송받는 것을 좋아하지 않는다"[17]라고 적고 있는데 그 이유는 법정 서사의 서사성이 상대의 서사를 소설로, 다시 말해 허구로 규정함으로써 획득된다는 점 때문이다. 이처럼 법정 서사의 궁극적 가치 대상인 정의는 상대방이 내세우는 서사성을 무너뜨림으로써 획득되는 것이다.

세 번째 축은 '조력자-주체-적대자'로 이루어진 능력의 축이다. 법정 서사에서 조력자 범주에 속한 것은 자문단, 증인, 증거 등이다. 이와 마찬가지로 적대자 범주도 증인과 증거로 이루어져 있다. 다르게 말해 말과 사물이 조력자와 적대자의 범주를 형성하는 것이다. 앞으로 좀 더 자세히 살펴보겠지만 법정에서는 말과 사물의 관계가 아곤적으로 설정되어 있다. 예를 들어 검사가 피고에게 물증을 내밀면 피고는 자신의 억울함을 입증하기 위해 이를 부인한다. 이처럼 말과 사물은 법정에서 끊임없이 갈등을 빚는다.

법정 서사에서 흥미로운 지점은 증인과 증거가 동시에 조력자이자 적대자가 될 수 있다는 점이다. 검사 측 증인과 증거는 검사에게는 조력자이지만 변호사에게는 적대자이며, 변호사 측 증인과 증거는 변호사에게는 조력자이지만 검사에게는 적대자인 것이다. 조력자와 적대자로 이루어진 권력 축 자체가 아곤적이지만 법정 서사에서는 ― 하나의 증언 또는 하나의 증거라는 ― 하나의 행위소가 이처럼 아곤적 성격을 띤다는 점에 주목할 수 있다. 예를 하나 들어보자. 「잘못된 재판」에서 극적인 부분은 드미트리 카라마조프의 약혼녀인 카테리나 이바노브나의 증언이 뒤바뀌는 지점이다. 그녀는 첫 번째 심문에서 예상을 깨고 자신을 배반한 드미트리 카라마조프를 여성으로서의 자신의 치부를 드러내면서까지 옹호하는 희생을 연출한다. 서술자는 당시 그가 느꼈던 놀라움을 다음과 같이 회상한다.

필자도 그 당시 그녀의 놀라운 발언에 온몸이 오싹해졌을 정도였다. 사람들은 그녀의 말을 한마디도 놓치지 않으려고 숨을 죽이고 귀를 기울였다. 법정은 쥐 죽은 듯이 조용해졌다. 전례를 보더라도 도저히 있을 수 없는 일이었다. 그처럼 고집이 세고 남을 멸시할 만큼 기세등등한 여자가 이토록 솔직히 고백하고 이렇듯 큰 희생을 감수하리라고는 상상조차 할 수 없던 일이었다. 대체 이것은 무엇 때문일까? 누구를 위해서일까? 그것은 놀랍게도 자기를 배반하고 모욕을 준 사람을 위한 희생이었다.[18]

검사 측 증인으로 소환된 그녀가 예상을 깨고 불시에 변호사 측에 유리한 증언을 한 것이다. 그녀에 이어 증언대에 오른 이반 카라마조프가 사실은 자신이 시종 스메르자코프에게 아버지를 교사하게 했다고 실토하고 자기가 진범임을 자백하자 그녀는 갑자기 처음 증언을 뒤집어 드미트리 카라마조프가 작성한 — 살인 계획이 담긴 — 편지를 증거서류로 제출하면서 히스테릭한 반응을 보인다.

한 가지만 더 말씀드릴 게 있습니다. 지금 당장…, 지금 당장…, 여기 증거 서류가 있습니다. 편지예요. 자, 어서 받아 읽어보세요! 이건 저 악당이, 저기 앉아 있는 저 사람이 제게 보낸 편지입니다! … 살인자는 바로 저 사람입니다. 이제 곧 아시게 될 거예요. 저 사람이 아버지를 죽이겠다고 나한테 편지를 보낸 일이 있습니다. 방금 밖으로 끌려 나간 사람은 병을 앓고 있습니다. 섬망증에 걸린 환자란 말입니다. 나는 벌써 사흘 전부터 그 사

람이 섬망증에 걸려 있다는 걸 알고 있었습니다.[19]

조력자가 적대자로 돌변한 바로 이 순간이 「잘못된 재판」에서 가장 극적인 클라이맥스를 형성하는 지점이다. 전국에서 몰려든 방청객들이 가장 만족스러워했던 것도 바로 이 순간이다. "그렇다. 이 광경을 구경한 부인들은 아주 만족했을 것이다. 이처럼 흥미진진한 구경거리는 좀처럼 보기 드무니까 말이다."[20]

지금까지 살펴본 법정 서사의 서사성, 다시 말해 아곤적 특성을 행위소 모델로 간략하게 요약하면 다음과 같다.

법정 서사의 행위소 모델에 나타난 아곤성

발신자: 원고 vs 피고 → 대상: 사실 vs 허구 → 수신자: 검사 vs 변호사
↑
조력자: 말 vs 사물 → 주체: 검사 vs 변호사 ← 적대자: 말 vs 사물

3

우리가 두 번째 특징으로 검토하고자 하는 법정 서사의 서사성은 증거력과 관련된 것이다. 앞에서도 잠깐 언급했듯이 법정에서 다툼을 벌이는 측은 원고와 피고, 검사와 변호사만이 아니다. 법정은 또한 말과 사물이 경합을 벌이는 다툼의 장인 것이다. 먼저 사물이 증거력을 확보하는 방식을 살펴보자. 「잘못된 재판」에서 "모든 사람이 처음부터 이 사건은 토론의 여지가 없고, 의혹 따윈 있을 수도 없으며, 변

론 같은 건 불필요하여 형식상의 변론에 지나지 않고, 피고의 유죄는 너무나 명백히 결정적이라는 모든 사실을 이미 간파하고"[21] 있었던 것은 "피고의 유죄를 뒷받침해주는 자료가 변호인 측이 가지고 있는 자료보다 훨씬 많았다는 점"[22] 때문이다. 요컨대 증거가 많으면 많을수록 증거력이 강해진다.

법정 중앙의 재판장석에 가까운 테이블 위에는 '증거가 되는 물건'들이 놓여 있었다. 거기에는 피살된 표도르 파블로비치의 피가 낭자한 비단 가운과, 범행 때 사용된 것으로 추측되는 청동제 절굿공이, 소맷부리 언저리가 피로 얼룩진 미챠의 루바시카, 피 묻은 손수건을 넣었던 까닭으로 주머니 부위에 피가 밴 그의 프록코트, 피에 흠뻑 젖어서 뻣뻣하다 못해 아주 누렇게 변색되어버린 손수건, 미챠가 페르호친의 집에서 자살을 계획하고 장전해두었다가 모크로예 마을에서 트리폰 보이스이치한테 도둑맞았던 권총, 그루세키카에게 줄 목적으로 삼천 루블을 넣어두었던 봉투, 그 돈 봉투를 묶어두었던 가느다란 리본 등 그 밖에도 일일이 다 기억할 수 없을 만큼 수많은 물건이 산재해 있었다.[23]

증거력을 세로축으로 하고 증거로 제시된 사물들의 수나 다양성을 가로축으로 하는 그래프를 하나 만들어보자. 증거력은 하나의 강도intensity를 표시하고 사물의 수와 다양성은 이러한 강도가 적용되는 외연extension을 나타낸다. 이 그래프에서 강도와 외연은 상관관계를 형성한다. 다시 말해 강도의 변화에 외연의 변화가 상응한다. 프랑스 기호학자 자크 퐁타뉴Jacques Fontanille가 긴장 도식schéma tensif이라고 부른 이 그래프에서 아래 〈그림 1〉과 같이 사물의 수가 많으면 많을수록 증거력이 강해지는 것을 확인할 수 있다.

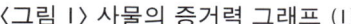

〈그림 1〉 사물의 증거력 그래프 (1)

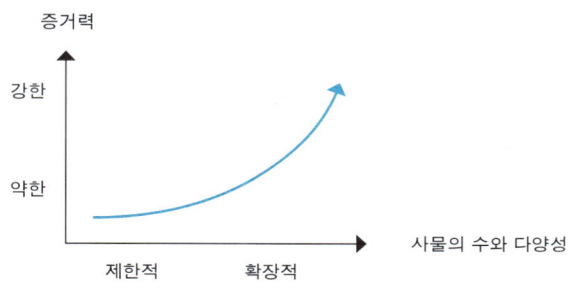

사물의 증거력 그래프는 검사와 변호사의 아곤성 때문에 모순되고 길항하는 관계를 나타낸다. 「잘못된 재판」에서 '행운이 미챠에게 미소를 짓다'가 '뜻밖의 파국'을 맞는 데에 결정적인 변수로 작용한 것이 앞에서 살펴본 것처럼 카테리나 이바노브나가 드미트리 카라마조프에게서 사건이 발생하기 하루 전에 전달받은 살인 계획서가 담긴 편지의 출현이다. 이는 검사 측에 유리한 증거로 작용한다. 한편 변호사는 그녀의 히스테릭한 반응에 주의를 돌리고 그녀를 믿을 수 없는 서술자로 만들면서 그녀가 제출한 증거의 증거력을 약화시킨다. 그리고 증인석에 오른 이반 카라마조프는 그동안 행방이 묘연했던 3만 루블을 살인자 스메르자코프한테 받았다고 증언하면서 유력한 증거로 법정에 제출한다. 이는 변호사 측에 유리한 증거로 작용한다. 이에 대해 검사는 이반 카라마조프가 앓고 있는 섬망증에 주의를 환기하고 그를 믿을 수 없는 서술자로 만든다. 이처럼 사물의 증거력 그래프에서 검사 그래프와 변호사 그래프는 서로 대립적인 관계를 형성한다(〈그림 2〉 참조).

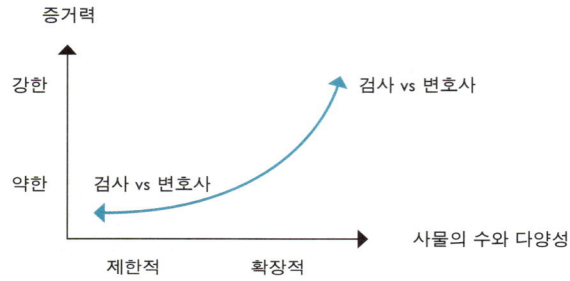

〈그림 2〉 사물의 증거력 그래프 (2)

하지만 사물의 증거력이 결정적인 것은 아니다. 변호사는 최후 변론에서 바로 이 점을 지적한다. "내가 추구하는 신념은 바로 이런 것입니다. 피고의 유죄를 뒷받침하는 요소들은 압도적으로 많이 산재돼 있지만, 그와 동시에 그 사실들을 하나하나 파헤쳐보면 비판을 감당해낼 만한 것은 하나도 없다는 사실입니다."[24] 사실 자백보다 더 강한 증거는 존재하지 않는다. 법정에서 궁극적으로 밝혀내야 하는 것이 책임이라고 할 때 이 책임은 하나의 인격에게 전적으로 귀속되는 것이다. 여기서 문제는 '누구who'라는 단독성singularity이지 '무엇what'이라는 특수성particularity이 아니다. 'what'이 아무리 많이 쌓인다 하더라도 그것이 'who'로 귀결되는 것은 아니다. 'who'가 단독적인 이유는 그것이 어떤 'what'으로도 환원 불가능하기 때문이다. 요컨대 재판 과정에서 아무리 증거가 많이 쌓여도 피고가 이를 강력하게 그리고 지속적으로 부인할 경우 다툼의 여지는 언제나 존재하는 것이다.

그런데 이 'who'를 지탱하는 것이 바로 말의 힘이다. 재판을 시작하기에 앞서 재판관이 드미트리 카라마조프에게 던진 질문, 즉 "피고에게 묻겠는데, 피고는 자신의 죄를 인정하는가?"라는 질문에 드미트리 카라마조프는 다음과 같이 대답한다.

나는 지나친 음주와 방탕한 생활에 대해서는 나의 죄를 인정합니다. … 나태와 방종에 대해서는 죄를 인정합니다. 잔인한 운명의 채찍을 받게 되는 바로 그 순간에, 나는 영원히 고결한 인간이 되어보려고 마음먹었습니다. 그러나 나의 아버지요, 나의 원수인 그 늙은이의 죽음에 대해서는 나는 절대로 무죄입니다! 그뿐만 아니라 돈을 강탈했다는 것 역시 천부당만부당한 억측입니다. 그건 당치도 않습니다! 나는 절대로 그런 짓을 한 적이 없습니다. 드미트리 카라마조프는 비록 악당이긴 하지만 결코 도둑놈은 아닙니다![25]

드미트리 카라마조프는 시종일관 자신의 입장을 굽히지 않는다. 말은 가변적이지 않을 때, 다시 말해 앞에서 한 말과 뒤에서 한 말이 모순을 빚지 않을 때 증거력을 보존하게 된다. 세로축을 증거력으로 하고 가로축을 말의 가변성으로 하는 말의 증거력 그래프를 그려보자(〈그림 3〉 참조). 사물의 증거력 그래프와 다르게 말의 증거력 그래프는 다음과 같이 반비례 관계를 나타낸다.

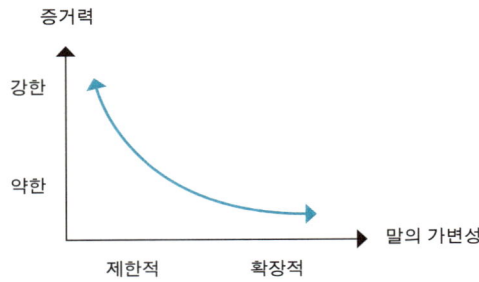

〈그림 3〉 말의 증거력 그래프 (1)

위의 그래프가 뜻하는 바는 처음에 한 말이 나중에 변하지 않을 때 증거력이 보존된다는, 심지어 강화된다는 것이다. 가령 앞에서 한 말을 뒤에서 뒤집는다면 그 말에 대한 신뢰가 떨어질 수밖에 없다. 비록 카테리나 이바노브나가 드미트리 카라마조프의 살인 계획서가 담긴 편지를 결정적인 증거로 제출했어도 자기가 앞에서 한 말을 스스로 부정했기 때문에 그녀의 말이 갖는 증거력은 약화될 수밖에 없다. 바로 이 점을 페추코비치는 놓치지 않고 공략한다. (아래 인용문에 등장하는 베르호프세바는 카테리나 이바노브나를 가리킨다.)

이 비극적인 사건이 발생되기 한 달 전에 피고는 베르호프세바 양으로부터 삼천 루블의 송금을 위탁받았습니다. 그렇지만 그녀는 과연 이 돈을, 조금 전에 말한 것처럼 모욕과 경멸에 찬 태도로 맡겼을까요. 여기에 중대한 의의가 숨어 있습니다. 이 문제에 관한 베르호프세바 양의 최초의 증언은 결코 그런 것이 아니었습니다. 전혀 그렇지 않았습니다. 그녀의 두 번째 증언에서 우리는 뜻밖에도 증오와 복수의 외침 소리를 들었습니다. 오랫동안 감추어졌던 증오의 부르짖음을 들었던 것입니다. 그러나 증인이 맨 처음에 불확실한 증언을 했다는 것은 두 번째 증언 역시 불확실한 것이라고 단정할 권리를 우리에게 주는 것입니다.[26]

아리스토텔레스에 따르면 "말로 신뢰를 주는 방법으로는 세 가지가 있다. 어떤 것은 화자의 성품과 관련되어 있고, 어떤 것은 청중의 심리 상태와, 어떤 것은 뭔가를 증명하거나 증명하는 것처럼 보이는 말 자체에 관한 것이다."[27] 「잘못된 재판」에서 키릴로비치 검사가 내세운 모든 증인에 대해 페추코비치가 구사한 전략은 바로 이 세 가지 방법을 역으로 이용하는 것이다. 어떤 증인에 대해서는 — 예를 들어 라키친의 경우 — 그의 평판을 문제로 삼고, 다른 증인에 대해서는 그가 한 말을 스스로 부인하도록 유도함으로써 이들의 말에 대한 신뢰도를 떨어뜨리는 방식이 그것이다. 「잘못된 재판」의 서술자는 변호사의 이러한 전략이 탁월했음을 다음과 같이 회상한다.

> 나중에 모두들 얘기하며 쾌재를 부른 일이지만, 그는 검사 측 증인들을 제때에 '골탕을 먹여' 그들의 콧대를 꺾어놓았고 특히 그들의 소행에 관한 평판에 먹칠을 가함으로써 그들의 증언을 무가치한 것으로 만들어버렸던 것이다.[28]

변호사뿐만 아니라 검사도 변호사 측에 유리한 증언을 한 알렉세이 카라마조프와 이반 카라마조프의 증언을 "같은 피를 나눈 동생

이 주장하는 바와 같이 피고의 얼굴 표정에서 끌어낸 결론이라든가, 피고가 어둠 속에서 자기 가슴을 쳤던 것은 필시 그 돈주머니를 가리켰을 것이라는 따위의 막연한 증언은 아무런 효력이 없습니다"라고 일갈한다. 말의 증거력 그래프에서 변호사 그래프와 검사 그래프는 이처럼 항상 긴장 관계에 놓여 있는 것이다(〈그림 4〉 참조).

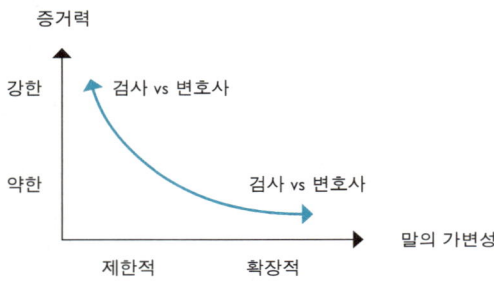

〈그림 4〉 말의 증거력 그래프 (2)

철학적 관점에서 진리는 말과 사물의 일치로 정의된다. 법정은 이러한 일치가 끊임없이 의문시되는, "의심하는 것이 정당하게 인정되는"[29] 공간이다. 법정에서 이루어지는 모든 판단, 말과 사물의 일치라는 진리 판단이 법적이라는 말은 이 판단에 권력이 개입함을 의미한다. 말의 증거력 그래프에서 가변성의 축은 시간의 조건에 의해 제약을 받는다. 다시 말해 처음 한 말이 시간이 흘러도 일관성을 유지해야 하는 것이다. 이와 다르게 사물의 증거력 그래프에서 사물의 수와 다양성은 이러한 제약을 받지 않는다. 말의 가변성이 시간적 다양성과 관련된다면 사물의 수와 다양성은 공간적 다양성과 관련된다. 증거력을 세로축으로 다양성을 가로축으로 하는 긴장 도식으로 앞에서 제시한 두 그래프를 하나로 통합하면 다음 〈그림 5〉와 같다.

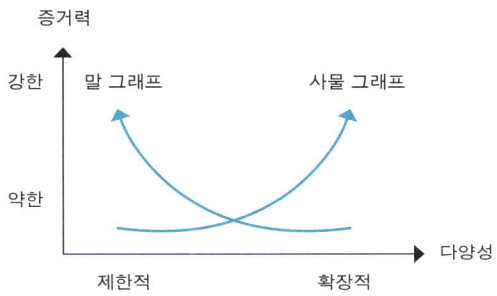

〈그림 5〉 법정 서사의 증거력 그래프

사실 이 도식에서 다양성에 대한 해석이 말과 사물에 각각 다르게 적용되기 때문에 두 그래프를 하나로 통합하는 것에는 이론적으로 논리적으로 무리가 따른다. 게다가 말과 사물은 비례와 반비례 관계로 서로 어긋나 있다. 이러한 조건하에서 말과 사물이 일치하는 것은 사실상 불가능하다. 그런데 이러한 불가능성을 가능하게 하는 것이 권력의 개입이다. 재판관의 진리 판단은 말 그래프와 사물 그래프가 서로 교차하도록 강제한다. 이 과정에서 말이 지닌 능력과 사물이 지닌 능력은 불가피하게 손실을 감수해야 한다. 위의 도식에서 두 그래프의 교차 지점에서 위를 향해 양 갈래로 갈라진 부분이 이러한 손실의 양을 표시한다. 이를 어떻게 보상할 것인가? 이 질문에 대답하기 위해서는 법정 서사뿐만 아니라 법 서사를 고려해야 한다.

4

우리가 지금까지 살펴본 것은 법정 서사의 서사성에 관한 것이다. 앨리슨 테이트와 루크 노리스는 「서사와 법의 기원」에서 법정에서 전개되는 서사에 앞선 서사의 존재를 상정한다.

그러나 법정 안에서 그리고 법정 주변에서 전개되는 서사들에 앞서 일련의 서사들이 존재한다.[30]

테이트와 노리스에 따르면 법정 서사에 앞선 서사는 무질서로부터 법적 질서가 탄생하는 순간을 다룬 이른바 사회계약 서사다. 이 순간은 벤야민이 「폭력 비판을 위하여」(1921)에서 '법 정초적'이라고 부른 기원적 폭력이 작용하는 순간과 다르지 않다. 이러한 기원에 대한 서사는 역사적 시간 밖에 존재하는 하나의 가설적 차원에 속한 것이다. 그런데 법정 서사는 법정 밖에서 회자되는, 포터 애빗이 "문화 속의 마스터플롯"[31]이라고 부른 서사들을 끊임없이 참조하면서 (재)구축된다. 우리가 이 글에서 새롭게 제안하고자 하는 것은 법정 서사와 법 서사의 구분이다. 사회계약 서사는 계약이 체결된 단 한 번의 — 가설적 — 순간을 모델링하지만 법 서사는 법 자체를 지속적으로 (리)모델링하는 순간에 노출시킨다. 데리다가 『법의 힘』(2004)에서 벤야민의 텍스트에 대한 해체적 독법을 선보이면서 법 정초적 폭력은 보존을 약속하고 법 보존적 폭력은 기원의 몸짓을 되풀이한다고 주장했을 때 여기서 문제가 된 것은 사회계약 서사가 아니라 법정 서사와 법 서사의 변증법이다. '법 서사학'에서 다루어야 할 중요한 문제가 바로 이 변증법이다. 우리가 보기에 부르너가 언급한 "역사적으로 확립된 것과 상상적으로 가능한 것 사이의 쉽지 않은 제휴"가 다름 아닌 법 서사를 매개로 이루어지기 때문이다.

    법정에서 사회계약 서사를 참조하는 것은 매우 드문 경우지만 법 자체를 문제 삼는 것은 그렇게 드문 경우가 아니다. 법정을 벗어나 사건을 바라보는 거시적 시각이나 맥락을 제시하는 것 자체가 법의 성격과 역할을 재규정하려는 시도에 해당하는 것이다. 「잘못된 재판」 후반부를 구성하는 검사의 논고와 변호사의 변론에서 주요한 논거로 제시된 것은 법정 서사라기보다는 법 서사와 관련된 것이다. 키릴로비치가 논고의 상당한 분량을 카라마조프가의 형제들에 대한 성격 분석에 할애한 것은 단순히 가정사에 주의를 기울이도록 유도하기 위함이 아니라 러시아가 현재 처한 시대적 상황을 소묘하기 위함이다. 이는 법의 시대적 역할을 재규정하려는 시도로 읽을 수 있다. "훌륭한 교육을 받은 날카로운 지력의 소유자"[32]인 이반 카라마조프는 "유럽주의"[33]를 대표하고, "젊고 아름다운 이상주의와 국민정신"[34]을 소유한 알렉세이 카라마조프는 "민족혼"[35]을 대표하는 것으로 소개된다. 이처럼 이반 카라마조프가 이성을, 알렉세이 카라마조프가 이상을 대표한다면 드미트리 카라마조프가 대표하는 것은 "러시아 실재"[36]다. 키릴로비치는 드리트리 카라마조프에게서 "우리들의 로세유시카, 즉 우리들의 어머니인 러시아가 느껴집니다"[37]라고 웅변한다. 그가 요약한 러시아성, 다시 말해 카라마조프적인 것은 모순의 극복이 아니라 모순의 양립이다.

그건 우리 러시아인의 성격이 너무 광범위하기 때문입니다. 카라마조프식이기 때문이죠 ─ 나는 바로 이 말을 하고 싶습니다. 러시아인의 사고방식은 극단의 모순을 양립시킬 수 있고, 또한 그 두 가지의 심연을 동시에 볼 수 있는 것입니다. 즉 우리 위에 있는 지극히 높은 천상의 심연과 우리 밑에 있는 가장 비열한 악취를 풍기는 타락의 심연을 동시에 관망할 수 있는 것입니다.[38]

모순의 극복은 3항을 요구하지만 모순의 양립은 이러한 3항을 요구하지 않는다. 유리 로트만Yuri Lotman은 『문화와 폭발』 마지막 장 「전망들」에서 기호계를 3원적인 것과 2원적일 것으로 양분하고 전자를 유럽적인 것으로 후자를 러시아적인 것으로 소개한다. 구소련이 붕괴된 직후에 집필된 사후 저작에서 그의 마음을 사로잡은 문제는 하나의 체계에서 다른 체계로 이행하는 방식에 관한 것이었다. 3원적 기호계가 중심을 주변으로 몰아내면서 과거를 보존하는 매개적 방식을 취한다면 2원적 기호계는 "기존에 존재하던 모든 것을 올바르지 못한 과오로 간주해 모조리 파괴"[39]하는 급진적 방식을 취한다. 키릴로비치가 드미트리 카라마조프의 성격 분석을 통해 드러내고자 한 것은 이러한 모순의 양립을 허용하는 러시아성이다. 페추코비치가 그의 논고에 대해 이의를 제기한 것은 이러한 가설을 수용할 수 없어서가 아니라 이러한 가설을 끝까지 밀고 나가지 않았기 때문이다.

정작 카라마조프의 성격이 복합적이라고 외친 사람은 바로 검사 자신이 아니었습니까? 그 자신의 입으로 카라마조프의 두 개의 심연을 동시에 볼 수 있다고 외치지 않았느냐 말입니다. 사실 카라마조프는 양극단 사이에서 움직이는 천성을 가지고 있습니다. 방탕에 사로잡혀 맹렬한 욕구를 느낄 때에도 그는 다른 면에서 자극을 받으면 곧 발길을 멈출 수 있는 부류의 인간입니다. 여기서 다른 면이라 함은 사랑을 뜻합니다.[40]

러시아인의 이원적 사유 방식에 대한 이러한 분석은 법정 서사가 아니라 법 서사와 관련된 것이다. '러시아가 어떤 나라인가?'라는 질문은 '러시아에서 법이 어떠해야 하는가?'라는 질문과 무관하지 않다. 법정 서사에 마르지 않는 수원을 제공하는 것이 법 서사인 것이다.

키릴로비치와 페추코비치가 충돌한 지점은 이처럼 러시아성에 관한 것이다. 키릴로비치는 과거의 가치를 옹호하고 페추코비치는 진보를 지지한다. 이러한 갈등은 아버지가 누구인가라는 문제에 집약되어 있다. 페추코비치는 배심원들을 향해 "여러분은 우리의 정의의 기수이며 우리 신성한 러시아와, 그 근원과, 그 가족제도와, 우리의 신성한 모든 것의 기수라는 점도 잊어서는 안 될 것"[41]이라고 강조하고 결단코 친부 살해를 정당화하는 판결을 내리지 말 것을 당부한다.

이미 오래전부터 온 러시아 사람들은 두 팔을 벌리고 미친 듯이 맹렬히 돌진하는 트로이카를 멈추어달라고 부르짖고 있습니다.

설사 딴 나라 사람들이 그 질주하는 트로이카를 보고 비켜선다면, 그것은 시인이 바라는 것처럼 경의를 표하는 것이 아니라 공포 때문일 것입니다. … 우리는 이미 유럽으로부터 불안과 경계의 목소리를 들었습니다. 그 소리는 벌써 널리 확산되어가고 있습니다. 여러분! 바라옵건대 친부 살해를 정당화시키는 판결을 내림으로써 그 소리를 더욱더 높게 하고 점점 커가는 그들의 증오심을 더 이상 자극하지 마시기 바랍니다.[42]

이에 대해 페추코비치는 "분석의 용광로를 통과한 신념"[43]만을 수용할 것을 종용하면서 아버지라는 개념 역시 예외가 아님을 역설한다. "아니, 최근 진보가 우리들에게까지 영향을 주었다는 것을 입증하는 뜻에서 '자식을 낳았다고 해서 다 아버지일 수는 없다, 자식을 낳고 그 자식에게 자기의 책임을 다하는 자만이 비로소 아버지로서 구실을 할 수 있는 것이다'라고 떳떳하게 말합시다."[44]

키릴로비치가 법정을 죄인을 처벌하는 곳으로 바라본다면 페추코비치는 법정을 "진리와 건전한 사상의 학교"[45]로 재규정한다. 키릴로비치가 "광포하게 돌진하는 유령"[46]으로 묘사한 러시아의 상징 트로이카에 대해 페추코비치는 "장엄하고 당당하게 목표를 향해 전진하는 러시아의 전차"[47]라는 새로운 대항 서사를 제시한다. 그는 러시아의 법을 새롭게 정의하는 것으로 자신의 변론을 마무리한다.

나 같은 하찮은 인간이 여러분에게 우리 러시아의 재판은 형벌을 위해 존재하는 것이 아니라, 파멸한 인간을 구원할 목적으로 존재하는 것이라고 굳이 상기시킬 필요가 있겠습니까? 다른 나라 국민에게는 문자로 써진 법률과 형벌이 남아 있게 내버려둡시다. 그러나 우리에게는 정신과 의의 ─ 파멸한 자의 구원과 부활이 있습니다. 우리 러시아와 우리나라의 재판이 정말로 그런 것이라면 장차 이 나라의 장래는 눈부신 빛을 받을 것입니다.[48]

포터 애벗에 따르면 "대항 서사란 특정 문화에 존재하는 지배적인 마스터플롯을 훼손하거나 견제하는 역할을 하는 서사를 말한다."[49] 여기서 문제가 된 것은 법정 서사가 아니라 법 자체를 문제 삼는 법 서사다. 다시 애벗을 인용해보자. "서사는 특정한 문화가 그 구성원들에 대해 생각하는 방식을 확장시켜줄 수 있으며, 이를 통해 단순히 규범을 따르는 것만으로는 얻어질 수 없는 정의가 실현될 수 있는 가능성이 열리기도 한다."[50] 페추코비치가 그의 마지막 변론에서 기대한 것도 바로 이러한 가능성이다.

나의 피고의 운명은 여러분의 손안에 쥐어져 있습니다. 여러분의 손안엔 러시아의 정의의 운명이 쥐어져 있습니다. 여러분은 그것을 구하셔야 합니다. 그것을 지키셔야 합니다. 여러분께서 정의를 수호하는 인간이 존재한다는 것을, 정의가 선량한 인간들의 입김 속에 있다는 것을, 여러분께서는 반드시 입증해주시리라 믿습니다.[51]

"나의 피고의 운명은 여러분의 손안에 쥐어져 있습니다"라는 말

법정 서사의 증거력　**349**

이 법정 서사의 어법이라면 "여러분의 손안엔 러시아의 정의의 운명이 쥐어져 있습니다"라는 말은 법 서사의 어법에 속한 것이다. 법정 서사 없이 법 서사는 존재할 수 없고 법 서사의 참조 없이 법정 서사의 구축은 불가능하다. 바로 이러한 상호 침투 속에서 말과 사물의 일치라는 법적 진리는 지속적으로 재조정될 수 있는 것이다. 비록 '잘못된 재판'이 반복된다 하더라도 말이다.

서사적 자아와 서사적 사고 능력:
매킨타이어와 교육

이재환

"서사적 사고 능력을 갖춘 서사적 자아는 배운 내용을
자신의 삶에 적용함으로써 삶에서 이해되지 않던
현상이나 사건을 이해하게 되고 이를 통해 자신의 삶을
통일성 있게 구성할 수 있다."

이재환은 서울대학교 종교학과를 졸업하고, 같은 대학교 철학과 대학원과 미국 오하이오 주립대학교 철학과 대학원에서 공부한 후 서울대학교 철학과에서 박사 학위를 받았다. 서양 근대 철학, 프랑스 현대 철학, 감정철학 등에 관심을 가지고 공부하고 있으며 가천대학교 가천리버럴아츠칼리지 교수를 거쳐 현재 목포대학교 교양학부에서 철학을 가르치고 있다. 지은 책으로 『성찰, 모든 것을 의심하며 찾아낸 생각의 신대륙』(2014), 『고전하는 십 대의 이유 있는 고전』(2015), 『나다움 쯤 아는 10대 — 데카르트 vs 레비나스』(2021), 『몸의 철학』(공저, 2021)이 있고, 옮긴 책으로 슬라보예 지젝의 『나눌 수 없는 잔여』(2010)가 있다.

근대적 자아 VS. 탈근대적 자아

'근대 철학의 아버지' 데카르트가 "나는 생각한다, 고로 존재한다"라고 선언했을 때 바로 '근대적 자아'가 탄생했다. 이 선언이 의미하는 바는 이 세상에 존재하는 모든 것이 의심스럽다 할지라도 의심할 수 없는 것, 가장 확실한 존재가 바로 '나'라는 사실이다. 중세라면 의심의 바다 한가운데에서 익사하지 않게 우리를 떠받치는 것, 나의 삶이라는 이 지구를 들어 올릴 '아르키메데스의 점'은 '나'가 아니라 '신'이었을 것이다. 데카르트가 '근대 철학의 아버지'라고 불리는 이유는 내 삶의 아르키메데스의 점이 신이 아니라 '나'라고 선포했기 때문이다. 이처럼 근대의 특징은 개인의 발견, 혹은 '근대적 자아'의 발명이라고 할 수 있다.

'근대적 자아'의 발견이 왜 그렇게 중요할까? 어떤 이유로 데카르트는 "나는 생각한다, 고로 존재한다"라는 선언 하나로 '근대 철학의 아버지'라는 면류관을 쓰게 된 걸까? 몇 개의 예를 들어보자. 이러한 개인의 발견, 근대적 자아의 발명으로 인해 근대에 '사회계약론'이 등장할 수 있었다. 사회계약론은 "우리가 살고 있는 이 사회가 어떻게 처음 생기게 되었을까"라는 오래된 질문에 대한 하나의 대답이었다. 사람들이 왜, 그리고 어떻게 처음 사회를 이루고 살게 되었는지에 관한 많은 대답이 있었지만, 토머스 홉스, 존 로크, 장자크 루소로 이어지는 사회계약론이 하필 근대에 등장할 수 있었던 이유는 이른바 '계약'을 하기 위해서는 계약 조건을 이해하고 이행할 수 있는 능력을 지닌 합리적이고 독립적인 개인이 등장해야 했기 때문이다.

　제레미 벤담으로 대표되는 공리주의가 근대에 등장할 수 있었던 것도 마찬가지이다. 공리주의는 우리 행위의 옳고 그름을 판단하는 기준으로 '최대 다수의 최대 행복'을 제시한다. 이때 행복은 쾌락pleasure의 증가와 고통pain의 감소이다. 그런데 쾌락과 고통을 계산하기 위해서는 역시 합리적인 개인의 존재가 필수적이다. 동시에 '최대 다수의 최대 행복'을 계산하기 위해서는 관련된 모든 개인이 이 계산에 동참해야만 하고 관련된 모든 개인을 계산에 포함해야만 한다. 따라서 공리주의는 신분, 재산, 학력에 관계없이 모든 개인을 독립적인 존재로 간주해야만 가능한 이론이다. 그러므로 공리주의가 근대에 등장할 수밖에 없었던 이유는 자명하다. 또 근대를 대표하는 사상인 칸트의 윤리학은 어떤가? 칸트 윤리학에서 옳고 그름을 결정하는 기준을 '정언명령'이라고 하는데 첫 번째 정언명령이 바로 "네 의지의 준칙이 보편타당한 법칙이 되게 하라"이다. 쉽게 말하면 "지금 당신이 하려는 행동이 다른 모든 사람이 해도 괜찮다고 판단된다면 하라" 정도로 이해할 수 있을 것이다. 내가 하려는 행동이 다른 사람의 행동보다 특별하거나 예외가 되어서는 안 된다는 것, 즉 속칭 '내로남불'이어서는 안 된다는 말이다. 이러한 정언명령이 옳고 그름의 기준이 되는 것 역시 모든 개인이 합리적이고 자율적인 존재일 때에만 가능한 일이다. '내'가 '남'에 비해서 특별하지 않고 모두가 '이성'을 통해서 합리적으로 판단할 수 있는 독립적인 존재라는 가정이 필요하기 때문이다. 이처럼 인류의 역사를 변혁하고 발전시킨 '근대의 탄생'은 이러한 합리적이고 자율적이고 독립적인 근대적 자아의 탄생과 맞닿아 있다.

　하지만 이러한 근대적 자아는 한편으로는 문제점을 노출해왔다. 특히 근대적 자아는 개인이 자율적이고 독립적인 존재라는 사실을 당연히 '주어진 것'으로 받아들이기 때문에 자아가 자신이 속한 사회, 문화, 역사의 영향을 받아 '만들어지는 것'이기도 하다는 사실을 소홀히 여기게 되었다. 자연스럽게 근대적 자아는 내가 속한 사회나 문화에서 나와 함께 살아가는 공동체보다는 나의 이익에 더 관심을 가지게 되고 그 결과 어떤 선택의 순간에 자기중심적 선택을 하기 쉽다.

　그렇다면 이러한 근대적 자아를 넘어서려고 하는 '탈근대적 자아'는 근대적 자아의 대안이 될 수 있을까? 근대적 자아의 탄생을 선포한 데카르트의 말만큼 유명한 푸코의 그 선언을 들어보자. "사유의 고고학이 분명히 보여주듯이 인간은 최근의 시대에 발견된 형상이다. 그리고 아마 종말이 가까운 발견물일 것이다. … 어떤 사건에 의해 그 배치가 뒤흔들리게 된다면, 장담할 수 있건대 인간은 바닷가 모래사장에 그려놓은 얼굴처럼 사라질지 모른다."[1] 푸코의 선언에서 알 수 있는 것처럼 탈근대적 자아는 근대의 산물인 '개인'이 '모래사장에 그려놓은 얼굴처럼' 사라질 것으로 생각한다. 또 한편으로 탈근대적 자아는 자율적이고 합리적인 존재가 아니라 비합리적이며 통일성을 결여한 파편화되어 있는 존재로 여겨져왔다. 하지만 우리는 일상에서 탈근대적 자아가 묘사하는 것처럼 '나'를 그렇게 비합리적이며 파편화된 존재로 느끼지는 않는다. 그렇다면 근대적 자아와 탈근대적 자아 사이에 다른 선택지는 없는 것일까?

철학자 알래스데어 매킨타이어는 이 질문의 대답으로 '서사적 자아'를 제시한다. 서사적 자아는 우리 정체성이 개인이 살고 있는 사회, 역사, 문화에 의해 영향을 받고 '구성되는 것'이기에 다원적이고 유동적이라고 생각한다. 이런 점에서 우리 정체성이 고정되고 불변하는 존재, 합리적이고 자율적이고 개별적인 개인으로 '주어지는 것'이라고 생각하는 근대적 자아를 넘어선다. 동시에 그럼에도 불구하고 서사적 자아는 비합리적이고 파편화된 존재가 아니라 자신의 삶에서 일관성과 통일성을 추구하는 존재라는 점에서 탈근대적 자아도 넘어선다. 그렇다면 매킨타이어가 말하는 이러한 서사적 자아는 어떻게 만들어지는가? 바로 이야기, 서사를 통해서이다.

한편 뒤에서 상세하게 살펴보겠지만 이러한 서사적 자아 개념은 교육 문제에도 큰 영감을 준다. 학생들은 학교나 학원에서 합리적 분석 능력과 효율적 의사소통 능력을 공부하지만 이러한 공부가 우리 삶과 어떻게 연결되는지, 혹은 내 삶과 사회에 어떤 유익을 가져다주는지에 대한 이해가 부족한 것이 현실이다. 즉 공부와 삶이 유리되어 있다. 하지만 교육은 학교나 학원에서 배운 것을 그저 지식으로 '받아들이는 것'이 아니며, 자신의 삶과 연결시킬 때 비로소 완성된다고 할 수 있다. 그렇다면 이러한 공부와 삶의 연결은 어떻게 가능한가? 바로 '서사적 사고 능력'을 통해서이다. 서사적 사고 능력을 갖춘 서사적 자아는 배운 내용을 자신의 삶에 적용함으로써 삶에서 이해되지 않던 현상이나 사건을 이해하게 되고 이를 통해 자신의 삶을 통일성 있게 구성할 수 있다. 매킨타이어는 교육에 관한 대담에서 다음과 같이 이야기한 적이 있다. "교육자는 학생들이 단순히 이야기narrative를 이해하는 것을 넘어 자신의 삶을 이야기로 이해한 후 다음과 같은 질문을 할 수 있는 곳까지 학생들을 이끌어야 한다. '내 삶의 이야기를 성공적으로 완성한다는 것은 무엇인가?' … 나중에 이런 질문을 진지하게 할 수 있게 된 학생들은 구획된 [현대]사회가 자아를 파편화시키는 경향에 저항할 수 있을 것이다."[2] 즉 교육의 목적은 배운 내용을 내 삶의 '완성'과 연결시킬 수 있는 능력을 길러주는 것이다. 서사적 사고 능력은 문학, 역사, 과학에서 활용되는 이야기를 이해할 수 있는 능력일 뿐만 아니라 이 이야기를 자신의 삶에 통합시켜 삶을 하나의 일관적이고 통일성 있는 이야기로 만들어낼 수 있는 능력이기 때문이다. 또한 이야기가 진행되기 위해서는 항상 콘텍스트context가 필요한데, 이 콘텍스트가 바로 개인의 이야기가 전개되는 구조, 다시 말하면 개인이 속한 사회, 문화, 역사, 즉 공동체이다. 따라서 서사적 사고 능력을 기른다는 것은 학생들을 자신이 속한 공동체에 대한 감수성을 가진 사람으로 교육한다는 것이며, 반대로 이런 감수성을 가진 사람이 되기 위해서는 서사적 사고 능력이 요청되는 것이다.

호모 나란스, 혹은 이야기를 말하는 동물

현대사회에서는 다양한 가치가 경합하고 있다. 어떤 사람은 '자유'를, 또 어떤 사람은 '평등'을, 또 다른 사람은 '공정'을, 또 누구는 '관용'을 최고의 가치로 생각한다. 앞서 말한 것처럼 현대사회에서는 개인이 자율적이고 독립적인 존재로 간주되기 때문에 이와 같은 다양한 가치관의 경합과 충돌 속에서 그 누구도 중립적인 혹은 제3의 기준을 제시하지 못한다.³ 즉 누구도 어느 가치가 우리 사회가 공통으로 추구해야 하는 가치인지 제시할 수 없기 때문에 가치관이 충돌할 때 해결하기가 쉽지 않다. 우리 사회 곳곳에서 목도되는 경제적, 지역적, 남녀 간, 세대 간 가치관의 충돌이 날이 갈수록 심해지는 것도 이러한 이유 때문일 것이다. 따라서 "이 가치관들을 어떻게 일관적으로 통일성 있게 조직할 것인가?", "우리 사회가 공통적으로 추구해야 할 목적, '공동선'은 무엇인가?"라는 질문은 우리 사회가 당면한 매우 중요하고 또 긴박한 문제이다. 개인도 마찬가지이다. 다양한 가치가 충돌하고 경합하는 사회에서 개인들은 내가 추구해야 할 가치나 목적에 대해서 고민하기보다는 주어진 목적을 어떻게 하면 효율적으로 달성할 수 있을지에만 관심을 가진다. 학생들은 왜 공부를 해야 하는지 묻지 않고 어떻게 하면 공부를 잘할 수 있을지에만 관심을 가지고, 성인들은 왜 경쟁력 있는 사람이 되어야 하는지 묻지 않고 어떻게 하면 경쟁력 있는 사람이 될 것인지에만 관심을 가진다.

그렇다면 이처럼 다양한 가치가 충돌하고 경합하는 현대사회에서 우리는 어떻게 파편화되거나 분열되지 않은 통일적인 정체성을 가질 수 있을까? 어떻게 개인은 '삶의 통일성the unity of a human life'⁴을 만들어낼 수 있을까? 매킨타이어는 바로 이야기를 통해서 가치의 충돌로 인한 분열 속에서도 통일성 있는 자아를 가질 수 있다고 주장한다. 즉 "이야기의 시작과 중반과 끝과 같이 탄생과 삶과 죽음을 결합시키는 이야기의 통일성 속에 자신의 통일성의 기반을 두고 있는 자아의 개념"⁵을 제시한다. 이것이 바로 서사적 자아이다. 아리스토텔레스가 『시학』에서 주장한 것처럼 이야기에 시작, 중간, 끝이 있듯이 인간의 삶 역시 탄생(시작), 삶(중간), 죽음(끝)이 있다. 인간은 태어나서 살다가 죽는다. 이러한 사건들을 연결하는 것이 바로 이야기이고, 이 이야기를 통해서 인간의 삶은 통일성을 가질 수 있게 된다. 인간의 삶을 하나의 이야기로 만든다는 것은 삶에서 불연속적으로 일어나는 행위들을 배열하여 일관성 있는 의미를 만들어내거나 혹은 새롭게 재배열하여 우리 삶에 새로운 의미를 부여하는 것이다. 20대에 A를 한 이유와 40대에 B를 한 이유를 연결하여 그럴듯한 혹은 납득할 만한 하나의 이야기가 만들어질 때 우리는 삶을 일관적으로 그리고 통일성 있게 파악할 수 있게 된다. 다시 말하면 하나의 통일적인 이야기로 파악되지 않는 행위는 그 행위를 이해 가능하게 만들어주는 콘텍스트가 없기 때문에 이해가 불가능한 것이다. 삶에서 우리의 행동과 선택은 보통은 비일관적이고 불연속적이다. 따라서 우리의 행동과 선택을 일관적이고 통일성 있는 것으로 이해하기 위해서는 콘텍스트가 필요하며, 바로 이야기가 콘텍스트를 제공한다. 일기를 쓰거나 혹은 자서전을 쓸 때 우리는 하루 동안 했던 모든 일을, 혹은 일생의 모든 일을 기록하지 않는다. 내가 생각하는 내 인생 이야기와 관련 있는 것들을 연결해서 하나의 통일적인 삶을 만들어 가고, 동시에 이런 이야기를 통해서 내가 누구인지 더 분명하게 알게 된다. 이렇게 자신의 삶을 하나의 이야기로 만들어가면서 자신을 자기 삶의 이야기의 주인공으로 파악하게 된다. "인격적 정체성은 이야기의 통일성이 요구하는 등장인물의 통일성에 의해 전제되는 정체성이다. 만약 그러한 통일성이 없다면, 우리가 이야기를 말할 수 있는 주체들이 존재하지 않을 것이다."[6] 따라서 우리 각자는 자신의 삶의 이야기의 주인공이며, 이 주인공이 자신의 삶에서 발생한 사건들을 하나의 이야기로 연결함으로써 각자의 삶에 통일성을 부여하는 것이다. 내가 누구인가를 알기 위해서는 내가 어떻게 지금의 내가 되었고, 어디로 가고 있는가를 알아야 한다. 이처럼 우리의 정체성은 '주어지는 것'이 아니다. 우리는 삶에 대해 이야기함으로써 우리 자신의 정체성을 만들고 또 새롭게 만들어간다.

매킨타이어는 인간은 "본질적으로 이야기를 말하는 동물essentially a story-telling animal"[7]이라고 말한다. 심리학 분야에서 '서사 정체성'의 권위자인 맥아담스McAdams 역시 '호모 나란스homo narrans'라는 말을 사용하는데, 이는 인간과 동물을 구별하는 '종적 차이'가 자신의 이야기를 할 수 있는 능력의 유무이기 때문이다. 이런 점에서 교육이 인간을 자연의 상태에서 문화의 상태로 옮겨 오는 것이라면 즉 동물적인 인간에서 '인간적인' 인간으로 변화시키는 것이라면, 교육의 목적은 인간을 자신의 이야기를 말할 수 있는 사람으로 성장시키는 것이라고도 할 수 있을 것이다. 즉 서사적 사고 능력을 가진 사람으로 기르는 것이다.

그럼 이야기를 말할 수 있다는 것은 무슨 의미인가? 매킨타이어에 따르면 이야기를 말할 수 있다는 것은 자기 자신의 삶을 이해 가능하고intelligible 설명 가능하게accountable 만든다는 것이다. 사실 우리 삶은 이해할 수 없는 수수께끼로 가득하다. 실존주의자들의 용어를 빌리면 왜 나에게 그런 일이 일어났는지, 왜 나는 하필 그때 그런 선택을 했는지 등 설명 불가능한 '부조리'로 가득하다. 인생에는 우리가 이해할 수 없는 일들이 자주 일어나고, 우리 삶은 설명할 수 없는 우연적인 사건과 모순적인 선택으로 가득하다. 예기치 못한 불행과 받아들이기 어려운 실패는 우리 삶을 풀기 어려운 수수께끼로 만든다. 하지만 우리는 일관성 있는 이야기를 만듦으로써 모순과 실패에 의미를 부여하고 삶에 통일성을 부여한다. 내가 인생의 어떤 순간에 왜 A가 아니라 B를 선택했는지, 혹은 왜 C와 같은 행동을 했는지 나와 다른 사람이 이해할 수 있게 설명하는 것이 이야기이다. 이처럼 매킨타이어는 이야기의 역할을 '이해 가능성intelligibility'과 '설명 가능성accountability'에서 찾는다. 우선 '이해 가능성'은 앞서 말한 것처럼 자신의 말이나 행위를 자신에게나 다른 사람에게 이해 가능한 것으로 말할 수 있는 것이다. 그리고 '설명 가능성'은 자신의 말이나 행위에 대해 설명account함으로써 책임을 진다accountable는 의미까지 포함하고 있다. 결국 자아 정체성을 구성하는 것은 이야기를 통한 이러한 이해 가능성과 설명 가능성이다. 이야기의 본질적인 요소는 "당신은 무슨 일을 했고 왜 했는가에 관한 나의 설명, 내가 행한 것에 관한 당신의 설명과 나의 설명 사이의 차이점들을 곰곰이 생각해보는 것"[8]이다.

한편 이야기의 또 다른 특징은 이야기는 많은 경우 예측 불가능하다는 점이다. '이해 가능성', '설명 가능성'과 함께 이야기에는 '예측 불가능성unpredictability'이 존재한다. 우리 삶에서 어려운 점은 인생의 어느 시점에서든 다음에 무엇이 일어날지 모른다는 것이다. 인간의 이야기는 아직 끝나지 않은 이야기이기 때문이다. 그렇지만 영화나 드라마를 볼 때 우리는 그다음 이야기를 정확하게는 몰라도 어떻게 전개될지 어느 정도 예상할 수 있다. 왜냐하면 앞으로 전개될 이야기는 지금까지 전개되어온 이야기로부터 어느 정도 영향을 받기 때문이다. 매킨타이어는 "나는 무엇을 해야만 하는가What am I to do"에 대한 대답은 "내가 어떤 이야기에 속해 있는지"에서 찾을 수 있다고 말한다.[9] 내가 앞으로 무엇을 해야 하는지 고민될 때 내가 속한 이야기의 장르를 확인하는 일이 필요하다. 다시 말해서 나는 지금 어떤 선택을 해야 하고 앞으로 어떻게 살아야 하는지에 관한 물음은 내 삶의 이야기가 어떻게 진행되어왔는가와 긴밀하게 연결되어 있고, 그래서 이 이야기를 어떻게 성공적으로 완결할 수 있는지를 묻는 것이다. 이런 의미에서 서사적 자아는 인생의 선택의 순간에 그동안의 삶과 연속되는 미래를 예측하고 기획할 수 있다.

하지만 오해하지 말아야 할 점이 있다. 앞으로 우리 삶의 이야기 방향이 과거 우리가 살아온 이야기에 영향을 받는다고 해서 우리 삶이 정해져 있다거나 특정한 방향으로만 전개된다는 것은 아니다. 이야기의 결말은 열려 있다. 우리 삶은 정해진 장르를 무조건적으로 받아들이는 것이 아니라 열려 있는 결말을 만들어간다. 이런 의미에서 인생 이야기는 '탐색담quest story'이라고 할 수 있다.[10] 왜냐하면 우리 인생 이야기의 통일성은 바로 아직 완결되지 않은 '이야기 탐색의 통일성the unity of a narrative quest'이기 때문이다. 따라서 열린 결말을 가진 인생 이야기라는 점에서 인간은 이야기를 말하는 존재이자 동시에 이야기를 만드는 존재이다. 이런 점에서 인간은 이야기를 말하는, '스토리텔링story-telling'을 할 수 있는 존재에 그치는 것이 아니라 스토리를 만드는, '스토리메이킹story-making'을 할 수 있는 존재이다. 인생 이야기는 '정해진' 혹은 '주어진' 장르를 답습하고 반복하는 것이 아니라 각자 삶에서 겪는 구체적 불행, 위험, 실패, 고민, 도전에 대처하는 과정을 통해서 만들어진다.

　인생 이야기에서 또 하나 중요한 점은 나의 이야기에는 항상 다른 사람이 등장한다는 점이다. 나는 내 삶의 이야기를 이해 가능하게 설명하는 사람인 동시에, 다른 사람의 행위에 대하여 이해와 설명을 요구하는 사람이다. 왜냐하면 다른 사람들이 "나의 이야기의 한 부분인 것처럼 나는 그들의 이야기의 한 부분"이고, "어떤 사람의 이야기는 서로 맞물려 있는 일련의 이야기들의 한 부분"[11]이기 때문이다. 내 인생 이야기 속에서는 내가 주인공이지만 다른 사람의 이야기에서 나는 스쳐 지나가는 인물일 수 있다. 그렇지만 중요한 것은 우리 모두의 이야기에는 항상 다른 사람이 등장한다는 사실이다. 그뿐만 아니라 다른 사람은 자신만의 이야기를 가지고 나의 이야기에 끊임없이 개입하고, 동시에 나 역시 나만의 이야기를 통해 그들의 이야기에 개입한다. 나는 이러한 사실이 마음에 들든 그렇지 않든 항상 누군가의 부모, 누군가의 자녀, 누군가의 친구이다. "이러한 역할의 담지자로서 나는 나의 가족, 나의 도시, 나의 부족, 나의 민족으로부터 다양한 부채와 유산, 정당한 기대와 책무들을 물려받는다. 그것들은 나의 삶의 주어진 사실과 나의 도덕적 출발점을 구성한다."[12] 서사적 자아는 더 이상 사회 속에 홀로 존재하는 자아, 독립적인 개인이 아니라 다른 사람과 영향을 주고받는 존재이다. 그래서 매킨타이어는 서사적 자아가 현대사회의 '민주화된 자아democratized self'¹³ 혹은 '유령 같은 자아the ghostly I'를 대체할 수 있다고 말한다. 민주화된 자아는 다원주의 사회에서 자신의 사회, 문화, 역사와 분리되어 있는 자아이다. 또 유령 같은 자아는 "자기 자신의 고유한 어떤 합리적 역사도 가지지 않은 자아"¹⁴이다. 이런 자아는 자신이 속해 있는 사회나 문화, 혹은 발 딛고 있는 역사보다는 미리 결정된/주어진 목표를 성취하기 위해 한정된 자원을 얼마나 효율적으로 사용할지에만 관심을 기울인다. 반면 서사적 자아는 자신이 속한 시대나 공동체의 영향을 받으면서 그 공동체와 또 하나의 이야기를 만들어가는 자아이다. 따라서 내 이야기 속의 다른 사람은 나의 이야기를 제한시키는 존재이기도 하지만 동시에 내 삶을 같이 만들어가는 존재이기도 하다. 매킨타이어는 그래서 다음과 같이 말한다. "내가 역사라고 부른 것은 하나의 실행된 극적 이야기an enacted dramatic narrative로서 그 속에서는 등장인물들이 작가들이기도 하다. 등장인물들은 물론 문자 그대로 '처음부터ab initio' 시작하는 것이 아니라 '사건 중반부에in medias res' 뛰어든다. 그들의 이야기들은 이미 그 시작이 그들을 위해 만들어져 있다. 그들에 앞서 이루어진 것과 그들을 앞서간 사람들이 만든 것이다. … 그들이 마음에 드는 곳에서 이야기를 하지 않는 것처럼 원하는 대로 이야기를 진행할 수도 없다."¹⁵ 따라서 서사적 자아는 과거와 함께 태어나고 이런 점에서 자신의 출발점을 아는 자아이자 같은 의미에서 자신의 사회적, 역사적, 문화적 공동체성을 아는 자아이다.

서사적 자아와 서사적 사고 능력

그렇다면 이러한 매킨타이어의 서사적 자아가 교육에 주는 영감은 무엇일까? 앞서 이야기한 것처럼 서사적 자아는 서사적 사고 능력을 가진 사람이다. 사실 학생들은 이미 개별 과목으로 문학이나 역사를 통해, 또는 수학이나 과학에서 문제를 해결하는 과정에서 이야기를 접하고 배우지만,[16] 안타깝게도 그러한 과목의 의미를 자신의 삶과 연관시키지는 못하는 것처럼 보인다. 즉 이야기를 나 자신 밖에서 '주어진 것'으로 알고 있지 이야기를 통해서 자신의 삶을 '구성하는 것'으로까지 나아가지 못하는 경우가 대부분이다. 사실 교육은 자신이 지금 배우는 지식이 자신의 삶과 어떤 관련이 있는지 묻는 법을 배우는 것이고, 이러한 질문을 통해서 자신의 삶을 만들어 가는 법을 배우는 것이다. 이를 위해 필수적인 것이 바로 서사적 사고 능력이다. 우리 삶을 통일성 있는 이야기로 만들기 위해, 구체적으로는 학교나 학원에서 배운 지식을 우리 삶과 통합시키기 위해 필요한 능력이 바로 서사적 사고 능력이기 때문이다. 사실 교육의 목적은 '잘' 사는 것이다. 그렇다면 '잘' 산다는 것은 무엇일까? 그건 자신이 원하는 방향으로 삶을 이끌어가는 것이다. 그렇다면 그 방향은 어떻게 정하는가? 우리는 어떻게 내 삶의 '방향감각orientation'을 가질 수 있는가? 흔히 하는 말로 삶의 속도보다 방향이 중요하다고 하지 않는가? 서사적 사고 능력을 강조하는 입장에서 이 질문에 대한 답은 삶의 중요한 순간에 내가 왜 그 결정을 했는지 설명하지 못한다면 그것은 잘 사는 삶이라고 할 수 없다는 것이다. 나와 타인에게 설명하지 못하는 삶을 '잘' 사는 삶이라고 할 수 없을 것이다. 그런데 이러한 설명 혹은 대답은 자기 삶의 가치 혹은 목적을 알 때에야 가능하다. 앞에서 말한 것처럼 우리 삶의 목적은 내가 그동안 살아온 삶의 이야기를 통해서만 우리에게 드러난다. 따라서 자신의 삶을 하나의 이야기로 완성하는 것, 혹은 서사적 사고 능력을 기르는 것이야말로 교육의 중요한 목적 중 하나라 할 수 있다.

그럼 어떻게 서사적 사고 능력이 이러한 잘 사는 사람, 혹은 서사적 자아를 구성할 수 있을까? 매킨타이어는 '내재적 선'과 '외재적 선'을 구분한다. 예를 들어 영어를 배우는 것에 관심이나 욕구는 없지만 외국어 학습에 재능이 있어 보이는 아이가 있다고 해보자. 이 아이는 사탕을 매우 좋아하지만 먹을 수 있는 기회가 많지 않다. 아이의 부모는 아이가 영어를 배우면 더 좋은 학교에 진학할 수 있고 더 좋은 곳에 취업할 수 있다고 생각해서가 아니라 영어를 공부하면 세계를 이해하는 시야를 넓히고 사고의 폭과 깊이를 확장할 수 있으므로 한 인간으로서 훨씬 더 의미 있는 삶을 살 수 있을 것이라고 생각해서 아이에게 하루에 한 시간씩 영어 공부를 할 때마다 사탕을 하나씩 먹을 수 있게 해주겠다고 한다. 아이는 사탕을 먹고 싶어서 하루에 한 시간씩 영어를 공부한다고 해보자. 아이의 부모는 언젠가 이 아이가 외국어 공부의 의미를 알게 될 날이 올 것이라고 생각한다. 이 예에서 외재적 선은 아이에게는 사탕이고, 혹은 보통은 더 좋은 학교(명예)나 더 좋은 회사(돈)와 같은 사회적 특권이 될 것이다. 매킨타이어는 이러한 사회적 지위나 특권과 같은 외재적 선은 "성취할 수 있는 다른 방법이 항상 존재하며, [따라서] 이러한 성취는 결코 특정한 성취[영어 공부]와 결합되어 있는 것은 아니다"라고 말한다.[17] 즉 영어를 통해서 얻을 수 있는 사회적 지위는 다른 것을 통해서도 얻을 수 있다. 또 외재적 선은 "어떤 사람이 그것을 가지면 가질수록 다른 사람이 가질 수 있는 것은 더욱 줄어들어서 승리자와 패배자가 있는 경쟁의 대상"이라고 말한다. 하지만 내재적 선은 영어 공부 자체와 '내적으로 연결된' 선, 앞서 말한 것처럼 '세계를 이해하는 폭넓은 시야', '사고의 깊이 확장'을 경험하는 것이다. 이것은 영어 공부 혹은 외국어 공부를 통해서만 경험할 수 있으며, 이러한 경험이 없다면 앞서 말한 가치를 획득할 수도 이해할 수도 없을 것이다. 즉 외국어 공부를 해본 경험이 없는 사람은 외국어 공부의 고유한 가치에 어떤 의미가 있는지 판단할 능력도 없다. 내재적 선은 영어 실력이 늘 때에만 얻을 수 있는 즐거움이며, 더 나아가 실력이 는다고 항상 얻을 수 있는 것이 아니라 자신이 생각하는 일정한 수준에 이를 때에만 성취할 수 있는 것이다. 이처럼 서사적 자아는 특정한 활동이나 삶에만 고유하게 있는 가치를 경험할 수 있는 자아, 자신이 하는 활동 자체와 내적으로 연결된 선이나 활동의 내재적 선을 경험할 수 있는 자아이다. 따라서 서사적 사고 능력은 학생들로 하여금 자신이 배우는 지식과 경험의 내재적 선을 찾는 데 도움을 줄 수 있다. 또한 내재적 선은 외재적 선처럼 경쟁의 대상이 아니라 "그 성취가 실천에 참여하는 전체 공동체에 대한 하나의 선이라는 사실이 특징"[18]이다. 즉 내재적 선의 성취는 화가가 예술적 성취를 위해서 노력함으로써 새로운 화풍을 만들어내고 운동선수가 자신만의 테크닉을 발전시키려고 노력함으로써 전체 공동체를 풍요롭게 만드는 것과 같다. 정리하자면 서사적 사고 능력을 가진 서사적 자아는 자신이 배우는 것을 직접 경험하고 실천해봄으로써 그 배운 내용에 고유한 내재적 선을 발견할 수 있는 존재이다. "장기를 잘 두거나 축구를 잘하는 사람, 또는 물리학에서 연구를 하거나 실험적인 회화 양식을 도입한 사람과 같이 특정한 실천에서 탁월성을 성취한 사람은 보통 그의 업적을 기뻐하고, 그것을 성취하는 자신의 활동을 즐긴다."[19] 이러한 자아는 자신의 삶의 목적을 그저 외부에서 주어진 것으로 받아들이지 않고 자신이 배우고 있는 것, 혹은 자신이 하는 일이 자신의 고유한 삶의 목적과 어떻게 연결되는지 항상 고민한다. 다시 말해서 자신이 추구하는 가치, 혹은 인생의 '방향감각'에 대해서 고민하고, '잘' 사는 삶이 어떤 삶인지 질문하는 자아이다. 그리고 그 대답을 자신이 배우고 있는 것, 혹은 자신의 삶의 구체적인 경험에서 이끌어내는 능력을 지닌 자아이다. 지금까지 많은 경우 학교나 학원에서의 교육이 외부에서 주어진 추상적인 사회의 규범이나 삶의 목적을 가르쳤다면 서사적 사고 능력 개념은 이야기를 통해서 학생들이 자신의 삶과 연관된 가치들을 찾아내고 선택할 수 있도록 한다. 앞서 말한 것처럼 교육은 자신의 배움을 자신의 삶의 이야기와 연결시키는 것을 목적으로 한다. 이런 점에서 교육은 자기 이해와 다르지 않다. 결국 서사적 사고 능력을 기른다는 것은 자기 자신을 이해하는 능력을 기르는 것이다.

마지막으로 서사적 사고 능력은 학생들로 하여금 자신을 관계적 존재로 이해할 수 있게 한다. 앞서 살펴본 것처럼 나의 이야기는 내가 속한 사회적 맥락에 외재적이거나 역사적 배경과 분리된 것이 아니다. 서사적 사고 능력을 가진 학생들은 자신의 문화와 역사로부터 자신의 역할이 무엇인지 이해할 수 있다. 이것이 함축하는 점은 무엇인가? 다른 사람들이 어떻게 반응하며, 또 다른 사람에게 어떻게 반응해야 할 것인가를 이해하기 위해서 자신에게 주어진 배역과 역할을 배워야 한다. 그래서 매킨타이어는 다음과 같이 말한다. "다른 사람들이 우리에게 어떻게 반응하고, 그들에 대한 우리의 반응을 어떻게 구성할 것인가를 배워야 한다. 사악한 계모, 잃어버린 아이들, 착하기는 하지만 엉뚱한 왕들, 쌍둥이 사내아이들에게 젖을 먹인 늑대들, 아무것도 물려받지 못하고 세상에서 자수성가해야 하는 막내아들들, 자신의 유산을 방탕으로 탕진하고 떠도는 신세가 되어 돼지들과 함께 사는 장남들에 관한 이야기들을 들음으로써 아이들은 아이는 어떠해야 하고, 부모들은 어떤 존재이며, 그들이 태어난 연극 속에서 인물과 성격의 배정은 어떠할 수 있으며, 또 세상일은 어떤 방식으로 이루어지는지를 배우거나 또는 잘못 배운다. 아이들에게서 이야기를 박탈하면, 그들은 그들의 행위뿐만 아니라 언어에서도 말을 제대로 못하고 겁먹은 말더듬이로 남게 된다."[20] 서사적 자아는 자율적, 합리적 자아이기 이전에 관계적 자아이자 구성된 자아이다. 따라서 서사적 사고 능력은 내 이야기에 들어 있는 다른 사람, 혹은 다른 사람의 이야기에 들어 있는 나의 관계성을 이해할 수 있게 한다. 이런 의미에서 교육 역시 자신의 삶의 이야기를 구성하는 것이 혼자 고립적으로 할 수 있는 일이 아니라 다른 사람의 삶의 이야기와 조율함으로써 가능한 일임을 경험하게 하는 것이다. 결국 서사적 자아는 공동체에 대한 감수성을 지닌 자아이다. 이러한 감수성을 지닌 서사적 자아는 '공동선'을 고민하고 찾는다. 왜냐하면 서사적 사고 능력을 지닌 서사적 자아는 내 삶의 가치는 무엇인가를 묻는 존재이고, 내 삶의 가치는 우리 사회의 가치와 내적으로 연결되어 있을 수밖에 없기 때문이다. 그래서 서사적 자아는 자신이 속한 공동체의 공동선에 대해 질문한다. 이처럼 다양한 가치가 경합하고 충돌하는 현대사회에서 서사적 사고 능력은 우리 공동체가 어디에서 왔으며, 또 어디로 가야만 하는지에 대해 예민하게 고민하기 위해서 필수적인 능력이다.

스토리텔링으로서의 경제학:
도널드 맥클로스키,
「경제학에서 스토리텔링」 리뷰

이 재 환

"경제학은 여전히 과학이지만, 시, 소설, 역사로도
생각될 수 있다면 그 이야기는 더 매력적일 것이다."

이재환은 서울대학교 종교학과를 졸업하고, 같은 대학교 철학과 대학원과 미국 오하이오 주립대학교 철학과 대학원에서 공부한 후 서울대학교 철학과에서 박사 학위를 받았다. 서양 근대 철학, 프랑스 현대 철학, 감정철학 등에 관심을 가지고 공부하고 있으며 가천대학교 가천리버럴아츠칼리지 교수를 거쳐 현재 목포대학교 교양학부에서 철학을 가르치고 있다. 지은 책으로 『성찰, 모든 것을 의심하며 찾아낸 생각의 신대륙』(2014), 『고전하는 십 대의 이유 있는 고전』(2015), 『나다움 쯤 아는 10대 — 데카르트 vs 레비나스』(2021), 『몸의 철학』(공저, 2021)이 있고, 옮긴 책으로 슬라보예 지젝의 『나눌 수 없는 잔여』(2010) 가 있다.

도널드 맥클로스키는 「경제학에서 스토리텔링」에서 "경제학자는 이야기를 말하는 사람이고 시를 짓는 사람"이라고 말하면서 이 사실을 인정할 때에야 경제학이 뭘 하는 학문인지 더 잘 알 수 있다고 주장한다. 저자에 따르면 우리가 세상을 이해하는 방식은 두 가지가 있는데, 첫 번째 방식은 시poem를 통해서, 두 번째 방식은 이야기(소설novel)를 통해서이다. 시는 모델, 즉 메타포metaphor를 제시하고 소설은 역사를 제시한다. 예를 들어 생물학자에게 게의 탈피脫皮샘이 '왜' 지금 있는 곳에 위치해 있는지 질문하면 두 가지 대답이 돌아올 수 있다. 우선 '시적 방식'은 탈피샘이 현재 있는 곳에 있는 것이 가장 효율적이기 때문이라고 대답한다. 반면 '이야기 방식'은 탈피샘이 다른 곳에 있었다면 게가 생존하기 힘들었을 것이라고 대답한다. 즉 좋은 시적 대답은 탈피샘의 위치에 대한 정확한 답을, 저자에 표현에 따르면 '방정식'을 찾을 수 있고, 좋은 이야기 방식의 대답은 잘 생존하지 못한 게의 역사를 발견할 수 있다. 이처럼 저자는 '왜'에 대한 두 가지 가능한 대답 방식이 메타포와 이야기, 또는 모델과 역사라고 주장한다. 물론 이러한 두 가지 형식의 대답이 서로 배타적인 것은 아니다.

저자에 따르면 물리학에서는 메타포가 지배적이고, 생물학에서는 이야기가 지배적이지만 경제학에서는 두 방식이 긴밀하게 연관되어 있다. 경제학에서 메타포는 시장을 예측하는 데 사용된다. 17세기 물리학에서 중력이 '왜' 멀리 있는 사물을 끌어당기는지 설명할 때 이야기를 포기하고 그냥 방정식에 따르면 그렇게 된다고 했던 것처럼 경제학에서는 아파트 가격을 통제하면 아파트의 물량이 부족

해질 것이라고 말한다. 왜? 그냥 법칙에 따르면 그렇게 되는 것이다. 이것이 바로 모델이다. 반면 스토리텔링은 '근대 기업의 발전'처럼 이미 발생한 일을 설명하는 데 유용하다. 이처럼 경제학자는 메타포를 사용하기도 하고 이야기를 사용하기도 한다는 점에서 여느 인간과 같다. 모든 인간이 이야기 없이 살 수 없듯 경제학자도 마찬가지다. 맥클로스키는 경제학자는 시를 통해서 설명하고explain/erklären, 이야기를 통해서 이해한다understand/verstehen고 말한다. 이런 점에서 소설과 경제학이 같은 시기에 태어난 것은 우연이 아니다.

  연금법의 예를 들어보자. 법률가 혹은 정책 입안자는 회사와 노동자가 반씩 연금을 부담하면 결국 회사가 반을 부담하는 것이기 때문에 노동자에게 유리하다고 말한다. 하지만 저자에 따르면 경제학자는 연극의 1막에서 이야기를 끝내지 않고 더 깊이 들어가려고 한다. 노동에 지불하는 비용이 오르게 되면 사용자는 더 적은 노동자를 고용하려 할 것이고, 결국 연극의 2막에서 상황은 예측하지 못한 방향으로 진행될 것이다. 즉 사용자가 고용하려는 수보다 더 많은 노동자가 일자리를 찾게 될 것이고 공장 문 앞에는 노동자들의 줄이 길게 늘어서게 될 것이다. 이렇게 되면 노동자의 임금이 내려가게 될 것이다. 3막과 4막에서는 사용자가 져야 할 부담을 노동자에게 전가하게 될 것이다. 저자는 이 이야기가 경제학에 대해 많은 시사점을 던져준다고 말한다. 첫 번째, 경제학자는 현재 우리 눈에 보이지 않은 결과를 찾는 데 즐거움을 느끼고, 또 그 결과 중에서도 특정한 결과를 찾는 데 즐거움을 느낀다. 물론 이러한 즐거움은 다른 사회과학자들도 공유하는 것이다. 두 번째, 경제학자는 특징적인 장면에 끌린다. 예를 들면 '공장 앞에 늘어선 노동자'와 같은 장면인데, 이는 노동자들이 사고팔 수 있는 상품이라는 것을 보여준다.

저자는 경제학자가 하는 작업 중 90% 정도가 스토리텔링이고 10% 정도가 모델을 사용한다고 주장한다. 그리고 이 10%에도 이야기가 들어 있다고 말한다. 사람들은 종종 경제학자에게 미래를 예측하라고 하지만 이는 정치학자가 선거 결과를 예측할 수 없는 것과 같다. 경제학자는 이야기를 하는 사람이고 경제학은 일종의 사회의 역사이다. 응용경제학자는 리얼리즘 소설가나 극작가라고 할 수 있다. 순수 이론에 천착하는 경제학자 역시 리얼리즘까지는 아니지만 이야기와 관계가 깊다. 저자가 생각하는 경제학은 서사로 가득 차 있다.

그런데 저자는 다음과 같이 질문한다. 그래서 경제학에 관한 이러한 주장들이 무슨 의미가 있는가? 이 질문에 대한 답은 바로 스토리텔링이야말로 경제학자들이 왜 서로 다른 의견을 갖는지에 대해 명확한 설명을 해준다는 것이다. 즉 경제학자들 사이에서 의견이나 이론이 일치하지 않는 이유는 문학에서 불일치가 존재하는 이유와 같다. 저자는 경제학에 존재하는 불일치에 대해 세 가지 이유를 제시한다. 첫째, 경제학자들이나 과학자들은 보통 순진하게도 텍스트가 투명하다고 생각한다. 그들은 실험을 통해서 발견한 것이나 이론적 결과물을 단순히 기록하면 된다고 생각한다. 이렇게 보면 독자들이 텍스트를 이해하지 못하는 이유는 독자들의 의도가 불순하거나 이해력이 떨어지기 때문이라고 생각하기 쉽다. 하지만 시에서 숨겨진 하나의 의미만 찾을 수 있는 것이 아닌 것처럼 경제학 텍스트 안에서도 단 하나의 '메세지'만 찾을 수 있는 것은 아니다. 이것이 바로 텍스트 읽기의 기본 태도이다. 둘째, 문학에서처럼 경제학에서도 압축이나 명확성 부족 때문에 불일치가 발생한다. 자원이 희소한 세계에서 경제학자는 자신의 주장을 전달할 충분한 시간을 가질 수 없다. 하지만 이런 주장에 대해서는 만약 수리경제학자가 충분한 시간이 있다면 자신의 주장을 매우 명확하게 전달할 수 있을 거라고 반례를 제시할 수도 있을 것이다. 하지만 저자는 독자의 경우도 자원이 희소하기는 마찬가지라고 말한다. 또한 경제학자가 말하는 것을 명확하게 이해하려면 문학에서처럼 그 이야기가 쓰인 언어와 배경을 알아야만 한다. 그렇지 않다면 결국 독자는 텍스트를 명확하게 이해하지 못할 것이다. 저자가 주장하는 문학과 경제학에서 불일치가 발생하는 세 번째 이유는 글 쓴 사람이 요구하는 관점을 독자가 받아들일 수 없다는 데 있다. 예를 들어 수준이 형편없고 감상적이기만 한 시에 독자가 빠져들지 않는 것처럼 형편없는 경제학 작품이 제시하는 세계에 독자는 들어가려 하지 않을 것이다. 저자는 생물학, 화학, 경제학과 같은 과학 작품의 경우에도 문학에서처럼 독자들이 작가들이 그리는 세계에 들어갈 것에 동의해야만 한다고 주장한다.

이처럼 경제학을 일종의 글쓰기 혹은 이야기로 생각하면 경제학자들 사이의 불일치가 설명된다. 저자는 '이론적 결과와 경험적 발견'을 제시한 후에도 경제학자들 사이에 불일치가 존재하는 까닭은 그들이 자신들이 잘 모르는 언어로 쓰인 이야기(과학 논문)를 읽고 있기 때문인데, 정작 그들은 그것을 모른다고 주장한다. 저자에 따르면 이는 마치 이탈리아 사람들이 영어를 이해한다고 믿으면서 피렌체를 여행하는 영국 사람과 같다. 이탈리아 사람에게 영어로 '당신의… 이야기는… 어디에… 있습니까?'라고 묻는 영국 사람 말이다.

경제학에서도 이야기처럼 시작, 중간, 결말을 찾을 수 있다. 블라디미르 프로프Vladimir Propp가 러시아 민담을 몇 가지 형태로 구분한 것처럼 경제학에서도 가격, 건강보험 도입의 영향, 특정 비즈니스 영역에의 진입과 퇴출 등 이야기를 몇 가지 형태로 구분할 수 있는데, 이것이 시작이다. 그런 다음 이러한 몇 가지 형태의 '기능'을 분석할 수 있다. 저자는 '경제학적 민담'에서 행동의 요소 — 등장, 퇴장, 가격 결정, 구입, 판매 등 — 는 소수라고 말한다. 즉 이러한 소수의 요소가 만들어내는 경제학은, 소쉬르가 언어학에 대해 주장한 것처럼, 이미 구조적이다. 경제학을 이해하기 어려운 까닭이 이러한 구조적 요소 때문이다. 경제학자는 "노동력은 상품과 같다", "노예는 자본과 같다" 등 끊임없이 "행위 X는 행위 Y와 같다"라고 말한다. 이러한 구조적 장field에서 스토리텔링 원리는 이야기를 말하는 사람에게 매우 익숙하다. 저자에 따르면 프로프가 일곱 개의 형태를 찾았다면 경제학자 리카도Ricardo에게 경제학 이야기는 세 개뿐이라고 말한다.

저자는 경제학자들 사이에서 발생하는 불일치가 이야기의 결말에 놓여 있다고 주장한다. "기름 가격이 상승했고, 이것이 인플레이션을 일으켰다"라는 이야기는 절충적인 케인스주의자에게는 의미가 있다. 하지만 '통화주의자monetarist'에게 이 이야기는 완전하지 않거나 혹은 완전히 실패한 이야기다. 말하자면 연극이 2막 정도에서 끝난 것과 다름없다. 즉 '통화주의자'의 이야기는 다음과 같다. "기름 가격의 상승은 다른 어떤 곳에서는 [다른 상품 가격의] 하락을 가져왔을 것이다." 그렇지 않으면 '균형'이 맞지 않기 때문이다. 이에 케인스주의자는 다시 통화주의자를 비판할 수도 있는데 이 역시 플롯에 대한 비판이다. 이때 케인스주의자는 성급하게 끝나버린 결말이 아니라 잘못된 시작 — "통화는 어디에서 오고, 왜 오는가?" — 에 비판을 가할 것이다.

역사학자 헤이든 화이트Hayden White는 역사에서 종결이 항상 도덕적 요구와 결부되어 있다고 주장한 적이 있다. 경제학에서도 통화주의자의 이야기는 영국 은행을 '비난'하는 것으로 끝날 것이다. 저자는 연금 이야기의 결말도 "당신은 정치가에게 속고 있습니다. 법적으로 절반씩 부담하면 노동자가 절반의 이익을 본다고 생각한다면 말이죠. 정신 차리세요, 이면을 들여다보세요"로 끝날 것이라고 말한다. 한편 저자는 경제학자 자체가 그 자신이 쓴 저작의 에피소드라고 주장한다. 보통 세미나에서 발표할 때 경제학자는 "제가 이 주제에 관심을 가지게 된 것은…"이라고 시작한다. 저자에 따르면 이러한 자서전적 요소가 작품에 의미를 부여한다. 심지어 아주 추상적인 수학 공식, 수리경제학의 공식도 마찬가지이다. 청중은 이 공식이 왜 '그' 사람에게 중요한지, 혹은 듣고 있는 자신에게 중요한지 알고 싶어 한다. 모든 이야기가 그런 것처럼 경제학 이야기 역시 도덕적 요소, 혹은 교훈을 가지고 있다.

저자에 따르면 독자 역시 경제학적 사유에서 중요한 역할을 한다. 독자는 경제학 작품을 읽으면서 자신의 경험을 반추하게 되는데, 이렇게 독자가 자신의 경험을 반추하는 것이야말로 스토리텔링의 중요한 특징이다. 저자는 과학 텍스트에서도 이러한 독해가 큰 역할을 한다고 말하면서 문학 텍스트를 읽을 때처럼 경제학 텍스트를 읽을 때 느끼는 즐거움 그 자체도 중요하다고 강조한다.

또한 저자는 과학적 보고서 자체가 끊임없이 변하는 하나의 장르라고 말한다. 예를 들어 케플러는 자서전적 스타일로 글을 썼지만, 뉴턴이 과학 논문이라는 형식으로 이러한 문학적 전통을 억눌렀다고 말한다. 저자는 경제학자는 글쓰기의 특정 형식이나 전통을 받아들일 때 그저 글의 형식만을 받아들이는 것이 아님을 알고 있어야 한다고 주장한다. 저자에 따르면 경제학에서 순수 이론은 문학 장르 중 판타지물과 같다. 순수 이론 경제학은 판타지처럼 이야기를 위해서 '현실'의 규칙을 위반한다. 또 이 가상의 세계에서는 기이한 결과들도 일상적인 일이 된다. 『동물농장』이 '말하는 동물' 같은 환상을 통해서 어떤 핵심을 전달하려고 하는 것처럼 순수 이론 경제학의 임무 역시 어떤 핵심을 전달하는 가상을 구축하는 것이다. 이렇게 함으로써 순수 이론은 현실에 맞선다. 하지만 우리는 날아다니는 양탄자나 말하는 동물 때문에 문학 전체가 '비현실적'이라고 말하지 않는다. 또한 저자는 우리 현실에 기반해 있는 경제학 작품은 현실적인 픽션과 같다고 말한다. 이런 작품은 판타지와 달리 현실의 모든 규칙을 따르지만 역시 허구이다. 왜 그런가? 현실에서 우리는 항상 우리가 서 있는 '시점'에 갇히지만, 경제학을 포함한 과학에서 현실적인 '허구'는 이러한 시점의 한계를 피하기 때문이다.

이야기는 선택적이다. 우리는 말 그대로 어떤 것도 완전하게 그려낼 수는 없다. 저자는 물리학자 닐스 보어Niels Bohr의 사례를 든다. 보어는 대학원 수업에서 학생들에게 분필에 관한 모든 팩트를 말해보라고 한다. 학생들은 그 일이 불가능하다는 것을 곧 알게 되었고, 보어는 물리학이 있는 그대로의 세계에 대한 학문이 아니라 인간인 우리가 세계에 대해 말하는 학문이라고 했다. 소설가도 과학자처럼 취사선택을 하고, 독자들로 하여금 그 공백blank을 채우도록 초대한다. 이야기든 논문이든 단지 우리 경험의 일부분일 뿐이다. 저자에 따르면 좋은 과학자와 좋은 스토리텔러의 공통점은 어떤 경험을 취사선택할 것인지에 관한 날카로운 감각을 가졌다는 점이다. 경제학자는 다른 사람이 읽을 수 없는 것을 읽을 수 있지만, 동료들이 이 언어 공동체에 참여할 때에만 그렇게 할 수 있다. 즉 취사선택한 것을 읽는 독자가 필요하다. 좋은 소설은 독자로 하여금 내용에 없는 것을 채워 넣을 수 있게 하는 것이다. 저자에 따르면 과학적 설득도 그렇다. 어려운 수학 정리이든 복잡한 살인 사건에 대한 추리이든 가장 엄밀한 설득조차도 모든 단계에서 채워 넣어야 하는 공백이 존재한다. 어려운 경제학 스토리텔링 작품도 그렇다. 말해지지 않았다고 해서 읽을 수 없는 것은 아니다. 저자는 텍스트에 명시적으로 쓰인 내용보다 쓰이지 않았지만 읽어낼 수 있는 것이 어쩌면 더 중요하다고 말한다. 경제학 텍스트는 부분적으로는 독자에 의해서 완성된다. 케인스는 독자들이 채울 수 있는 많은 공백을 남기기도 했다.

그렇다면 다시 한번, 지금까지 이야기한 이 모든 것의 의미는 무엇인가? 다시 말해서 경제학을 스토리텔링으로 생각하는 것의 유익은 무엇인가? 우선 경제학자의 자기의식, 즉 자신이 이야기하는 것의 의미를 더 잘 알게 될 것이다. 경제학을 일종의 시 혹은 소설로 간주하는 것은 경제학자가 경제학을 바깥에서 바라볼 수 있게 해준다. 이보다 더 중요한 점은 경제학이 인류의 대화 속으로 다시 들어온다는 점이다. 즉 경제학자가 시인이나 소설가와 그렇게 다르지 않다는 것을 설득시키는 것이다. 그렇다고 경제학자들이 사랑하는 수학을 버릴 필요는 없다. 경제학자는 오랫동안 수리적인 것만을 모델로 삼아왔고, 물리학을 숭배해왔다. 하지만 경제학자들은 그들의 또 다른 신으로 시, 역사, 문헌학 등을 가질 수 있다. 저자에 따르면 이렇게 할 때 경제학자는 여전히 같은 일을 하지만 더 좋은 결과를 가져올 수 있다. 경제학은 여전히 과학이지만, 시, 소설, 역사로도 생각될 수 있다면 그 이야기는 더 매력적일 것이다.

미주

I부 서사란 무엇인가

「서사와 삶: 이야기하기의 실존적 의미」(본문 35-60쪽)

1 박진,『서사학과 텍스트 이론』, 서울: 소명출판, 2014, 108쪽.
2 박진,「스토리텔링 연구의 동향과 사회문화적 실천의 가능성」,『어문학』122: 527, 한국어문학회, 2013. 스토리텔링에 관한 이후의 언급은 이 글에서 다룬 내용을 참조하여 재구성했다.
3 크리스티앙 살몽,『스토리텔링: 이야기를 만들어 정신을 포맷하는 장치』, 류은영 옮김, 서울: 현실문화, 2010.
4 Jean-François Lyotard, *La Condition Postmoderne*, Paris: Editions de Minuit. 1979, pp. 35-48.
5 Arthur W. Frank, *The Wounded Storyteller*, 2nd ed., Chicago and London: The University of Chicago Press, 2013, pp. 7, 116.
6 Paul Ricœur, *Temps et Récit III*, Paris: Editions du Seuil, 1985, pp. 13, 15.
7 Peter Brooks, *Reading for the Plot: Design and Intention in Narrative*, Cambridge and London: Harvard University Press, 1984, p. xii.
8 Jerome Bruner, *Actual Minds, Possible Worlds*, Cambridge and London: Harvard University Press, 1986, pp. 12-13.
9 진 클랜디닌 엮음,『내러티브 탐구를 위한 연구방법론』, 강현석 외 옮김, 파주: 교육과학사, 2007, 52쪽.
10 Louise M. Rosenblatt, *Literature as Exploration*, New York: MLA, 1995, pp. 75-77.
11 롤로 메이,『신화를 찾는 인간』, 신장근 옮김, 서울: 문예출판사, 2015, 15쪽.
12 Brooks, op. cit., p. 142.
13 Mikhail Bakhtin, *Problems of Dostoevsky's Poetics*, ed. and tr. Caryl Emerson, Minneapolis: University of Minnesota Press, 1984, p. 59.

14 Brooks, op. cit., p. 236.
15 Ricœur, op. cit., p. 358.
16 Paul Ricœur, *Oneself as Another*, tr. Kathleen Blamey, Chicago and London: University of Chicago Press, 1992, pp. 160-161.
17 Bakhtin, op. cit., p. 287.
18 Gary Saul Morson & Caryl Emerson, *Mikhail Bakhtin: Creation of a Prosaics*, Stanford and California: Stanford University Press, 1990, pp. 50-51.
19 이야기 치료에 대해서는 다음 두 글에서 다루었던 내용을 종합하여 재구성했다. 박진, 「이야기치료와의 연계를 통한 문학치료의 발전 방향」, 『문학치료연구』 46: 21-28, 한국문학치료학회, 2018; 「구조주의 이후 서사이론의 전개에서 구술성이 지닌 의미: 텍스트이론과 내러티브 탐구를 중심으로」, 『구비문학연구』 45: 48-50, 한국구비문학회, 2017.
20 Michael White & David Epston, *Narrative Means to Therapeutic Ends*, New York and London: Norton, 1990, pp. 13-16.
21 Michael White, *Narrative Practice: Continuing the Conversations*, New York and London: Norton, 2011, pp. 3-6.
22 Alec Ross, "Foreword", Jill Freedman & Gene Combs, *Narrative Therapy: The Social Construction of Preferred Realities*, New York: Norton, 1996, pp. xiii-xiv.
23 Ibid., p. 88.
24 이 사례는 자신의 현장 경험을 정리하고 이를 바탕으로 이야기 치료의 이론을 체계화한 마이클 화이트의 저서인 『이야기치료의 지도』에 수록되어 있다. Michael White, *Maps of Narrative Practice*, New York and London: Norton, 2007, pp. 130-133.
25 Ibid., p. 129.
26 Michael White, "Commentary: The Histories of Present", eds. S. Gilligan & R. Price, *Therapeutic Conversations*, New York and London: Norton, 1993, p. 125.
27 Freedman & Combs, op. cit., pp. 33-35.

「서사의 힘과 한계」(본문 61-92쪽)

1 포터 애벗, 『서사학 강의』, 우찬제 외 옮김, 서울: 문학과지성사, 2010, 35-36쪽.
2 노스럽 프라이, 『비평의 해부』, 임철규 옮김, 파주: 한길사, 2000, 135쪽.
3 아리스토텔레스, 『시학』, 천병희 옮김, 서울: 문예출판사, 2002, 6장.
4 프라이, 앞의 책, 132쪽.
5 Roland Barthes, "Introduction to the Structural Analysis of Narratives"(1966), in ed. M. McQuillian, *The Narrative Reader*, London: Routledge, 2000, p. 109; 애벗, 앞의 책, 18-19쪽 해설 참조.
6 Martha Nussbaum, "Narrative Emotions: Beckett's Genealogy of Love", in *Love's Knowledge. Essays on Philosophy and Literature*, Oxford: Oxford University Press, 1990, pp. 286-312, 특히 §3 참조.
7 Nussbaum, op. cit., §2 참조.
8 알래스데어 매킨타이어, 『덕의 상실』, 이진우 옮김, 서울: 문예출판사, 2001.

9   폴 리쾨르,『시간과 이야기 1, 2, 3』, 김한식·이경래 옮김, 서울: 문학과지성사, 1999, 2000, 2004 참조.
10 리쾨르,『시간과 이야기 2』, 3장 참조.
11 Hayden White, "Value of Narrativity in the Representation of Reality", in ed. W. J. T. Mitchell, *On Narrative*, Chicago: University of Chicago Press, 1981, pp. 1-24.
12 박동환,『x의 존재론』, 고양: 사월의책, 2017, 300쪽.
13 슬라보예 지젝,『환상의 돌림병』, 김종주 옮김, 고양: 인간사랑, 1992;『팬데믹 패닉』, 강우성 옮김, 서울: 북하우스, 2020.
14 프리드리히 니체,『비극의 탄생』, 이진우 옮김, 서울: 책세상, 2005, 3절.
15 같은 책, 7절.
16 같은 책, 9절.
17 장 폴 사르트르,『구토』, 임호경 옮김, 서울: 문예출판사, 2020.
18 Robert Musil, *Der Mann ohne Eigenschaften*, Hambourg: Rowohlt, 1978, pp. 650f.; 애벗, 앞의 책, 96, 173, 259쪽 해설 참조.
19 C. P. 스노우,『두 문화』, 오영환 옮김, 서울: 사이언스북스, 2001.
20 리처드 니스벳,『생각의 지도』, 최인철 옮김, 파주: 김영사, 2001.
21 제롬 브루너,『이야기 만들기』, 강현석, 김경수 옮김, 파주: 교육과학사, 2010, 11쪽.
22 마르틴 하이데거,『사유란 무엇인가』, 권순홍 옮김, 서울: 길, 2014, 61쪽.
23 마르틴 하이데거,『강연과 논문』, 이기상 외 옮김, 서울: 이학사, 2008, 272, 291쪽.
24 Martin Heidegger, *Einführung in die Metaphysik*, GA 40, Frankfurt am Main: V. Klostermann, 1983, p. 186.
25 Roman Jakobson, "Zero Sign"(1939), in eds. Linda R. Waugh & M. Hallle, *Russian and Slavic Grammar Studies, 1931-1981*, Berlin, New York: Mouton, 1984, pp. 151-160. 자세한 해설로 유승만,「로만 야콥슨의 유표성 이론 연구」,『러시아 연구』16(2): 271-292, 2006 참조.
26 Christian Metz, "Notes toward a Phenomenology of the Narrative", in ed. M. McQuillian, *The Narrative Reader*, London: Routledge, 2000, pp. 87-88. 강조는 인용자.
27 Peter Brooks, "Narrative in and of the Law", in eds. J. Phelan & Peter J. Rabinowitz, *A Companion to Narrative Theory*, Oxford: Blackwell, 2008, pp. 415-426 참조.
28 발터 벤야민,「이야기꾼」,『발터 벤야민의 문예이론』, 반성완 편역, 서울: 민음사, 1983, 175쪽.
29 같은 글, 194쪽.

「인류세 스토리텔링」(본문 93-112쪽)

1   '신들의 시대', '영웅의 시대', '인간의 시대' 등으로 시대 구분을 거시적으로 조감하는 방식을 취하더라도 이러한 구분은 여전히 역사학적인, 다시 말해 역사철학적인 범주에 속한 것이다.
2   이 용어는 지구사와 인류사가 상호 침투한 — 최초의, 어쩌면 최후의 — 상흔을 간직하고 있다는 점에서 지질학적이면서도 역사학적이다.
3   '모든 것의 끝'은 칸트의 표현이다.

4　모든 것의 끝 이후에 오는 영원이라는 무한한 지속의 시간은 도덕법칙의 불변성이 투영된 것으로 합리적으로 이해될 수 있다. 이후 추가된 낙원의 이미지는 초월론적 가상에 불과하다는 것이 칸트의 설명이다.
5　코맥 매카시, 『로드』, 정영목 옮김, 파주: 문학동네, 2008, 323쪽.
6　우리가 이 글에서 '문학'이나 '서사'라는 용어 대신에 '스토리텔링'이라는 용어를 사용한 것은 묵시론, 디스토피아 소설, 재난 서사, SF, 좀비물, 크리처물 등 여러 장르 혹은 서브 장르에서뿐만 아니라 영화, 드라마, 웹툰, OTT 서비스 등 다양한 매체에서도 오늘날 파국의 이미지들이 광범위하게 빠른 속도로 확산되고 있는 현실을 포괄적으로 반영하기 위함이다. 전통적으로 이들은 '묵시론'이나 '디스토피아' 혹은 '재난' 서사 등에 속한 것으로 분류된다.
7　앞서 언급한 비코의 역사철학이 신의 시대에서 영웅의 시대를 거쳐 인간의 시대로 하강한다면, 헤겔의 역사철학은 주지하다시피 머리는 인간, 몸은 사자의 형상을 하고 있는 스핑크스처럼 자연에서 깨어나 절대정신을 향해 비상한다. 상승하든 하강하든, 진보하든 퇴보하든, 진화하든 퇴화하든 목적론적 끝은 연대기에 방향감각을 부여함으로써 결국에는 끝에, 완성으로서의 끝에 이르고자 하는 소망 충동을 간직하고 있다.
8　귀스타브 플로베르, 『부바르와 페퀴셰 2』, 진인혜 옮김, 서울: 책세상, 1995, 508쪽.
9　같은 책, 509쪽.
10　올더스 헉슬리, 『멋진 신세계』, 이덕형 옮김, 서울: 문예출판사, 2018, 363쪽.
11　비평가 복도훈에 따르면 "묵시론은 인간 없는 백 년, 천 년, 만 년 후의 세상을 보여줌으로써 재앙의 중심인 인간에 대해 적당히 경악하게 만들고 환경문제에 경각심을 일깨우는 교육적인 호소력도 발휘한다." 복도훈, 『묵시록의 네 기사』, 서울: 자음과모음, 2012, 8쪽.
12　Fredric Jameson, "Future City", in *New Left Review* 21: 76, 2003.
13　여기서 '근접 과거'와 '근접 미래'는 발터 벤야민의 용법을 차용한 것이다.
14　복도훈, 앞의 책, 9쪽.
15　복도훈, 「세계의 끝: 최근 한국소설에 나타난 재난의 상상력과 이데올로기적 증상」, 『인문학연구』 42집: 20, 2011. 문형준은 "우리가 인류세 시대의 문학을 말할 수 있는 유일한 이유는 아직 그 파국과 종말이 닥치지 않았기 때문"이라고 지적하고 "종말이 닥치지 않은 상황에서 서사의 가능성을 말할 수 있다면, 그 가능성의 일단은 파국 서사에서 찾을 수 있다"고 역설한다(문형준, 「인류세 시대의 문학 — 생태 위기와 파국 서사의 가능성」, 『영어영문학』 21: 9, 2018).
16　제롬 브루너, 『이야기 만들기』, 강현석·김경수 옮김, 파주: 교육과학사, 2010, 30-31쪽.
17　리처드 매더슨의 소설 『나는 전설이다』는 1954년에 출간되었다.
18　문형준, 앞의 글, 10쪽.
19　'수신자', '주체', '서사 프로그램'은 그레마스의 용어이다.
20　문형준은 바로 여기에 인류세 시대의 문학이 근대문학과 뚜렷이 구별되는 지점이 존재한다고 지적한다. 즉 "인류세 시대의 역사에서 생태가 역사의 주체가 되듯, 인류세 시대의 문학에서 외부는 더 이상 외부가 될 수 없을 것이다. 비가 오고 천둥 번개가 치는 상황 묘사가 주인공의 불안한 심리 상태나 사건의 비극적 전개를 예비하는 매개 역할에 그쳤다면, 인류세 시대의 문학에서 비와 천둥과 번개는 인간의 생존 자체를 좌우하는 핵심 원인이 될 것이다."(문형준, 앞의 글, 8쪽)

21 피에르 불, 『혹성탈출』, 이원복 옮김, 서울: 소담출판사, 2011, 14쪽.
22 조지 오웰, 『1984』, 정회성 옮김, 서울: 민음사, 2003, 378쪽.
23 복도훈에 따르면 이런 점에서 "묵시론 서사는 절망적인 내용을 담고 있지만, 사실은 희망의 전도된 서사 형식이다."(복도훈, 앞의 책, 11쪽) 다시 말해 묵시론에서 이루어지는 반전은 "종말에 대한 기대의 재조정 작용, 종말을 시작으로 뒤바꾸는 기능을 행한다."(복도훈, 앞의 글, 22쪽)
24 미셸 우엘벡, 『어느 섬의 가능성』, 이상해 옮김, 파주: 열린책들, 2007, 116쪽.
25 들뢰즈의 분석에 따르면 기록 영화, 사회심리물 영화, 누아르 영화 등은 대체로 큰 형식에 의존하고, 서부극이나 익살극 등에서는 작은 형식이 주조를 이룬다.
26 존 그레이, 『하찮은 인간, 호모 라피엔스』, 김승진 옮김, 서울: 이후, 2010, 183-184쪽.
27 피터 백은 「멸종과 심판: 인류세의 인간 혐오Extinction and Judgment: Misanthropy in the Anthropocene」(2019)에서 이러한 멸종의 윤리가 신자유주의 실험의 실패에 대한 좌절에서 비롯된 것으로 진단하고 있는데, 이는 상당한 설득력을 지닌다.
28 도스토예프스키, 『카라마조프 씨네 형제들』, 박형규 옮김, 서울: 누멘, 2012, 333쪽.

「서사의 이중 논리와 (불)가능성: 조나단 컬러, 「서사 분석에서 이야기와 담화」 리뷰」(본문 113-123쪽)

1 Jonathan Culler, "Story and Discourse in the Analysis of Narrative", *The Pursuit of Signs: Semiotics, Literature, Deconstruction*, Ithaca: Cornell University Press, 1981. 이 논문은 *Poetics Today*, vol. 1, no. 3, 1980에 "Fabula and Sjuzhet in the Analysis of Narrative"라는 제목으로 처음 게재되었다.

2부 서사와 주체성

「서사적 주체론: 아렌트, 리쾨르, 매킨타이어, 테일러를 중심으로」
(본문 127-152쪽)

1 이야기narrative 개념은 우리말로 서사敍事, 설화로 옮겨지며 경우에 따라서는 서술敍述로 번역되기는 하지만, 서정敍情lyric이나 서사epic와 장르상 대별되는 개념으로 이해될 필요는 없다. 넓은 의미의 이야기는 우리의 신화, 시, 전설, 소설, 전래 동화/구전, 자서전, 위인전 등 모두를 아우른다고 봐야 한다.
2 한나 아렌트, 『인간의 조건』, 이진우 옮김, 파주: 한길사, 2019.
3 아렌트는 활동적 삶의 맞수를 (진리) 관조적 삶vita contemplativa으로 규정한다.
4 아렌트, 앞의 책, 275-276쪽.
5 폴 리쾨르, 『시간과 이야기 1, 2, 3』, 김한식·이경래 옮김, 서울: 문학과지성사, 1999, 2000, 2004.
6 폴 리쾨르, 『타자로서 자기 자신』, 김웅권 옮김, 서울: 동문선, 2006. 여기서는 프랑스어 원전 Paul Ricœur, *Soi-même un autre*, Paris: Seuil, 1990에서 인용한다.
7 리쾨르, 『시간과 이야기 3』, 471쪽.

8   Ricœur, op. cit., p. 142.
9   리쾨르, 앞의 책, 365쪽.
10 알래스데어 매킨타이어, 『덕의 상실』, 이진우 옮김, 서울: 문예출판사, 1997.
11 같은 책, 318쪽.
12 같은 책, 325쪽.
13 같은 책, 318쪽.
14 찰스 테일러, 『자아의 원천들』, 권기돈·하주영 옮김, 서울: 새물결, 2015.
15 매킨타이어, 앞의 책, 189쪽. 아렌트는 유사하지만 더 큰 맥락에서 "역사는 동료들의 협력과 도움을 확대할 줄 몰랐던 강하고 우월한 자의 무능을 보여주는 사례들로 가득하다"(아렌트, 앞의 책, 278-279쪽)라고 말한 적이 있다.
16 테일러, 앞의 책, 113-116쪽.
17 테일러는 다른 선들보다 비할 수 없이 더 중요할 뿐만 아니라 다른 선들을 저울질하고 판단하고 결정할 관점을 제공하는 선을 지고선이라 한다.
18 스티브 잡스, 2005년 스탠포드대학 졸업 연설. https://www.youtube.com/watch?v=fit-GVelgKYE&t=0s 참조.

「서사적 주체와 변화의 논리」(본문 153-172쪽)

1   헤겔과 맑스가 이런 생각을 드러낸 대표적인 이들이지만, 이런 생각은 이미 근대 초기부터 있어왔다. 베이컨의 『새로운 아틀란티스』나 콩디약의 역사관도 이런 생각의 예가 될 수 있다.
2   Alain Badiou, *L'Être et l'événement*, Paris: Seuil, 1988.
3   발터 벤야민, 「이야기꾼: 니콜라이 레스코프의 작품에 대한 고찰」, 『서사(敍事)·기억·비평의 자리』, 최성만 옮김, 서울: 길, 2012, 413-460쪽.
4   '상황'은 구조가 있는 집합을 가리키는 바디우의 전문용어이다. 일상적으로는 사회, 구조 또는 체계 정도로 이해하면 충분하다.
5   그런 점에서 볼 때 우리나라가 동서 문명의 접점이라는 점은 새로움의 계기가 되는 사건이 벌어질 수 있는 사건의 자리일 수 있다는 의미도 함축하고 있다고 볼 수 있다.
6   다만 바디우는 20세기 대중음악이나 기술 분야에서 사건이나 진리를 인정하지 않는다. 하지만 형식적으로 볼 때 그의 사건과 진리 이론은 다른 분야에도 적용 가능하다.
7   대한성서공회, 『공동번역 성서』, 서울: 대한성서공회, 1977, 345쪽.
8   바디우는 전자를 반동적인 주체sujet réactif, 후자를 어두운 주체sujet obscur라고 부른다.
9   벤야민, 앞의 글, 430쪽.
10 바디우는 『존재와 사건』에서 사건이 상황에 남기는 것은 이름이며, 사건에 이름을 붙이는 행위를 개입 또는 명명이라고 불렀지만, 이 개념의 문제점을 지적받은 뒤 『세계의 논리』에서는 흔적이라는 개념을 사용하였다. 사건의 이름 역시 흔적의 일종으로 볼 수 있다.
11 질 들뢰즈, 『차이와 반복』, 김상환 옮김, 서울: 민음사, 2004, 2장 참조.
12 Alain Badiou, *Logiques des mondes: L'Être et l'événement*, 2, Paris: Seuil, 2006, pp. 70-76.

「과학적 사고와 서사적 주체: 데넷을 중심으로」(본문 173-194쪽)

1 대니얼 데닛, 『의식의 수수께끼를 풀다』, 유자화 옮김, 고양: 옥당, 2013.
2 같은 책, 149쪽.
3 같은 책, 183쪽.
4 같은 책, 155쪽.
5 Daniel Dennett, "The Self as a Center of Narrative Gravity", in eds. F. Kessel, P. Cole and D. Johnson, *Self and Consciousness: Multiple Perspective*, Hillsdale, NJ: Erlbaum, 1992. 이 논문은 Daniel Dennett, "Why everyone is a novelist", *Times Literary Supplement* vol. 4, no. 459, 1988을 재수록한 것이다.
6 데닛, 앞의 책, 549쪽.
7 같은 책, 542쪽.
8 같은 책, 157쪽.
9 같은 책, 327쪽.
10 같은 책, 158쪽.
11 위와 같음.
12 같은 책, 535-536쪽.
13 같은 책, 535쪽.
14 Dennett, op. cit., p. 1029.
15 알래스데어 매킨타이어, 『덕의 상실』(개정판), 이진우 옮김, 서울: 문예출판사, 2021, 414쪽.
16 포터 애벗, 『서사학 강의』, 우찬제 외 공역, 서울: 문학과지성사, 2010, 34쪽.
17 매킨타이어, 앞의 책, 416-421쪽.
18 박선웅, 『정체성의 심리학』, 파주: 21세기북스, 2020, 46-47쪽.
19 Jerome Bruner, *Actual Minds, and Possible Worlds*, Cambridge and London: Harvard University Press, 1986, p. 13.
20 제롬 브루너, 『이야기 만들기』, 강현석·김경수 옮김, 파주: 교육과학사, 2010, 11쪽.
21 데닛, 앞의 책, 45쪽.

「삶의 이야기와 '나'의 정체성: 폴 리쾨르, 「서사적 정체성」 리뷰」 (본문 195-202쪽)

1 Paul Ricœur, "L'identité narrative", *Esprit* 140/141: 295-304, 1988.
2 Ibid., p. 295.
3 『덕의 상실』에 대해서는 이 책에 수록된 이재환의 「서사적 자아와 서사적 사고 능력: 매킨타이어와 교육」을 참고할 것.

3부 서사와 창의성

「스토리텔링과 창의성」(본문 205-232쪽)

1. 브라이언 보이드, 『이야기의 기원: 인간은 왜 스토리텔링에 탐닉하는가』, 남경태 옮김, 서울: 휴머니스트, 2013.
2. 조너선 갓셜, 『스토리텔링 애니멀: 인간은 왜 그토록 이야기에 빠져드는가』, 노승영 옮김, 서울: 민음사, 2014.
3. 로버트 맥키·토머스 제라스, 『스토리노믹스: 유튜브시대, 스토리 마케팅으로 수익을 창출하라』, 이승민 옮김, 서울: 민음인, 2020, 10-16쪽.
4. 로버트 맥키, 『시나리오 어떻게 쓸 것인가』, 고영범 옮김, 서울: 민음인, 2002.
5. Bryan Alexander, *The New Digital Storytelling: Creating Narratives with New Media*, Westport, Connecticut: Greenwood Publishing Group, 2011.
6. https://www.instagram.com/lilmiquela/
7. 로지 브라이도티, 『포스트휴먼』, 이경란 옮김, 파주: 아카넷, 2017, 251쪽.
8. 제이 데이비드 볼터·리처드 그루신, 『재매개: 뉴미디어의 계보학』, 이재현 옮김, 서울: 커뮤니케이션북스, 2006, 20-61쪽.
9. 롤랑 바르트, 『텍스트의 즐거움』, 김희영 옮김, 서울: 동문선, 2002.
10. Jerome Mcgann, *Radiant Textuality: Literature after the world wide web*, New York: Palgrave, 2001.
11. 헨리 젠킨스, 『컨버전스 컬처』, 김정희원·김동신 옮김, 서울: 비즈앤비즈, 2008, 16-19쪽.
12. 육영수, 『책과 독서의 문화사』, 서울: 책세상, 2010, 40쪽.
13. Linda Gambell, Patricia Koskinen, and Barbara Kapinus, "Retelling and the reading comprehension of proficient and less-proficient readers", *Journal of Education Research* vol. 84, no. 6: 356-362, 1991.
14. Lesley Morrow, "Retelling stories: A strategy for improving young children's comprehension, concept of story structure, and oral language complexity", *The Elementary School* vol. 85, no. 5: 646-661, 1985.
15. 윌 스토, 『이야기의 탄생』, 문희경 옮김, 서울: 흐름출판, 2020, 177쪽.
16. Alice Bell and Marie-Laure Ryan, *Possible Worlds Theory and Contemporary Narratology*, Lincoln, Nebraska: University of Nebraska Press, 2019, pp. 70-74.
17. Ibid., p. 52.
18. 마리-로어 라이언 엮음, 『스토리텔링의 이론, 영화와 디지털을 만나다』, 조애리 외 옮김, 파주: 한울아카데미, 2014, 27쪽.

「글쓰기의 단계와 창의적 사고의 논리」(본문 233-265쪽)

1. C. A. van Peursen, "Creativity as Learning Process", in eds. D. Dutton & M. Krausz, *The Concept of Creativity in Science and Art*, The Hague: M. Nijhoff, 1981, pp. 157-185.
2. Gisela Labouvie-Vief, "Dynamic Development and Mature Autonomy", in *Human Development* vol. 25: 161-191, 1982; "Wisdom as Integrated Thought: Historical and Develop-

mental Perspectives", in ed. R. J. Sternberg, *Wisdom. Its Nature, Origins, and Development*, Cambridge: Cambridge University Press, 1990, pp. 52-83 참조.
3   아래의 논의는 자크 라캉, 『세미나 11: 정신분석의 네 가지 근본 개념』, 맹정현 옮김, 서울: 새물결, 2008에서 개진된 '전이의 현상학'에 바탕을 둔다. 이 주제에 대한 자세한 해설로는 김상환, 『니체, 프로이트, 맑스 이후』, 파주: 창비, 2002, 1부 2장 참조.

「간시대적 자아」(본문 267-288쪽)

1   키르케고르적 실존 정의에 따르면 인간은 자기의 자기에 대한 관계의 관계이지만, 하이데거의 실존 이해에 따르면 매 순간 염려와 관심Inter-esse을 가지고 특별한 곳에 머물러 있는 '사이에 존재하는Inter-esse' 존재자라고 할 수 있다. 하이데거는 이러한 존재자인 인간을 현존재Dasein(터 있음)라고 불렀다. 존재 그리고 거기에 존재하는 존재자가 아니라 이미 언제나 존재 사이에 던져져 있는 존재자인 것이다. 이미 어떤 식으로든 존재 가운데에서 존재를 이해하고 있는 존재자로서의 인간을 이해하려고 하는 것이 하이데거의 인간 이해의 핵심이라고 할 수 있다. 라틴어 실존Existentia의 독일어 번역인 Dasein은 매 순간 사이Zwischen에 존재하는 '사이-존재'인 것이다. 그러므로 독일어 Dasein은 '현존재' 또는 '거기에 있음'이라는 말로 번역할 수도 있지만 '사이-존재'라는 의미로 이해될 수도 있다. 사실 하이데거가 인간을 규정하는 말로 사용한 Dasein에서 Da는 장소의 의미로 해석할 수도 있지만 장소와 시간성을 포함한 시공時空의 의미에서 '사이에서'라는 의미를 갖는다고 할 수도 있다(서동은, 「사이-존재로서의 인간」, 『존재론 연구』 25집: 176-177, 2011).
2   미셸 우엘벡, 『어느 섬의 가능성』, 이상해 옮김, 파주: 열린책들, 2007, 224쪽.
3   Tzvetan Todorov, *Nous et les autres*, Paris: Seuil, 1989.
4   "여기서 문제가 되는 것은 무한 회귀도 악무한도 아니다. 이 두 움직임, 다시 말해 자기 사회로부터 '멀리하기'와 이국적 사회로의 '다가가기'는 이중으로 이중화된다고 지적함으로써 앞서 진행된 과정을 설명할 수 있을 것이다. 일차적 멀리하기. 타자에 대해 매력 ― 이것 없이는 행복한 인류학자도 존재하지 않는다 ― 을 느낀다는 것은 이미 자기 사회와 자기 자신 사이에 모종의 거리감을 감지한다는 말이다. 바로 그런 점이 나를 떠나도록 떠미는 요인이다. 그러나 그것이 내가 속한 사회에 대해 내가 통찰력을 지니고 있음을 뜻하지는 않는다. 그 까닭은 본질적 요소가 내게 결여되어 있기 때문이다. 즉 외부와의 비교점이 그것이다. 일차적 다가가기. 나는 마치 내가 바라는 대로 스스로 동화한 구성원들처럼 다른 사회를 그 내부로부터 이해하고자 하는 욕망을 품고 그 안으로 들어간다. 그러나 이는 결코 성공하지 못한다. (만약 성공한다면 나는 인류학적 기획을 포기해야 할 것이다.) 그들 속에서 그들의 언어와 관습을 받아들인다고 해도 나는 타지 사람으로 (나는 나의 억양을 지니고 있다) 머물 것인데 왜냐하면 나는 나였던 것들을 지울 수 없으며 또한 여전히 나에게 속한 범주로 사유하기를 지속하기 때문이다. 이차적 멀리하기. 나는 '나의 집'으로 되돌아온다. (이러한 되돌아옴은 단지 정신적일 수도 있고 또한 물리적일 수도 있다.) 그런데 '나의 집'은 이전과 비교해볼 때 덜 가깝게 느껴진다. 나는 '나의 집'을 타자의 시선으로, 이국적 사회를 바라봤던 동일한 시선으로 바라볼 수 있다. 이는 내가 분리된 존재, 이를테면 반은 파리에 있는 페르시아 사람으로, 반은 페르시아에 있는 파리 사람으로 분열

된 존재가 됐음을 뜻하는가? 그렇지는 않다. 정신분열증에 걸리지 않은 한 나의 두 절반은 서로 소통하고, 이해의 장소를 찾고, 서로 이해하게 될 때까지 서로가 서로를 번역한다. 인류학자는 정신착란에 빠지지 않는다. 왜냐하면 그는 공통의 의미를, 말하자면 보편적 의미를 찾고 있는 것이기 때문이다."(Ibid., pp. 122-123)

5 프란츠 파농, 『검은 피부 하얀 가면』, 이석호 옮김, 고양: 인간사랑, 2013, 318쪽.
6 호미 바바, 『문화의 위치』, 나병철 옮김, 서울: 소명출판, 2002, 436쪽.
7 화학 분야에서 사용되는 준안정성이라는 전문용어는 겉으로 보이기에는 안정적이지만 약간의 충격에도 파국을 맞이할 수 있는 민감한 상태를 지칭한다. 예를 들어 응고점 아래로 내려가도 여전히 액체의 성질을 유지하는 상태를 가리켜 과융해라고 부른다. 이 상태에서 약간의 변화만 일어나도 액체는 곧 응고되고 만다. 바로 이러한 과융해 상태가 이른바 준안정적 상태인 것이다.
8 리처드 로티, 『우연성 아이러니 연대성』, 김동식·이유선 옮김, 서울: 민음사, 1996, 213쪽.
9 "유전자 코드의 엄격한 복제, 전임자가 남긴 삶의 이야기에 대한 명상, 논평의 작성, '시조'들의 시대 이후로 조금도 변하지 않은, 우리 믿음의 세 기둥은 이런 것이었다."(우엘벡, 앞의 책, 183쪽)
10 정보, 즉 information은 '형태forme'의 출현을 가리키는 말이다. 그에 따르면 한편으로 '질료matière'가, 다른 한편으로 '형상forme'이 각각 별도로 존재한다는 전통 철학의 이분법적 사유는 잘못된 것이다. 『형태와 정보에 비추어 본 개체화』에서 그는 이 두 요소를 하나의 작용opération 안에 통합하고 이들의 상호작용interopération을 통해 전개되는 이른바 개체화individuation 과정을 분석한다.
11 "한 존재자 혹은 여러 존재자에서 나오는 전언 내용message의 의미를 발견하는 것은 그것들과 함께 집단적인 것을 형성하는 것이고 그것들과 함께 집단의 개체화로부터 개체화되는 것이다. 의미를 발견하는 것과 그 의미의 발견에 관련된 존재자와 더불어 집합적으로 존재하는 것 사이에는 차이가 없다. 왜냐하면 의미는 존재자에 속하는 것이 아니라 존재자들 사이에, 또는 차라리 존재자들을 관통해서 있는 것이기 때문이다. 그것은 개체 초월적이다."(질베르 시몽동, 『형태와 정보 개념에 비추어 본 개체화』, 황수영 옮김, 서울: 그린비, 2017, 580쪽)
12 같은 책, 590쪽.
13 "1970년대 이후 우리가 직면한 일련의 위기는 단순한 경제적 위기, 또는 정치적 위기가 아니다. 그것은 기술적·경제적·정치적 과정들이 도저히 설명할 수 없는 위기, 즉 주체성 생산에서의 위기를 수반한다."(마우리치오 랏자라또, 『기호와 기계』, 신병현·심성보 옮김, 서울: 갈무리, 2017, 81쪽)
14 같은 책, 79쪽.
15 아즈마 히로키, 『동물화하는 포스트모던: 오타쿠를 통해 본 일본 사회』, 이은미 옮김, 파주: 문학동네, 2007.
16 "작가의 눈에 완전한 악인도 완전한 성인도 존재하지 않는다. 모든 사람한테 미움 받은 악인한테서도 연민할 만한 인간성을 발굴해낼 수 있고, 만인이 추앙하여 마지않는 성인한테서도 인간적인 약점을 찾아내고야 마는 게 작가의 눈이다. 그리하여 악인과 성인, 빈자와 부자를 층하하지 않고 동시에 얼싸안을 수 있는 게 문학의 특권이자 자부심이다. 작가의 이런 보는 눈은 인간 개개인에게뿐 아니라 인간이 만든 사회나

제도를 보는 데도 결코 달라질 수 없다고 생각한다."(박완서, 『모래알만 한 진실이라도』, 서울: 세계사, 2020, 236쪽)

「서사는 경험을 어떻게 구성하는가: 제롬 브루너, 「현실의 서사적 구성」 리뷰」(본문 289-302쪽)

1 Jerome Bruner, "The Narrative Construction of Reality", *Critical Inquiry* vol. 18: 1-21, Chicago: University of Chicago Press, 1991.

4부 서사의 응용

「디지털 시대와 영화 서사」(본문 305-317쪽)

1 Cinematography는 고대 그리스어 kinema(운동)와 graphein(쓰다)의 합성어이다.
2 초기의 영화 제작자 중 뤼미에르 형제는 사람들이나 풍경을 촬영하였고, 마술사였던 조르주 멜리에스Georges Méliès는 특수 효과를 사용하여 마술로는 불가능한 환상적인 장면을 연출하였다.
3 이야기story는 "사건 또는 사건들의 연속"을 가리키며, 서사 담화narrative discourse는 이야기를 전달하는 방식을 가리킨다.
4 아래에서 서술하는 고전 할리우드 양식의 특징은 데이비드 보드웰, 『영화의 내레이션 II』, 오영숙·유지희 옮김, 서울: 시각과언어, 2007, 27-150쪽을 주로 참조하였다. 보드웰은 영화 내레이션(서사 형식)의 양식으로 할리우드 영화의 고전적 내레이션 외에도 예술영화 내레이션과 소비에트 영화의 역사유물론적 내레이션, 그리고 1960년대 몇몇 유럽 영화에서 나타나는 "매개변수적parametric" 내레이션을 제시한다. 이 글은 할리우드 영화나 대중적인 영화에 관심을 집중하고 있으므로 다른 내레이션 양식은 다루지 않았다.
5 예를 들어 초기 할리우드 영화 〈거칠고 야만적인Wild and Woolly〉(1917)은 부잣집 아들 제프가 안락한 동부를 벗어나 야성적인 서부에서 살겠다는 꿈을 이루는 과정과 제프와 넬의 로맨스를 함께 보여주며, 최근 영화인 〈타이타닉〉(1997)에서는 난파된 여객선에서 탈출하기 위한 선원들과 탑승객들의 노력과 잭과 로즈의 로맨스가 플롯의 두 축을 이룬다.
6 류현주, 「다중형식 서사의 비선형성: 영화의 분기구조」, 『신영어영문학』 35: 67-81, 2006.
7 김영주와 류철균은 다중 플롯 구조의 서사가 우리가 사이버 세계에서 경험하는 분산하는 주체의 형태와 맞닿아 있다고 주장한다(김영주·류철균, 「다중 플롯 영화의 서사 구조: 〈내 생애 가장 아름다운 일주일〉을 중심으로」, 『문학과 영상』 8: 55-76, 2007).
8 트랜스미디어 서사에 대해서는 이 책에 수록된 한혜원의 「스토리텔링과 창의성」을 참고할 것. 한편 다중 플롯 구조의 반대편에는 영화 전체가 하나의 쇼트로 이루어진 영화들이 있다. 고전 영화 중에서는 알프레드 히치콕의 〈로프〉(1960)가 단일 쇼트를

시도했으나 당시의 기술적 한계로 인해(영화 필름 한 롤의 길이는 10분을 넘을 수 없었다) 완전히 성공하지는 못했다. 1990년대에 디지털카메라가 등장하여 필름 길이의 한계가 없어졌고, CGI를 통해 여러 번 나눠 찍은 장면들을 연속적으로 합성할 수 있게 되면서 단일 쇼트로 이루어진 영화들이 적지 않게 만들어졌다. 알렉산드르 소쿠로프의 〈러시아 방주〉(2002)나 알레한드로 곤살레스 이냐리투의 〈버드맨〉(2014), 샘 멘데스의 〈1917〉(2019)이 대표적인 예이다.

9   이런 유형의 영화 중에는 주인공의 선택에 따라 상황이 달라지는 경우를 보여주지만 게임 속의 상황으로 간주하기는 어려운 〈스모킹/노 스모킹〉(1993)이나 〈슬라이딩 도어즈〉(1998) 등도 있다.
10 장자의 호접몽을 연상시키는 이 유형의 영화로는 알렉스 프로야스의 〈다크 시티〉(1998), 피터 위어의 〈트루먼 쇼〉(1998)처럼 가상 세계가 등장하지 않는 것도 있다. 데이비드 린치의 〈멀홀랜드 드라이브〉(2001)도 이런 유형의 영화로 분류 가능하다.
11 〈아바타〉와 〈레디 플레이어 원〉에서 가상 세계와 실제 세계는 긴밀한 관계를 가지고 서로 영향을 주고받는다. 이런 경우를 '메타버스 서사'라는 새로운 유형으로 분류할 수도 있다.
12 아즈마 히로키는 이런 현대의 상황을 다중 인격과 관련시키는 대표적인 학자로 그에 따르면 다중 인격성 정신 질환인 해리성 정체감 장애는 1960년대 이전에는 보고된 적이 없다고 한다(아즈마 히로키, 『게임적 리얼리즘의 탄생: 오타쿠, 게임, 라이트 노벨』, 장이지 옮김, 서울: 현실문화, 2012 참조).

「법정 서사의 증거력」(본문 319-350쪽)

1   제롬 브루너, 『이야기 만들기』, 강현석·김경수 옮김, 파주: 교육과학사, 2010, 80쪽.
2   같은 책, 94쪽.
3   도스토예프스키, 『카라마조프 씨네 형제들』, 박형규 옮김, 서울: 누멘, 2012, 648쪽.
4   브루너, 앞의 책, 96쪽.
5   포터 애벗, 『서사학 강의』, 우찬제·이소연·박상익·공성수 옮김, 서울: 문학과지성사, 2010, 38쪽.
6   같은 책, 114쪽.
7   도스토예프스키, 앞의 책, 707쪽.
8   같은 책, 651쪽.
9   위와 같음.
10 같은 책, 707쪽.
11 브루너, 앞의 책, 96쪽.
12 도스토예프스키, 앞의 책, 649쪽.
13 위와 같음.
14 같은 책, 707쪽.
15 같은 책, 712쪽.
16 같은 책, 714쪽.
17 브루너, 앞의 책, 78쪽.
18 도스토예프스키, 앞의 책, 669쪽.

19 같은 책, 675쪽.
20 같은 책, 679쪽.
21 같은 책, 653쪽.
22 위와 같음.
23 같은 책, 650쪽.
24 같은 책, 710쪽.
25 같은 책, 652쪽.
26 같은 책, 716쪽.
27 아리스토텔레스, 『아리스토텔레스 수사학』, 박문재 옮김, 파주: 현대지성, 2020, 17쪽.
28 도스토예프스키, 앞의 책, 654쪽.
29 브루너, 앞의 책, 73쪽.
30 Allison Tait and Luke Norris, "Narrative and the Origins of Law", in *Law and Humanities* 5(1): 11, 2011.
31 애벗, 앞의 책, 357쪽.
32 도스토예프스키, 앞의 책, 684쪽.
33 같은 책, 685쪽.
34 위와 같음.
35 위와 같음.
36 위와 같음.
37 위와 같음.
38 같은 책, 687쪽.
39 유리 로트만, 『문화와 폭발』, 김수환 옮김, 파주: 아카넷, 2014, 280쪽.
40 도스토예프스키, 앞의 책, 687쪽.
41 같은 책, 707쪽.
42 위와 같음.
43 같은 책, 728쪽.
44 같은 책, 727-728쪽.
45 같은 책, 729쪽.
46 같은 책, 707쪽.
47 같은 책, 731쪽.
48 위와 같음.
49 애벗, 앞의 책, 358쪽.
50 같은 책, 359쪽.
51 도스토예프스키, 앞의 책, 731쪽.

「서사적 자아와 서사적 사고 능력: 매킨타이어와 교육」(본문 351-370쪽)

1 미셸 푸코, 『말과 사물』, 이규현 옮김, 서울: 민음사, 2012, 525-526쪽.
2 Alasdair MacIntyre and Joseph Dunne, "Alasdair MacIntyre on education: in dialogue with Joseph Dunne", *Journal of Philosophy of Education*, Philosophy of Education Society of Great Britain, 2002, p. 10.

3   매킨타이어는 이를 '개념적 통약 불가능성incommensurable'이라고 규정했다(알래스데어 매킨타이어, 『덕의 상실』, 이진우 옮김, 서울: 문예출판사, 2021, 45쪽).
4   같은 책, 391쪽.
5   같은 책, 394쪽.
6   같은 책, 417-418쪽.
7   같은 책, 414쪽.
8   같은 책, 418쪽.
9   같은 책, 414쪽.
10 서사적 자아의 또 다른 옹호자인 찰스 테일러Charles Taylor 역시 다음과 같이 이야기한다. "현재의 나의 행위를 이해하기 위해서는 나의 삶에 대한 서사적 이해, 내가 무엇으로 되어왔는지에 대한 의식이 필요한데, 이는 오직 이야기로만 주어질 수 있다. 그리고 삶을 앞으로 투사해 현재의 방향을 승인하거나 거기에 새로운 방향을 가함에 따라 나는 미래의 이야기를 투사하고, 단지 잠시 후의 미래 상태만이 아니라 다가올 내 삶 전부의 경향을 투사한다. 내 삶이 이처럼 아직 내가 아닌 나what I am not yet를 향해 방향을 잡는다는 것은 '탐색'으로 간주된다는 매킨타이어의 생각에서도 포착되고 있다."(찰스 테일러, 『자아의 원천들』, 권기돈·하주영 옮김, 서울: 새물결, 2015, 109쪽)
11 매킨타이어, 앞의 책, 418쪽.
12 같은 책, 421-422쪽.
13 같은 책, 89쪽.
14 같은 책, 91쪽.
15 같은 책, 412쪽.
16 과학과 스토리텔링의 관계에 대해서는 이 책에 수록된 「과학적 사고와 서사적 주체: 데닛을 중심으로」를 참고할 것.
17 매킨타이어, 앞의 책, 364쪽.
18 같은 책, 368쪽.
19 같은 책, 379쪽.
20 같은 책, 414-415쪽.

「스토리텔링으로서의 경제학: 도널드 맥클로스키, 「경제학에서 스토리텔링」 리뷰」(본문 371-381쪽)

1   Donald N. McCloskey, "Storytelling in Economics", *Narrative in Culture*, London: Routledge, 1990.

참 고 문 헌

갓셜, 조너선, 『스토리텔링 애니멀: 인간은 왜 그토록 이야기에 빠져드는가』, 노승영 옮김, 서울: 민음사, 2014.
그레이, 존, 『하찮은 인간, 호모 라피엔스』, 김승진 옮김, 서울: 이후, 2010.
김상환, 『니체, 프로이트, 맑스 이후』, 파주: 창비, 2002.
김영주·류철균, 「다중 플롯 영화의 서사 구조: 내 생애 가장 아름다운 일주일을 중심으로」, 『문학과 영상』 8, 2007.
니스벳, 리처드, 『생각의 지도』, 최인철 옮김, 파주: 김영사, 2001.
니체, 프리드리히, 『비극의 탄생』, 이진우 옮김, 서울: 책세상, 2005.
대한성서공회, 『공동번역 성서』, 서울: 대한성서공회, 1977.
데닛, 대니얼, 『의식의 수수께끼를 풀다』, 유자화 옮김, 고양: 옥당, 2013.
도스토예프스키, 『카라마조프 씨네 형제들』, 박형규 옮김, 서울: 누멘, 2012.
들뢰즈, 질, 『시네마 I 운동-이미지』, 유진상 옮김, 서울: 시각과 언어, 2002.
들뢰즈, 질, 『시네마 II 시간-이미지』, 이정하 옮김, 서울: 시각과 언어, 2005.
들뢰즈, 질, 『차이와 반복』, 김상환 옮김, 서울: 민음사, 2004.
라이언, 마리-로어, 『스토리텔링의 이론, 영화와 디지털을 만나다』, 조애리 외 옮김, 파주: 한울아카데미, 2014.
라캉, 자크, 『세미나 11: 정신분석의 네 가지 근본 개념』, 맹정현 옮김, 서울: 새물결, 2008.
랏자라또, 마우리치오, 『기호와 기계』, 신병현·심성보 옮김, 서울: 갈무리, 2017.
로트만, 유리, 『문화와 폭발』, 김수환 옮김, 파주: 아카넷, 2014.

로티, 리처드,『우연성 아이러니 연대성』, 김동식·이유선 옮김, 서울: 민음사, 1996.
류현주,「다중형식 서사의 비선형성: 영화의 분기구조」,『신영어영문학』35, 2006.
리쾨르, 폴,『시간과 이야기 1, 2, 3』, 김한식·이경래 옮김, 서울: 문학과지성사, 1999, 2000, 2004.
리쾨르, 폴,『타자로서 자기 자신』, 김웅권 옮김, 서울: 동문선, 2006.
매카시, 코맥,『로드』, 정영목 옮김, 파주: 문학동네, 2008.
매킨타이어, 알래스데어,『덕의 상실』, 이진우 옮김, 서울: 문예출판사, 2001.
맥키, 로버트,『시나리오 어떻게 쓸 것인가』, 고영범 옮김, 서울: 민음인, 2002.
맥키, 로버트·토머스 제라스,『스토리노믹스: 유튜브시대, 스토리 마케팅으로 수익을 창출하라』, 이승민 옮김, 서울: 민음인, 2020.
메이, 롤로,『신화를 찾는 인간』, 신장근 옮김, 서울: 문예출판사, 2015.
문형준,「인류세 시대의 문학 — 생태 위기와 파국서사의 가능성」,『영어영문학』21, 2018.
바르트, 롤랑,『텍스트의 즐거움』, 김희영 옮김, 서울: 동문선, 2002.
바바, 호미,『문화의 위치』, 나병철 옮김, 서울: 소명출판, 2002.
박동환,『x의 존재론』, 고양: 사월의책, 2017.
박선웅,『정체성의 심리학』, 파주: 21세기북스, 2020.
박완서,『모래알만 한 진실이라도』, 서울: 세계사, 2020.
박진,「구조주의 이후 서사이론의 전개에서 구술성이 지닌 의미: 텍스트이론과 내러티브 탐구를 중심으로」,『구비문학연구』45, 한국구비문학회, 2017.
박진,「스토리텔링 연구의 동향과 사회문화적 실천의 가능성」,『어문학』122, 한국어문학회, 2013.
박진,「이야기치료와의 연계를 통한 문학치료의 발전 방향」,『문학치료연구』46, 한국문학치료학회, 2018.
박진,『서사학과 텍스트 이론』, 서울: 소명출판, 2014.
벤야민, 발터,「이야기꾼」,『발터 벤야민의 문예이론』, 반성완 편역, 서울: 민음사, 1983.
벤야민, 발터,「이야기꾼: 니콜라이 레스코프의 작품에 대한 고찰」,『서사(敍事)·기억·비평의 자리』, 최성만 옮김, 서울: 길, 2012.
보드웰, 데이비드,『영화의 내레이션 II』, 오영숙·유지희 옮김, 서울: 시각과언어, 2007.
보이드, 브라이언,『이야기의 기원: 인간은 왜 스토리텔링에 탐닉하는가』, 남경태 옮김, 서울: 휴머니스트, 2013.
복도훈, 「세계의 끝: 최근 한국소설에 나타난 재난의 상상력과 이데올로기적 증상」, 『인문학연구』 42집, 2011.
복도훈, 『묵시록의 네 기사』, 서울: 자음과모음, 2012.
볼터, 제이 데이비드·리처드 그루신, 『재매개: 뉴미디어의 계보학』, 이재현 옮김, 서울: 커뮤니케이션북스, 2006.
불, 피에르, 『혹성탈출』, 이원복 옮김, 서울: 소담출판사, 2011.
브라이도티, 로지, 『포스트휴먼』, 이경란 옮김, 파주: 아카넷, 2017.
브루너, 제롬, 『이야기 만들기』, 강현석·김경수 옮김, 파주: 교육과학사, 2010.
사르트르, 장 폴, 『구토』, 임호경 옮김, 서울: 문예출판사, 2020.
살몽, 크리스티앙, 『스토리텔링: 이야기를 만들어 정신을 포맷하는 장치』, 류은영 옮김, 서울: 현실문화, 2010.
서동은, 「사이-존재로서의 인간」, 『존재론 연구』 25집, 2011.
스노우, C. P., 『두 문화』, 오영환 옮김, 서울: 사이언스북스, 2001.
스토, 윌, 『이야기의 탄생』, 문희경 옮김, 서울: 흐름출판, 2020.
시몽동, 질베르, 『형태와 정보 개념에 비추어 본 개체화』, 황수영 옮김, 서울: 그린비, 2017.
아렌트, 한나, 『인간의 조건』, 이진우 옮김, 파주: 한길사, 2019.
아리스토텔레스, 『시학』, 천병희 옮김, 서울: 문예출판사, 2002.
아리스토텔레스, 『아리스토텔레스 수사학』, 박문재 옮김, 파주: 현대지성, 2020.
아즈마 히로키, 『게임적 리얼리즘의 탄생: 오타쿠, 게임, 라이트 노벨』, 장이지 옮김, 서울: 현실문화, 2012.
아즈마 히로키, 『동물화하는 포스트모던: 오타쿠를 통해 본 일본 사회』, 이은미 옮김, 파주: 문학동네, 2007.
애벗, 포터, 『서사학 강의』, 우찬제 외 옮김, 서울: 문학과지성사, 2010.
오웰, 조지, 『1984』, 정회성 옮김, 서울: 민음사, 2003.
우엘벡, 미셸, 『어느 섬의 가능성』, 이상해 옮김, 파주: 열린책들, 2007.
유승만, 「로만 야콥슨의 유표성 이론 연구」, 『러시아 연구』 16(2), 2006.
육영수, 『책과 독서의 문화사』, 서울: 책세상, 2010.
젠킨스, 헨리, 『컨버전스 컬처』, 김정희원·김동신 옮김, 서울: 비즈앤비즈, 2008.
지젝, 슬라보예, 『팬데믹 패닉』, 강우성 옮김, 서울: 북하우스, 2020.
지젝, 슬라보예, 『환상의 돌림병』, 김종주 옮김, 고양: 인간사랑, 1992.

클랜디닌, 진 엮음, 『내러티브 탐구를 위한 연구방법론』, 강현석 외 옮김, 파주: 교육과학사, 2007.

테일러, 찰스, 『자아의 원천들』, 권기돈·하주영 옮김, 서울: 새물결, 2015.

파농, 프란츠, 『검은 피부 하얀 가면』, 이석호 옮김, 고양: 인간사랑, 2013.

푸코, 미셸, 『말과 사물』, 이규현 옮김, 서울: 민음사, 2012.

프라이, 노스럽, 『비평의 해부』, 임철규 옮김, 파주: 한길사, 2000.

플로베르, 귀스타브, 『부바르와 페퀴셰 2』, 진인혜 옮김, 서울: 책세상, 1995.

하이데거, 마르틴, 『강연과 논문』, 이기상 외 옮김, 서울: 이학사, 2008.

하이데거, 마르틴, 『사유란 무엇인가』, 권순홍 옮김, 서울: 길, 2014.

헉슬리, 올더스, 『멋진 신세계』, 이덕형 옮김, 서울: 문예출판사, 2018.

Alexander, Bryan, *The New Digital Storytelling: Creating Narratives with New Media*, Westport, Connecticut: Greenwood Publishing Group, 2011.

Badiou, Alain, *L'Être et l'événement*, Paris: Seuil, 1988.

Badiou, Alain, *Logiques des mondes: L'Être et l'événement*, 2, Paris: Seuil, 2006.

Bakhtin, Mikhail, *Problems of Dostoevsky's Poetics*, ed. and tr. Caryl Emerson, Minneapolis: University of Minnesota Press, 1984.

Barthes, Roland, "Introduction to the Structural Analysis of Narratives"(1966), in ed. M. McQuillian, *The Narrative Reader*, London: Routledge, 2000.

Bell, Alice and Marie-Laure Ryan, *Possible Worlds Theory and Contemporary Narratology*, Lincoln, Nebraska: University of Nebraska Press, 2019.

Brooks, Peter, "Narrative in and of the Law", in eds. J. Phelan & Peter J. Rabinowitz, *A Companion to Narrative Theory*, Oxford: Blackwell, 2008.

Brooks, Peter, *Reading for the Plot: Design and Intention in Narrative*, Cambridge and London: Harvard University Press, 1984.

Bruner, Jerome, *Actual Minds, and Possible Worlds*, Cambridge and London: Harvard University Press, 1986.

Bruner, Jerome, "The Narrative Construction of Reality", *Critical Inquiry* vol. 18, Chicago: University of Chicago Press, 1991.

Culler, Jonathan, "Story and Discourse in the Analysis of Narrative", *The Pursuit of Signs: Semiotics, Literature, Deconstruction*, Ithaca: Cornell University Press, 1981.

Dennett, Daniel, "The Self as a Center of Narrative Gravity", in eds. F. Kessel, P. Cole and D. Johnson, *Self and Consciousness: Multiple Perspective*, Hillsdale, NJ: Erlbaum,

1992.

Dennett, Daniel, "Why everyone is a novelist", *Times Literary Supplement* vol. 4, no. 459, 1988.

Frank, Arthur W., *The Wounded Storyteller*, 2nd ed., Chicago and London: The University of Chicago Press, 2013.

Gambell, L. B., P. S. Koskinen, and B. A. Kapinus, "Retelling and the reading comprehension of proficient and less-proficient readers", *Journal of Education Research* vol. 84, no. 6, 1991.

Heidegger, Martin, *Einführung in die Metaphysik*, GA 40, Frankfurt am Main: V. Klostermann, 1983.

Jakobson, Roman, "Zero Sign"(1939), in eds. Linda R. Waugh & M. Hallle, *Russian and Slavic Grammar: Studies, 1931-1981*, Berlin, New York: Mouton, 1984.

Jameson, Fredric, "Future City", in *New Left Review* 21, 2003.

Labouvie-Vief, Gisela, "Dynamic Development and Mature Autonomy", in *Human Development* vol. 25, 1982.

Labouvie-Vief, Gisela, "Wisdom as Integrated Thought: Historical and Developmental Perspectives", in ed. R. J. Sternberg, *Wisdom. Its Nature, Origins, and Development*, Cambridge: Cambridge University Press, 1990.

Lyotard, Jean-François, *La Condition Postmoderne*, Paris: Editions de Minuit, 1979.

MacIntyre, Alasdair and Joseph Dunne, "Alasdair MacIntyre on education: in dialogue with Joseph Dunne", *Journal of Philosophy of Education*, Philosophy of Education Society of Great Britain, 2002.

McCloskey, Donald N., "Storytelling in Economics", *Narrative in Culture*, London: Routledge, 1990.

Mcgann, Jerome, *Radiant Textuality: Literature after the world wide web*, New York: Palgrave, 2001.

Metz, Christian, "Notes toward a Phenomenology of the Narrative", in ed. M. McQuillian, *The Narrative Reader*, London: Routledge, 2000.

Morrow, Lesley, "Retelling stories: A strategy for improving young children's comprehension, concept of story structure, and oral language complexity", *The Elementary School* vol. 85, no. 5, 1985.

Morson, Gary Saul & Caryl Emerson, *Mikhail Bakhtin: Creation of a Prosaics*, Stanford and California: Stanford University Press, 1990.

Musil, Robert, *Der Mann ohne Eigenschaften*, Hambourg: Rowohlt, 1978.

Nussbaum, Martha, "Narrative Emotions: Beckett's Genealogy of Love", in *Love's Knowledge. Essays on Philosophy and Literature*, Oxford: Oxford University Press, 1990.

Ricœur, Paul, "L'identité narrative", *Esprit* 140/141, 1988.

Ricœur, Paul, *Soi-même un autre*, Paris: Seuil, 1990.

Ricœur, Paul, *Oneself as Another*, tr. Kathleen Blamey, Chicago and London: University of Chicago Press, 1992.

Ricœur, Paul, *Temps et Récit III*, Paris: Editions du Seuil, 1985.

Rosenblatt, Louise M., *Literature as Exploration*, New York: MLA, 1995.

Ross, Alec, "Foreword", Jill Freedman & Gene Combs, *Narrative Therapy: The Social Construction of Preferred Realities*, New York: Norton, 1996.

Tait, Allison and Luke Norris, "Narrative and the Origins of Law", in *Law and Humanities* 5(1), 2011.

Todorov, Tzvetan, *Nous et les autres*, Paris: Seuil, 1989.

van Peursen, C. A., "Creativity as Learning Process", in eds. D. Dutton & M. Krausz, *he Concept of Creativity in Science and Art*, The Hague: M. Nijhoff, 1981.

White, Hayden, "Value of Narrativity in the Representation of Reality", in ed. W. J. T. Mitchell, *On Narrative*, Chicago: University of Chicago Press, 1981.

White, Michael & David Epston, *Narrative Means to Therapeutic Ends*, New York and London: Norton, 1990.

White, Michael, "Commentary: The Histories of Present", eds. S. Gilligan & R. Price, *Therapeutic Conversations*, New York and London: Norton, 1993.

White, Michael, *Maps of Narrative Practice*, New York and London: Norton, 2007.

White, Michael, *Narrative Practice: Continuing the Conversations*, New York and London: Norton, 2011.